日本の消防行政の研究

組織間関係と補完体制

永田尚三
Nagata Shozo

一藝社

は じ め に

本書の趣旨

◉ 一度途絶えた研究領域である消防研究

　本書『日本の消防行政の研究──組織間関係と補完体制』は、著者の四半世紀以上にわたる消防行政についての研究成果をまとめた著作である。他の行政分野と比較して補完体制の構築が進んだ、わが国の消防行政について、その歴史的経緯を踏まえたうえで、詳細な調査・分析を行い、消防行政の今後のあるべき姿について論じたものである。

　2021年5月に、『わが国の消防行政の組織間関係と補完体制に関する研究』という題目で、論文博士で京都大学から博士（人間・環境学）の学位（乙第13424号）をいただいたが、その博士論文に再度細かな修正を加えて、出版するものである。また、単著としての前著である『消防の広域再編の研究──広域行政と消防行政』の出版が2009年1月なので、著者の怠慢で、前著の出版から十数年が経ってしまったが、その間に防災や事故、危機管理の専門の学部である関西大学社会安全学部に異動し、東日本大震災や福島第一原発事故、熊本地震、COVID-19の感染拡大等も経験する中で、広がった問題意識や興味関心に基づき、わが国の消防行政について日本学術振興会の科学研究費や民間財団の研究助成等も獲得し継続的に行ってきた研究をまとめたものである。

　消防研究は、わが国では一度途絶えた研究領域である。戦前は大日本消防学会まで存在し、内務官僚の松井茂博士のような大家もおり研究も非常に盛んであったが、内務省警保局の国家警察主導の側面が強かったため、戦後は内務省警保局の廃止と共に消滅し、理系中心の火災学のみが消防に関わる研究分野となってきたという経緯がある。

　戦後に、研究者の視点から消防の研究をしはじめ、ある程度体系的な形にまとめたのは、おそらく著者が最初ではないかと思われる（実務家の優れた著作は複数ある）。

　以前、東京大学の金井利之先生とお話している際に、行政学の個別行政の研究では、警察行政と教育行政と消防行政の研究があまり行われていない（当時）が、それは警察と教育に関しては警察学会や教育学会があるからとして、消防は何故だろうという話題になったことがある。その時は明確に回答できなかったが、おそらく海外でも行政学や政策学の視点からの先行研究がほとんどないことや、本書の中でこれから詳細に説明する消防行政の特殊性（地方分権や補完体制の先行事例で、他行政分野とはかなり異なった特殊性がある）のため、構造的把握が非常に困難な側面があったからであるように思われる。そのような意味で、著者も消防行政の研究を文字通り一から様々なアプローチを模索しながら時間を掛けて切り開いてきた。

　前著は、総務省消防庁の消防の広域再編が始まるのに急ぎ合わせる形で、本来は博士論文の一部章にしようと考えていた研究を膨らませて出版したため、消防の全体的視点もある程度提示出来たとは考えているものの、自分としては各論的研究成果であったとも考えている。そのような意味では、著者の能力不足から大変時間がかかってしまったが、本書を出版することで、やっと消防行政の包括的研究成果を世に問うことが出来ると考えている。前著の出版以降、消防行政の研究を志す研究者も出てきたが、まだ少数である。消防は極めて重要な行政分野で、今後更に現状や課題の社会的認知を広げ、研究者や実務家のみならず国民全体で消防はどうあるべきかを考えて行く必要がある。消防への社会的関心を喚起するという側面からも、本書が多少なりとも消防研究の再興のきっかけになればと思う。

◉ 「消防行政主体」の限界から補完体制が発達した消防行政

　まず、本研究の目的について簡単にまとめたい。

　市町村は「総合行政主体」として、地域における事務をできる限り担うべきであるとする総合行政主体論の考え方があるが、消防行政も、従来、この総合行政主体論の考え方に正に基づき、市町村中心に体制整備が行われてきた行政分野である。しかし、消防行政においては、総合行政の一部である言うならば「消防行政主体」としての市町村の限界は、他行政分野と比較しても、かなり早期から見えてきていた。全国の多数を占める小規模消防本部の資源不足から生じる様々な課題（平常時の救急、予防、火災原因調査等での問題）は、戦後市町村消防制度が始まって以来再三指摘され

てきた。更に、大規模災害への市町村消防での対応の限界も、阪神・淡路大震災時（1995年）には明らかになっていた。

　一方、国レベルの歴代の消防機関も、企画・立案や各種法令・基準の策定などを行う政策官庁で、市町村消防本部への制度上の関与は指揮命令権や管理権は無く、助言や勧告にとどまる。また、保有する資源も、代々少ない。

　そのため、消防行政ではこれら消防組織の資源不足を補うための補完体制の構築も、他行政分野と比較し非常に早く、歴史もある。ある意味、消防行政は補完体制の先行事例である。各消防機関が資源不足で出来ない部分を補うため、極めて多様な補完体制が長年かけて構築されてきた。

　ただ、補完体制の歴史が長い分、その補完体制の課題も既に見えてきてしまっている点も消防行政の特徴である。では、消防行政において、他行政分野に先駆け発達した補完体制とはどのようなものであろうか。また、消防行政において既に見えてきた、補完体制の課題とは如何なるものであろうか。これらを明らかにすることが本研究の目的である。それは、消防行政の課題解決のみならず、今後補完体制の精緻化が求められる他行政分野にも有意義な示唆を与えると考えるからである。

◉ 垂直・水平補完のみではない消防行政の多様な補完体制

　では、消防行政に見られる"極めて多様な補完体制"とはどのようなものであろうか。

　従来、補完体制は、"垂直補完"と"水平補完"という二方向からのみ議論されるケースが多かったが、消防行政では前述の通り各消防組織の保有資源が不十分で、必要に迫られた行政実務の現場の創意工夫の結果、補完体制が発達して他行政分野と比較してもその歴史も長いため、多様な補完体制の形態が見られる。

　そしてその多様な補完体制が、各消防組織の資源不足を補い、限られた、決して多くはない消防資源の中で、わが国の消防行政が国際的にもトップクラスの消防体制を構築することに大きく寄与している。

　垂直補完（上からの垂直補完）や水平補完のみならず、国レベルの消防機関が保有する消防資源不足を補うため、平常時は東京消防庁をはじめとした主に大都市消防本部から人的資源を出向や研修というかたちで獲得し、

更に、現場活動に関わる情報資源の獲得も行う「下からの垂直補完（第5章）」や、大規模自然災害時・事故時に、市町村消防本部の部隊（市町村消防の組織資源）で編成された緊急消防援助隊を事実上の国の実働部隊として運用し、被災地でのオペレーション活動を行う、市町村消防本部間の水平補完と国の垂直補完の両方の側面を持つ「融合型補完（第7章）」、また、圏域内の住民によって構成される消防団で消防力を補完しようとする「圏域内補完（第8章）」等、それぞれにメリット、デメリットはあるものの、消防行政では極めて多様な補完体制の形態が見られる。これらは、補完体制の議論に新たな視点を加えるものである。また、人口減少と少子高齢化が進む現在、このような補完体制は、他の行政分野においても様々な行政実務の場で適応可能性があると考える。

■ 消防の既存の補完体制の限界と都道府県による垂直補完への期待

消防行政におけるこれらの補完体制は、メリットのみならずデメリットも存在するが、全体としてはメリットがデメリットを上回り、消防行政の発展に大きく寄与してきたように思われる。そして、消防の極めて多様な補完体制が、市町村消防本部のみならず、国レベルの消防機関の資源不足を補ってきたおかげで、限られた資源量の中でも、わが国の消防行政は国際的にもトップクラスの消防体制を構築することが可能となった。

ただ、消防行政における小規模消防本部や、消防非常備町村の抱える"消防行政主体の限界"とも見える課題は、もはやこれら既存の補完体制では解決困難である。現有の消防資源のパイの中で、補完体制により資源のやりくりを最適化するだけでは、本課題の根本的解決は出来ない。国の保有資源を強化し垂直補完を強化するか、市町村消防本部の保有資源の強化が求められる。

さらに、国の保有資源の強化は実現可能性が現状では低く、また、市町村消防本部の保有資源の強化を目指した消防の広域再編は、当初の予定通りは進まず、2度目の期限延長の期日も2024年4月1日に迫っているが、広域再編件数も以前と比較すると元々少なかった中で更に明確に鈍化してきており、3回目の期限延長を行っても成果をあまり期待できない状況となってきている。まさに、更なる期限延長をするべきか、ポスト広域再編を模索すべきかの岐路に消防行政は立たされている。

　そのような状況下、消防行政における次の策として最も有力で実現性も高いのが、消防組織法の改正となるが、事務の代執行を用いた都道府県による垂直補完（市町村・都道府県消防併存型制度）ではないかと思われる。都道府県が、消防行政の実施が大きな負担となっている地域の消防を、市町村に代わって代執行するという方式である。メリットとしては、総務省消防庁が垂直補完しきれない部分を補え、消防非常備町村や小規模消防本部の消防、救急の課題を解決できる。また、都道府県は、実働部隊を地域限定的ではあるが保有し、災害時等に現場活動を実施することが可能となる。

　更に、大規模・中規模消防本部は現状のままで良く、地域限定なので、都道府県消防本部職員の異動もあまり生じないので、消防の広域再編とは異なり、市町村消防側の賛同も得やすい。加えて、水平補完での地域の中核消防本部の負担は軽減され、都道府県消防職員の専門性の高度化が進めば、地域の水平補完体制や、災害時の融合型補完体制（緊急消防援助隊による広域応援体制）、下からの補完体制の強化も期待できる（第11章）。

◉ 豊富なデータを用いた分析

　また本研究では、複数アンケート調査による質的データや、総務省消防庁、全国消防長会等のアグリゲートデータ等の量的データを用い、分析を行うが、併せて人的資源の分析に多くの人事データを用いた。

　歴史的分析に関しては、主に『日本官僚制総合事典1868－2000』（秦編、2001）および、Web上で公開されていた人事データベース『内務省警保局の人事《1901～1943》』（水沢、2018年7月1日最終確認）に加え、警視庁『警視庁職員録』の人事データ（1924年～1965年）を基に著者がデータベース化し分析を行った。

　また現状分析に関しては、主に内政関係者名簿（1973年～2003年）、自治省職員録（1961年～2003年）、全国消防長会会報（1961年～2003年）に掲載された各年度人事データを基に著者がデータベース化し分析を行った。これは旧内務省警保局及び警視庁、旧自治省及び総務省関連の人事データベースとしては、現在最も詳細かつ完全なものの一つではでないかと考えている。特に、本人事データベースは、戦前戦後の継続性を極力持たせた点及び、警視庁職員録や内政関係者名簿、自治省職員録等の官僚人事に関する従来入手困難だった一次資料の人事データを用いた点が特徴である。

各年度の警視庁職員録や内政関係者名簿、自治省職員録は、長年かけて収集を行ったものである。

戦前の警察人事に関しては優れた研究が多数存在するが、警視庁や地方官署等との人事交流まで分析した研究は、著者が知る限りない。警視庁職員録の人事データを本データベースに組み込んだことにより、内務省警保局－警視庁間の人事交流の実態を明らかにすることが可能となった。

また行政学では、戦前戦後連続論と戦前戦後断絶論の議論が長年存在する。戦前、戦後の連続性を持たせたことにより、本データベースを用いて中央レベルで消防行政に携わった人的資源の戦前戦後での連続性の有無も分析可能となった。更に内政関係者名簿は、旧自治省及び総務省のキャリア職員及びOB・OG職員のその年度のポストが記載されている。内政関係者名簿を時系列的に見ることによって、入省から退官して死亡するまでのキャリアが、出向先から天下り先まですべて分かる一次資料である。ただし国会図書館にも、すべての年度は揃っていない。本研究にあたっては、長年かけて根気強く収集し通年で43年分すべて揃え、データベースを作成した。本人事データには、1973年から2003年に掛けての旧自治省及び総務省の全キャリア職員の全人事データが入力されている。

ただし内政関係者名簿には、ノンキャリア職員の人事データが記載されていないことから、ノンキャリア職員の人事データは、自治省職員録（1961年〜2003年）で補完した。また、市町村消防からの出向者および研修者の人事データは、全国消防長会会報（1961年〜2003年）に掲載された人事異動の情報からデータベースを作成し、分析を行った。官僚人事及び、中央地方間の人事交流の分析としては、現状で可能な限り詳細かつ正確なデータに基づいたものではないかと考えている（**第2章・第5章・第6章・第7章**）。

以上の点から、本書は行政学のみならず歴史学的にも一定の貢献をする研究ではないかと考えている。

◉ 長年の災害の現地調査から新事実の発見

また、本研究では、長年にわたる有珠山噴火（北海道）や新潟県中越地震、東日本大震災等の近年発生した主な大規模災害被災地における現地調査から、従来あまり表に出てこなかった国と市町村による災害対応についての様々な新事実についても明らかにしながら、考察を進めたい。

　例えば、有珠山噴火（2000年）では、避難指示の権限を持つ市町村を飛び超え、国の現地災害本部が避難指示を出したことで混乱が生じた経緯や、オウム真理教によるサリン事件（1995年）で、国が市町村消防の装備の実態を知らずに通達を出し消防本部間で混乱が生じた経緯、更には、福島第一原子力発電所事故（2011年）での放水活動について、国が適切な装備を保有する消防を後回しにし、自衛隊、警察による放水活動を優先した事実や、その背景等を明らかにしている。これらの事実の発見は、防災研究、危機管理行政研究的にも重要な意義を持つものであると考える。

本書の構成

　本書の構成についての詳細な説明は、**第1章**の後半に譲るが、本書に興味を持って更に読み進めてもらえるように、**第1章**と重複する部分があるものの、ここでも簡単に本書の構成について説明したい。

　第1章「**本研究の視点と構成**」では、市町村中心の消防行政の限界や、消防行政で発達してきた補完体制の問題点をどのように解決すべきかという本研究の問題意識や、本研究の学問的位置付けについて説明する。

　第2章「**消防組織間関係の歴史的分析**」では、本論に入る前に、わが国の消防行政の歴史をふり返る。消防組織間関係という視点から、①国レベル（官設消防内）の消防組織間関係、②消防組織間の戦前と戦後の継続性の有無、③公的消防組織と義勇消防組織間の関係について、分析を行った。

　第3章「**消防行政の制度および現状**」では、わが国の消防行政の制度及び、現状について概観した。消防行政は、市町村の消防本部を中心に現在実施されている。国の消防機関である消防庁は、政策の企画・立案を主に行う政策官庁で、市町村消防本部に対して、警察行政のように、指揮命令権や人事権は持っていないため、市町村消防本部の自主性に任されて、運営が行われてきた側面が強い。そのような視点から言えば、消防行政は地方分権が進んだ行政分野と言える。

　第4章「**消防行政における市町村公助の分析**」では、全国市町村消防本部の保有する消防資源の現状について分析を行い、更に保有する消防資源が少ない小規模消防本部において、平常時及び大規模災害時の市町村公助に、どのような問題が危惧されるのか明らかにした。

　第5章「消防行政における中央地方関係と上下からの垂直補完の分析」では、消防行政における中央地方関係と上下からの垂直補完についての分析を行った。消防行政において特徴的なのは、国の保有する資源の少なさである。それが、国の垂直補完の限界にも繋がっている。本章では、国レベルの消防組織の保有する消防資源及び、中央地方関係、垂直補完の現状を明らかにした。消防庁は、本省の総務官僚や旧自治官僚が、短期間在籍してまた異動するポストである。それは、キャリア組官僚のみならず、本来長期配属先に在籍し、特定分野に精通することが求められるノンキャリア組官僚も、同様である。その結果中央における消防行政に精通した人的資源の不足及び、現場の情報資源の不足が顕著となった。そのため消防庁は、東京消防庁をはじめとした大都市消防本部から人的資源を、出向及び研修という形態で獲得する（下からの垂直補完）という、人事交流の方式を長年採ってきた。特に、東京消防庁に対する資源依存は著しい。

　第6章「地方防災行政、消防防災行政における上からの垂直補完」では、消防庁が実施する地方防災行政、消防防災行政に関して、阪神・淡路大震災（1995年）以降に、消防行政の中での位置付けがどのように変化したのかを見ていく中で、地方防災行政、消防防災行政における、消防庁の垂直補完の現状について考察した。

　第7章「消防行政における市町村消防本部間関係と水平補完の分析」では、消防本部間関係及び、水平補完の資源交換のネットワークの実態はどのようになっているのかを明らかにした。

　第8章「消防の共助体制における組織間関係」では、消防の共助体制について見た。わが国の共助体制において重要な役割を果たしてきた組織が消防団であるが、地域の限られた消防資源をめぐる市町村消防本部との競合関係の中で、保有する資源の減少傾向が著しくなっていることを明らかにした。

　第9章「東日本大震災時の消防行政における公助・共助の分析」では、東日本大震災時（2011年）の消防行政における公助・共助について考察を行った。特に福島第一原発事故では、国は、本来市町村消防本部の組織資源、人的資源である緊急消防援助隊の放水活動への投入を躊躇し、そのため災害対応が遅れることとなった。緊急消防援助隊制度には、垂直補完と水平補完の両方の側面（融合型補完）があるが、国が運用で事実上国の実働部隊と

して緊急消防援助隊を用いるという、垂直補完あるいは融合型補完の側面における市町村消防の資源へのアクセスの不自由さから生じる問題が、福島第一原発事故への対応では見えた。

　第10章「消防行政と他行政分野との行政分野間関係の考察」では、消防行政と他行政分野との行政分野間関係に関する考察を行った。特に、自然災害のみならず原子力災害やテロ、新型コロナによるパンデミック等、特殊災害の発生頻度が近年高まる中で、防災行政や危機管理行政との関係は今後どのようにあるべきか、考察を行った。

　第11章「消防行政の課題と今後向かうべき方向性の検討」では、消防行政の課題と今後向かうべき方向性について補完体制という視点から最後に検討を行った。

各読者層への本書の意義

　本書は、消防に対する社会的理解を深めるという側面からも、研究者のみならず広く様々な層の読者に読んでもらいたい。

　前著『消防の広域再編の研究』は第二版を売り切り現在絶版となっているが、研究者や実務家、授業の受講者のみならず一般の読者からの感想や意見の手紙も数多くいただいた。本書は、博士論文がベースのため、前著に比べると難解な部分があるかとは思われるが、研究成果の社会的還元という視点からも、是非、研究者のみならず実務家や消防に関心を持つ一般の読者にも、本書を手に取って読んで欲しいと希望している。

　研究者に対しては、個別行政領域、個別政策領域としての消防についての知見のみならず、他研究領域にも応用可能な組織間関係や補完体制についての一般性のある知見が提供できると考えている。

　また消防行政は、市町村単位で運営されているため地域的多様性が大きく、頭では分かっていても、研究調査をしていていると「市町村の数だけ消防行政が存在する」と改めて痛感する時があるが、その分、市町村消防関係者は、管轄区域外の消防については意外と疎い場合もある。

　本書からは、わが国の消防行政の全体像についての知見が得られ、おそらく実務経験で培った知識と合わせれば、今まで何となく疑問に思っていた事柄に合点がいくようなケースがあるのではと考えている。

　また本書は、消防行政の現状について厳しい指摘をしている部分もあるが、決して消防に携わる市町村や国の実務家の方々の日頃の努力に言いがかりをつけようという目的で書いているものではない。

　本研究は、大勢の消防関係者の協力のお蔭でまとめられたものである。消防は極めて重要な行政分野なので、少しでも更に良くしたいという思いからの指摘である点、何卒ご理解いただきたいと思う。まさに、本書が主要テーマとする消防行政で発展している多様な補完体制こそが、限られた資源の中で何とかより良い消防を実現したいという消防に携わる市町村や国の行政実務家の長年の地道な努力と創意工夫の成果である。本書を通し、消防行政のそのような先見性のある体制に対する社会的評価を更に高めたいというのが、本書を通した著者の最大の願いである。

　更に、本書を手に取る一般の読者は、おそらく消防に何らかの関心がある方々が多いように思う。そのような方々にも、本書は一般読者向けの消防専門誌から得られる知識とはまた異なる消防の知識が提供出来、更に消防に対する理解を深められる一助となると確信している。そして、消防マニアではない一般の読者には、是非本書を通し、消防を知るきっかけにしてほしい。

　以上のような問題意識や考えに基づき、以下で考察及び分析を進めていきたいと思う。

　　2023年3月

　　　　　　　　　　　　　　　　　　　　　　　　　　永田 尚三

目　次

第**3**章

消防行政の制度および現状

第**6**章

地方防災行政、消防防災行政における上からの垂直補完

第7章
消防行政における市町村消防本部間関係と水平補完の分析

第8章

消防の共助体制における組織間関係

第1章

本研究の視点と構成

◇1.
本研究の問題意識

(1) 補完体制の先行事例である消防行政

　近年、基礎自治体（市町村）は総合行政主体として、地域における事務を
できる限り担うべきであるとする、総合行政主体論の考え方が、揺らいでいる。
平成の大合併に乗り遅れた小規模市町村においては、今後、法令上義務づけら
れた事務を十分に処理できない危惧が生じ、その結果、地方制度調査会でもそ
れを国や都道府県が補うべきとする垂直補完や、他の市町村が補うべきとする
水平補完といった議論が行われ、現在補完体制への関心が、地方行政全般で高
まっている[1]。総合行政主体論は、「地方公共団体は、住民に福祉の増進を図る
ことを基本として、地域における行政を自主的かつ総合的に実施する役割を広
く担うものとする」という、地方自治法第1条の2第1項に基づく考え方である。
わが国の防災行政や消防行政も、従来、この総合行政主体の考え方に正に基づ
き、市町村中心に体制整備が行われてきた行政分野である。しかし東日本大震
災では、津波で行政機能がシステムダウンを起こした市町村も生じ、市町村中
心の防災行政の限界が明確となった。

　また、消防行政においては、総合行政の一部である「消防行政主体」として
の市町村の限界は、他行政分野と比較しても、かなり早期から見えてきていた。
全国の多数を占める小規模消防本部の資源不足から生じる様々な課題（平常時
の救急、予防、火災原因調査等における問題[2]）は、戦後市町村消防制度が始
まって以来再三指摘されてきた。更に、大規模災害への市町村消防での対応の
限界も、既に阪神・淡路大震災（1995年）時には明らかになっていた。そのため、
消防行政ではそれを補うための補完体制の構築も、他行政分野と比較し非常に
早く、歴史もある。ある意味、消防行政は補完体制の先行事例である。消防行
政主体としての市町村（特に小規模消防本部）が、資源不足で出来ない部分を
補うため、極めて多様な補完体制が長年かけて構築されてきた。

　ただ、補完体制の歴史が長い分、その補完体制の課題も既に見えてきてしま
っている点が消防行政の特徴でもある。では、消防行政において、他行政分野
に先駆け発達した補完体制とはどのようなものであろうか。また消防行政にお
いて既に見えてきた、補完体制の課題とは如何なるものであろうか。消防行政
における補完体制にも、良い部分と悪い部分がある。これらを明らかにするこ

とは、消防行政の課題解決のみならず、今後補完体制の精緻化が求められる他行政分野においても、極めて有意義なことであると考える。本研究では、消防行政における補完体制の現状及び課題について明らかにし、更に如何にその課題を解決すべきかの考察を行いたい。

(2)「消防行政主体」としての市町村の限界

　では、「消防行政主体」としての市町村の限界とは、どのようなものであろうか。戦後、消防行政は、官設消防（国営消防）から市町村（自治体）消防へと他行政分野に先駆け地方分権が行われ、70年以上にわたり市町村中心に運営が行われてきた。消防組織法（1947年制定）で、市町村は地方自治の本旨に基づき、当該市町村の区域における消防を十分に果たすべき責任を負うとともに、その消防の責務を果たすために必要な経費は当該市町村が負担するとされ、市町村消防の大原則の下に、各市町村による自立的な体制整備が進められてきた。その市町村消防において、長年課題とされてきたのが、小規模消防本部の多さである。全国に、723（2022年4月時点）の消防本部が存在しているが、管轄人口の度数分布を見る（**第4章の図表4-1**）と、管轄人口10万人以下の小規模消防本部が、全国の消防本部の約6割を占めている（わが国の小規模消防本部の現状に関しては、第4章で分析を行う）。

　これら小規模消防本部では、保有する人的資源や組織資源の不足から、平常時の救急や予防（消防法に基づいて、正しい防火対策・防災対策を講じられるように、建物の中へ立ち入り検査などを行い、場合によっては、行政指導や行政命令等の是正措置を行う業務）、更には火災原因調査（火災原因を調査し再発防止につなげる業務）等の消防活動において支障が生じている。近年の高齢化社会を背景とした救急需要の急増に、十分に対応できない事態や、予防の立ち入り検査が人員不足で不十分になる事態、更には火災原因調査で火災の原因を特定できない（小規模消防本部は、検証実験の環境が整わず火災原因が特定できない火災が多い）事態等が生じている。また近年は、建築材の不燃性の向上により大火は減少傾向にあるが、2016年の糸魚川大火では、大規模火災への対応に小規模消防本部の保有する消防力では不十分である現状が改めて明らかとなった[3]。そして、大規模自然災害発生時の、被災地への広域応援活動も、日常の消防活動をぎりぎりの組織資源でまわしている小規模消防本部にとっては、大きな負担となっている側面がある[4]。

4

更に、小規模消防本部以上に深刻なのが、消防非常備町村の存在である。消防非常備町村とは、未だ24時間体制で消防、救急等の対応を行う市町村消防本部が設置されておらず、住民の消防組織である消防団しかない町村のことである。離島地域や中山間地域の町村に未だに30程存在する。これら町村で特に深刻なのは、救急の問題である。消防団は、救急搬送を行うことが出来ないため、これら地域では役場や医療機関が救急搬送を実施している。しかし、消防の常備市町村では確保されているプレホスピタルケア（医療機関に搬送するまでの救急車内で行う応急救護）の水準が確保されていない[5]。

(3) 消防行政において見えてきた補完体制の課題

一方、国レベルの消防機関（**図表1-1**）は、企画・立案や各種法令・基準の策定などを行う政策官庁で、市町村消防本部への関与は指揮命令権や管理権は無く、助言や勧告にとどまる。また、保有する資源も、代々少ない。対して、消防の実働部隊や装備等の資源のほとんどは、市町村に配置されている。ある意味、消防行政は地方分権の先行事例ともいえる。消防資源の整備も、各市町村消防本部の自主性に任せられてきた部分が大きく、他行政分野と比較して、ナショナルミニマム（国が保障する最低水準[6]）よりも、ローカルオプティマム（地域が選ぶ最適水準[7]）が浸透してきた行政分野である。

1947年に消防組織法が制定され、市町村消防制度が始まった際に、制度導入の中心人物であった、GHQの公安課主任消防行政官 Angell は、小規模消防本部や消防の非常備市町村の独自で対応できない部分は、国が垂直補完や上からの支援で補う体制が機能することを期待したが、国レベルの消防機関の資源不足から、十分な垂直補完（上からの垂直補完）が機能していない部分が消防行政においては見られる[8]。

そのため消防行政では長年、市町村や消防本部間の水平補完や連携体制の構築が他行政分野と比較してかなり早期から行われ、また消防行政独特の下からの垂直補完（消防行政独特の大都市消防本部から消防庁への出向

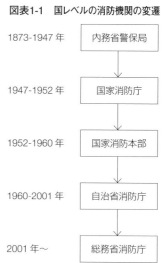

図表1-1　国レベルの消防機関の変遷

1873-1947 年	内務省警保局
1947-1952 年	国家消防庁
1952-1960 年	国家消防本部
1960-2001 年	自治省消防庁
2001 年〜	総務省消防庁

人事等の資源の提供のこと、詳細は第5章で見る）等の補完体制が発展してきた。ただ補完性の原理や、市町村消防の原則に従うならば、まずは小規模消防本部の強化から行うべきである。国も、小規模消防本部の是正と消防の非常備町村の解消を目指し、過去に何度か、消防の広域再編の試みを行った。直近では2006年から、管轄人口30万人以上に全国消防本部の組織規模の平準化を目指して「消防の広域再編」が実施されているが、必ずしも予定通りには達成されていない。当初、消防の広域再編は、複数の消防本部を統合し、管轄人口30万人以上に全国消防本部の組織規模の平準化を目指すものであった。しかし、長年にわたりローカルオプティマムが根付いた行政分野においては、それぞれの市町村消防本部や非常備町村の抱える事情も極めて多様で、広域再編は当初想定した通りには進まなかった。そして2013年4月にハードルを引き下げ期限延長となり、更に2018年4月に再度6年間の期限延長となった。

　再延長の期日（2024年4月1日）も近づいてきているが（2023年時点）、多少の再編成果はあったものの、多くの小規模消防本部及び複数の消防非常備町村が、現状のまま取り残され、小規模消防本部及び消防非常備町村を取り巻く現状は、依然厳しい。このように17年以上（2023年3月時点）かけても、市町村の腰が重く、進展が当初期待されたほどは見られない広域再編が、更なる期限延長で、大幅に進展する保証はなく、また、更に3回目の期限延長をする意味があるのかは議論の余地のあるところである。仮に3回目の期限が延長されたとしても、今まさに消防行政においては、小規模消防本部や消防非常備町村救済のために、消防の広域再編後（ポスト消防の広域再編）の次の一手を考えねばならない段階に来ている。となると、残された道は、補完体制の更なる強化しかない。ただ、補完体制が既に精緻化された消防行政においては、これ以上推進すると小規模消防本部や消防の非常備町村の自立性を損なう危険性もあり、市町村が消防事務を中心的に担うべきとする市町村消防の原則が大きな岐路に立たされている。

　また消防行政は、他行政分野と異なり消防団という地域住民による消防組織を持っている。よって、組織間の補完関係も、行政組織内部で完結せず消防団の存在も考慮する必要がある。例えば、小規模な市町村消防本部の中には、平常時の消防活動においても、消防団の消防力によって資源不足を補完し、なんとか日常業務をまわしてきた地域も多い。ただこの消防団も、全国的に団員の高齢化や団数の減少が著しく、消防団による補完体制を今後も維持するのが

困難な地域が出てくることが予想される。そのような事態が生じた場合、最も深刻なのは、消防団への依存度が高い小規模消防本部や消防非常備町村である。これら地域では、このまま消防団の衰退現象が継続すると、現状の消防体制を維持出来なくなる可能性が高い。以上のような問題意識に基づき、本研究では主に消防行政おける補完体制の現状や課題について明らかにしていきたい。

(4) 本研究の学問的位置付け

　本研究は、主に補完体制に着目し、行政学の視点から消防行政を見た個別行政分野の研究である。消防庁が管轄する消防行政は、地方防災行政や消防防災行政を含んでいる。これらの行政分野は、消防行政における災害対応の部分で、一部内閣府が管轄する防災行政と重複するため、時として消防行政は防災行政の下位行政分野と勘違いされるが、その理解は間違っている。両者は、一部境界線が曖昧な部分はあるものの、互いに全く独立した行政分野である。災害対応は、危機対応を専門とする消防行政の中でも、災害時に新たに生じる業務で決して日常的な業務ではない。ただし、地方防災行政や消防防災行政は、阪神・淡路大震災以降、消防行政においても非常に重要な行政分野となってきている（詳細は第6章）。そのため、防災研究という視点から消防行政を見た場合の問題関心も、一部本研究には含まれている。

　従来、行政学の見地からの消防分野の研究は、実務家の制度論的著作が中心で、専門研究は国の内外を問わず非常に少ない[9]。消防職員の労働環境について行った研究（宮崎 2001, 2003）[10]や、消防の広域再編について行った研究（永田 2009d）、また隣接研究分野の政策法学の視点から、予防消防行政における法執行過程について行った研究（北村 1997）等がある[11]。このような研究業績は散見されるものの、未だ行政学の視点からの体系的専門研究及び、実証研究の蓄積が、国の内外を問わず少ない研究分野である。わが国における消防行政の実態は、研究者にはまだ完全には把握されていない[12]。また防災研究は、工学系[13]の研究が主流で、社会科学や人文科学からのアプローチは、主に心理学[14]、社会学[15]の研究が中心であった。本研究では、行政組織の管理や制度に、元来主要な問題関心を持つ行政学の問題関心を中心として、具体的な災害対応に重きを置く防災研究の問題関心も部分的に交えながら、わが国消防行政の全体像及び問題点を明らかにし、更にその解決策について検討したい。

◆2.
本研究の視点

(1) 公助・共助・自助と補完性原則

　以上のような問題関心に基づき、本研究では消防行政に関わる組織を分析対象とし、その組織間関係から、消防行政の特殊性や全体像、更には平常時や災害時の補完体制等について分析を進めていきたい。本研究の問題関心は、国と地方の垂直的関係のみならず、市町村消防本部間の水平的関係、更には住民による義勇消防組織である消防団と行政の関係にまで及んでいる。更に、フェーズも平常時から災害時にまで及び、研究対象とする行政活動の範囲も、平常時の業務から、消防行政における災害時新業務である地方防災行政や消防防災行政までと極めて広い。これらを包括的に分析するのは、かなり困難を伴う。

　まず、消防行政を分析する視座を整理する上で有効と思われるのが、防災研究でよく用いられる自助・共助・公助の考え方である。何故この概念を持ち出すかというと、一般の行政分野では、公助の部分のみの分析で納まるが、消防行政には消防団という住民による消防組織があり、共助の部分にまで関わってくるからである。自助・共助・公助が防災の分野で注目されたのは、阪神・淡路大震災がきっかけである。阪神・淡路大震災では、行政機関よりも住民組織によって救出された被災者数の方が多かった[16]。そこから災害時の共助の重要性が認識され、自助・共助・公助という用語が用いられるようになった。

　主に災害・事故時の応急対応や平常時からのその備えにおいて、まず個人の自力で対応し（自助）、それでも対応不可能な部分は地域社会の助け合いで補い（共助）、更にそれでも対応不可能な部分を行政機関で対応しようとする（公助）考え方である。つまり、公的セクターの保有する資源のみでは、大規模災害のすべてに対応するのは不可能なので、社会のすべてのセクターの保有資源を総動員して、相互補完で社会的危機に立ち向かおうとする考え方が背景にある。この自助・共助・公助の考え方は、災害時のみならず平常時においても適用可能である。元々は、個人・地域・行政の役割分担についての考え方である補完性原則を、災害対応に応用したものと思われるからである[17]。

　前述の通り、補完の考え方は、平成の大合併で合併できなかった小規模市町村をどのように救済すべきかという話から、わが国では注目されるようになった。補完性原則の起源は、ローマ教皇Leo13世が1891年5月15日に出した回

勅（Rerum Novarum[18]）と言われる。いまやEU（欧州連合）の基本理念の一つとなっている。わが国では、一般的には、決定や自治などをできるかぎり基礎的自治体（市町村）等の住民との距離が近いコミュニティで行い、出来ない部分のみをより大きな単位の団体で補完していくべきという概念と理解されている。そして補完の方法には、垂直補完と水平補完がある。垂直補完とは、国や都道府県が、市町村がどうしても対応できない部分を上から補完すべきであるという考え方である。また、水平補完は、市町村がどうしても対応できない部分を広域行政組織や地域の中核市等が水平的に補完すべきであるという考え方である。できるかぎり小さい単位で対応するという補完性原理の大原則から考えれば、まずは市町村で出来得る限り対応し、どうしても対応できない部分を市町村間の水平補完で補い、更にそれでも出来ない部分を都道府県、国の垂直補完で対応すべきという順番となる[19]。

　また、補完と連携の概念分けもしておく必要がある。補完と類似用語の概念分けにはいくつかの主張がある[20]。まだ完全には定まっていないが、本研究では「事務事業の共同処理とか圏域内自治体で施設配置を調整しあうのは、効果的な処理を行おうとする「連携」の営みである。一方で、「補完」とは、能力不足の自治体に対して、より規模能力の高い別の主体が後見するという意味で使われている[21]。」という概念分けを採用したい。ただより消防行政の分析に馴染むよう、補完の定義は、「保有資源不足の行政組織に対して、より規模能力の高いか或いはより多くの資源を保有する別の主体が後見する」行為と微修正したい。消防行政における補完体制は、本研究で主要な分析対象となってくる。公助・共助・自助の考え方と補完性原則を整理したのが、**図表1-2**である。

　図表1-2について説明を加えたい。公助には、国の公助や都道府県の公助もあるが、消防行政で最も中心となるのは、市町村公助である。市町村公助とは、便宜上本研究で用いたいと考える概念用語であるが、消防行政主体としての市町村が管轄区域内で自ら行うべき平常時や災害時の危機対応体制のことを指す。消防行政でいえば、管轄区域内での火災、救急、災害等への市町村の対応体制

図表1-2　自助・共助・公助と補完性原理の関係

公助						共助	自助
国の公助	都道府県の公助	市町村公助	補完体制				
			広域応援（圏域外補完）			圏域内補完	
			垂直補完	水平補完	共助の圏域外補完		

のことである。従来、わが国の消防行政は、平常時の消防、救急の業務や災害時の応急対応は、市町村の行政が中心になって行うべきという考え方の下、70年以上にわたって体制整備が進められてきた。言うなれば、市町村公助中心主義であったのである。そこには、平常時の消防業務のみならず、災害対応も市町村消防本部で十分対応できるという期待があった。ただ現実には、平常時においても、小規模消防本部は保有する様々な資源不足で、日常業務を回すのが精一杯という状況が生じ（**詳細は第4章**）、また垂直補完も、国レベルの消防機関の資源不足で不十分という状況の中で（**詳細は第5章**）、地域の代表消防本部（中核的都市の消防本部）を中心とした水平補完の体制が平常時から形成されていった（**詳細は第7章**）。

　また災害対応に関しては、阪神・淡路大震災以前は、わが国は大規模災害が少ない時期が続いた（風水害を除く）ので、市町村の公助及びそれを前提にした広域応援の制度である消防の相互応援協定[22]でなんとか対応が出来た（水平補完の制度[23]）。ところが阪神・淡路大震災では、被災地の市町村も被災し、市町村や市町村消防本部の公助が想定したようには機能しないことや、それを圏域外から補完するための国の体制（垂直補完）や市町村間の相互応援協定（水平補完）が不十分であることが分かった。そこで、国の垂直補完の部分が強化され、また圏域外の市町村消防本部による新たな広域応援の制度として、緊急消防援助隊が創設されて水平補完の強化が行われた（**詳細は第6章、7章**）[24]。垂直補完も水平補完も、広域的応援であり圏域外からの補完が前提である。

　更に、東日本大震災では、津波で被災地の市町村公助が機能不全に陥ったことから、広域応援（圏域外の補完）が垂直補完においても水平補完においても盛んに実施されることとなった（**詳細は第9章**）。特に、消防行政以外の行政分野においても、機能不全を起こした被災地市町村の救援のため、垂直補完及び水平補完の必要性が生じ、総合行政主体である市町村のあり方に揺らぎが生じた点が、東日本大震災の特徴であった。また、広域応援は圏域外からの補完を前提としているので、垂直補完及び水平補完のいずれにしろ、発災から到着までにタイムラグが生じる。その間、市町村の公助が機能しないとなると、消防行政においては地域の消防団で補完をするしか手が無くなるので、共助の重要性が更に認識されるようになった。それを受け、東日本大震災後、消防行政や防災行政においては水平補完のみならず共助体制が重点的に強化された。共助には、主に消防行政における消防団による対応や、防災行政においては自主防災

組織や防災ボランティアによる対応がある。消防団や自主防災組織は、現状では広域応援活動を原則行わないので圏域内における市町村公助の補完（圏域内補完）のみであるが、防災ボランティアは圏域外からも広域応援を行うので圏域外からの補完の側面もある。なお、一般に垂直補完は、国と都道府県の垂直補完を意味するが、消防行政の場合は市町村消防で都道府県が関わる部分は制度上ごくわずかなので[25]、消防行政における垂直補完は現状においては国による垂直補完のみを指す。

(2) 研究対象とするフェーズ、アクター

次に、本研究が研究対象とするフェーズ及びアクターについて、明確にしたい。まずフェーズであるが、消防行政は平常時の業務のみならず、前述の通り地方防災行政や消防防災行政といった災害対応業務を一部含んでいる。そして災害対応のフェーズは、主に①平常時、②発災直後の応急対応、③災害復旧、④災害復興の4段階に分類するのが一般的であるが、災害時の消防の役割は、主に災害発生後直後の応急対応である。よって、本研究での分析対象となるフェーズは、主に平常時及び応急対応期である。また分析対象は、前述の公助・共助・自助の考え方では、公助・共助の部分のみとなるので、分析対象となるアクターも、国、都道府県、市町村首長部局、市町村消防本部、広域行政組織といった行政組織や、消防における共助組織である消防団となる。

(3) 組織間関係を分析する視座

このように本研究では、平常時及び発災後の応急対応における、主に消防行政に関連した公助組織や共助組織を分析対象とする。そして消防行政における補完体制の現状及び課題を明らかにするため、個々の消防組織を個別に分析するだけではなく、それら組織間の補完関係も見ていきたい。垂直補完や水平補完等の組織間の補完には、必ずいずれかの組織の足りない資源を補うことを目的とした、組織間での資源の供給と依存が生じる。そのため、消防組織間の補完関係をより詳細に分析するための視座として、組織関係論（主に資源依存アプローチ）の考え方を参考にしたい。組織関係論は、組織の資源依存性に着目して組織関係を明らかにしようとする分析枠組みである。あらゆる組織が存続に必要な資源をすべて所有していないことから、必要資源を保有する他組織から資源獲得をせざるを得ず、その結果他組織への資源依存が生じると指摘する

(Pfeffer & Salancik 1978)。

　組織関係論の源流としては、Levine & White に代表される資源の組織間における交換（互酬性）に着目し、それによって生じる相互依存的関係を見ようとする交換アプローチがある。ただ、「組織の相互依存は、当事者間の対等的な組織間の分業を基礎に生じるだけでなく、一方の他方の組織へのパワーの行使によって強制的にも発生する[26]」。Aldrich は、交換アプローチが対等関係を前提にして相互依存関係を論じたもので、支配や影響力の行使といった視点が欠如している点を指摘した（Aldrich 1979）[27]。そのような組織間のコンフリクトな関係に着目したのが、パワー依存アプローチである。組織間の保有している資源の希少性の違い（非対称性）に着目し、希少性の高い資源を保有している組織に生じるパワーや影響力から、組織間関係を見ようとした（Emerson 1962；Benson 1975）。

　当初、組織間の資源をめぐる議論で主要な問題関心となったのが、交換アプローチとパワー依存アプローチの統合であった。何故なら、「組織間の相互作用は極端に協調関係あるいはコンフリクト関係の１つのみが存在するのではなく、現実にはむしろ２つの関係が混在すると考えられる[28]」からである。そして、その両アプローチを最初に接近させたのが、オープンシステム論であった（Thompson 1967）[29]。オープンシステム論は、外部環境と組織の相互作用に着目し、組織を予測や統制の出来ない影響力といった不確定性にも従うシステムとみなす。つまり、外部環境がもたらす不確実性を削減するために、組織間の資源の交換が生じ、その交換する資源の重要度が高ければ依存関係が生じると考えた。

　更に、交換アプローチとパワー依存アプローチを統合する理論枠組みとして提示されたのが、資源依存アプローチである（Aldrich & Pfeffer 1976；Pfeffer & Salancik 1978；Aldrich 1979）。資源依存アプローチは、組織は、存続や成長に必要な資源を全て保有した自己完結的な存在でなく、そのため資源の交換や依存から組織関係が生じると考える。Aldrich は、その交換関係の中にも組織間のパワー維持策と自立性を維持しようとする対抗行為が混在し、依存関係が潜在化しているとし、交換アプローチとパワー依存アプローチを統合した。

　また依存関係は、組織にとって得られる利益が、意思決定の裁量権や自立性の喪失といった不利益よりも大きい場合に生じるが、依存する側の組織にとって、どこまで他組織に依存するか、また自立性を維持するかは重要な問題と

なってくる。Pfeffer & Salancik は、他組織への依存度を決定する要因として、①資源の重要性、②資源の配分と使用に関する自由裁量権、③資源の集中度の3点を挙げている（Pfeffer & Salancik 1978）。資源の重要性は、交換資源の量と必須性で決まる。また、資源の配分と使用に関する自由裁量権とは、他組織が保有する資源をどれだけ自由に配分及び使用できるかという裁量権の大きさの度合いのことである。一般には、自由裁量権は資源を所有することで最大化されるが、所有しなくとも資源を自由にコントロールできる裁量権でも良い。更に、資源の集中度とは、一つの組織への資源の集中度のことである。特定の組織に資源が集中しており、代替的供給源が無い場合は、その組織への依存をせざるを得ない。これら3点を満たせば満たすほど、相手組織への依存度は高くなる[30]。

Emerson は、このような依存が相手組織のパワー優位性を生じさせると指摘した（Emerson 1962）。一方、相手組織にパワー優位性が生じると様々な要求が発生する可能性があり、当該組織は「資源依存の必要性から生まれる自立性の低下というジレンマと直面する[31]」。そのため組織は、自立性を確保するため組織関係の調整を行う必要性が出てくる。その方法の1つとして指摘されるのが、組織関係の調整を行う組織間調整機構である（Thompson 1967：Pfeffer & Salancik 1978，；Aldrich 1979）。また組織間調整の戦略として、①合併等によって依存を吸収し自立性を維持する戦略、②役員兼任や提携といった依存と協力が共存する協調戦略、③より上位の第三者へのロビー活動等の政治戦略の三点を挙げられる（Pfeffer & Salancik 1978）。一方、Cook によると、パワー優位性を持つ側は、資源の交換比率と組織間の相互作用の形式の決定に影響力を持つこととなるため、他組織に対するパワーを拡大しようとする（Cook 1977）。

これら組織関係論の視点を本研究では用い、消防行政における組織関係や補完関係を詳細に見ていきたい。消防行政においても、組織間の保有する資源量の非対称性から、当該組織の不足資源を補うため平常時から様々な補完関係が生じている。また外部環境がもたらす不確実性からも、その環境の変化で生じた不足資源を補うため補完関係が生じている。よって、消防行政における、不確実性の最たるものである災害時の対応体制における補完関係は、発生頻度は少ないものの精緻化が進んでいる。

ただ前述の通り、消防行政は制度上都道府県の関与できる余地が極めて限定

的なので、垂直補完においては、国と市町村・市町村消防本部の資源交換及び依存関係が中心となる。また水平補完においては、主に市町村消防本部間、市町村間の資源交換及び依存関係が関わってくる。消防行政においては、市町村消防本部間の水平的な関係において、東京消防庁や各地域の大都市消防本部に資源が集中しており、結果的にこれら消防本部がパワー優位性を持つ。水平補完は災害時の広域応援のような期間限定的である場合はともかくとして、平常時で常態化している水平的な資源依存関係の場合は、一定の意思決定の裁量権や自立性の喪失、必要な時に必要な資源を手に入れられないといった必要資源へのアクセスの不自由さが生じる[32]。ただ憲法によって、市町村の自治は保障されている。よって、消防行政の資源依存関係においても、組織間の自立性をめぐるコンフリクトは現状の水平関係においては、深刻な問題となるほどは一般的には顕在化していない。ただ、ある程度のコンフリクトは、常に存在しており、それが災害等の究極な状況の中で、顕在化する場合がある。更に、消防行政においては、組織調整機構として、全国消防長会が存在し、水平的、垂直的に組織間関係の調整を行っている。以上のような、現状理解が可能となる。

　なお、Rhodesは行政組織の必要資源を、①法的資源、②財政的資源、③政治的資源、④情報資源、⑤組織資源の5つに分類する (Rhodes 1985)。①法的資源とは、法令や制度的慣習によって与えられた強制あるいは裁量的権限のことである。②財政的資源は、税金や借入金等を原資とした公共部門の予算のことである。③政治的資源は、政策決定過程への参加や、政治家を動員しての資源調達能力のことである。④情報資源は、様々な情報を保有し、その獲得及び提供の一方ないしは双方を管理することである。⑤組織資源は、人的資源、技術資源、土地や施設、装備などの資産を所有し、仲介者を経ずに直接行為することが出来る能力のことである。組織の資源の分類に関しては、Bensonは、組織が最も必要とする資源は、権威と金銭で、この2つの資源があれば他の資源も獲得できるとしている (Benson 1975) が、Rhodesの5つの資源分類は、個別具体的でより詳細な分析が可能である[33]。本研究では、この5つの資源を、分析対象にする。

◆3
分析に用いるデータ

　また本研究では、複数アンケート調査による質的データや、総務省消防庁、

全国消防長会等のアグリゲートデータ等の量的データを用い、分析を行うが、併せて人的資源の分析に多くの人事データを用いる。

公助レベルの垂直補完に関しては、主に『日本官僚制総合事典1868-2000(第2版)』[34]および、『内務省警保局の人事《1901～1943》』[35]に加え、警視庁『警視庁職員録』(1924年～1965年)の人事データを著者がデータベース化し、歴史的分析を行った。また現状分析に関しては、主に内政関係者名簿(1973年～2003年)、自治省職員録(1961年～2003年)、全国消防長会会報(1961年～2003年)に掲載された各年度人事データを著者がデータベース化し分析を行った。これは旧内務省警保局及び警視庁、旧自治省及び総務省関連の人事データベースとしては、現在最も詳細かつ完全なものの1つである[36]。特に、本人事データベースは、戦前戦後の継続性を極力持たせた点及び、警視庁職員録や内政関係者名簿、自治省職員録等の官僚人事に関する従来入手困難だった一次資料の人事データを用いた点が特徴である。各年度の警視庁職員録や内政関係者名簿、自治省職員録は、長年かけて収集を行ったものである。

戦前の警察人事に関しては優れた研究が多数存在するが、警視庁や地方官署等との人事交流まで分析した研究はない。警視庁職員録の人事データを本データベースに組み込んだことにより、内務省警保局－警視庁間の人事交流の実態を明らかにすることが可能となった。また行政学では、戦前戦後連続論と戦前戦後断絶論の議論が長年存在する。戦前、戦後の連続性を持たせたことにより、本データベースを用いて中央レベルで消防行政に携わった人的資源の戦前戦後での連続性の有無も分析可能となった。更に内政関係者名簿は、旧自治省及び総務省のキャリア職員のその年度のポストが記載されている。内政関係者名簿を時系列的に見ることによって、入省から退官して死亡するまでのキャリアが、出向先から天下り先まですべて分かる一次資料である。ただし国会図書館にも、すべての年度は揃っていない[37]。本研究にあたっては、通年で43年分すべて揃え、データベースを作成した。本人事データには、1973年から2003年に掛けての旧自治省及び総務省の全キャリア職員の全人事データが入力されている。

ただし内政関係者名簿には、ノンキャリア職員の人事データが記載されていないことから、ノンキャリア職員の人事データは、自治省職員録(1961年～2003年)で補完した。また市町村消防からの出向者および研修者の人事データは、全国消防長会会報(1961年～2003年)に掲載された人事異動の情報からデータベースを作成し、分析を行った。官僚人事及び、中央地方間の人事

交流の分析としては、過去最も詳細かつ正確なデータに基づいたものである。

◇4. 本研究の構成

　本研究の構成であるが、まず本論に入る前に、**第2章**では消防行政の沿革及び消防組織間関係の歴史的分析を行い、現在の消防行政が抱える問題点の歴史的経緯を明らかにする。更に**第3章**で、消防行政の制度及び現状について概観する。

　そして、本論の始めとなる**第4章**では、消防組織法が、消防行政の前提と考えている消防行政における市町村の市町村公助の平常時及び災害応急対応時の現状と課題について、分析を行う。また**第5章**からは、消防行政における補完体制の分析に入る。**第5章**及び**第6章**で、国（消防庁）と市町村消防本部間の組織間関係の現状と課題及び、消防行政における垂直補完について分析を行う。**第5章**で平常時の消防行政における中央地方関係及び垂直補完について分析し、

図表1-3　本論文の構成

	主に考察及び分析を行う対象	対象フェーズ	章	タイトル	時制
導入	公助（市町村公助・垂直補完・水平補完）、共助（圏域内補完・圏域外補完）	平常時・災害応急対応	1	本研究の視点と構成	―
			2	消防組織間関係の歴史	過去（江戸時代〜1970年代）
			3	消防行政の制度および現状	現在
本論	公助（市町村公助）		4	消防行政における地域公助	現在
	公助（垂直補完）	平常時	5	消防行政における中央地方関係と上下からの垂直補完	現在
		災害応急対応	6	地方防災行政、消防防災行政における上からの垂直補完	現在（東日本大震災以前）
	公助（水平補完）		7	消防行政における市町村消防本部間関係と水平補完	現在
	共助（圏域内補完）		8	消防の共助体制における組織間関係	過去（江戸時代〜1970年代）、現在
	公助（市町村公助・垂直補完・水平補完）、共助（圏域内補完）	平常時・災害応急対応	9	東日本大震災時の消防行政における公助・共助	現在（東日本大震災以後）
	公助（市町村公助・垂直補完・水平補完）、共助（圏域内補完）、他行政分野との関係		10	消防行政と他行政分野との行政分野間関係	現在
			11	消防行政の課題と今後向かうべき方向性の検討	今後

上からの垂直補完のみならず、消防行政特有の下からの垂直補完についても明らかにする。

　また第6章では、消防行政における災害時・事故時の垂直補完についても明らかにする。消防行政における災害対応は、一部防災行政との境界線が曖昧な部分がある。その実態についても触れる。そして第7章では、平常時及び災害時の消防行政における水平補完の現状と課題について明らかにする。

　以上のように、第4章から第7章までは平常時及び災害時の消防行政における公助の部分の分析であるが、第8章では市町村の市町村公助を圏域内で補完する重要な役割を担う共助の消防組織である消防団について、歴史的詳細な分析及び、平常時及び災害時の現状と課題についての分析を行う。更に第9章では、2011年3月11日に発生した東日本大震災で、これら公助（市町村公助・垂直補完・水平補完）、共助（消防行政においては圏域補完）で、どのような問題が発生したかの分析を行う。そして第10章では、近年マルチハザード時代の到来と共に、無視出来なくなってきた、消防行政と他行政分野の関係について考察を行い、最後に第11章で本研究をまとめ、消防行政の抱える問題の解決方法及び、消防行政が向かうべき今後の方向性等について検討を行う（図表1-3）。このような構成で、以下本研究を進めていく。

　なお本研究では、過去、現在、将来の話へと、時系列的に極力話を進めて行く。そのため第2章で過去の歴史を振り返り、第3章から第10章までで現在の話をし、第11章で消防行政が今後向かうべき方向性についての将来の話をする。ただ、第8章の共助体制の章のみ、過去と現在の話を合わせて行う。

　また、消防行政における災害対応の話も、東日本大震災前後で随分状況が異なるので、第6章が東日本大震災以前、第9章が東日本大震災以後と、2章に分けて話を進めていく。

[注]

1　地方制度調査会で西尾私案や定住自立圏構想、都道府県による垂直補完といった水平補完や垂直補完に関わる議論が行われ、現在補完体制への関心が、地方行政全般で高まっている。第27次地方制度調査会専門小委員会では、西尾勝副会長が示した「今後の基礎的自治体のあり方に関する資料（私案）」において、今後の基礎的自治体の再編成の進め方として、合併出来なかった小規模な市町村は、組織を極力簡素化し、一定の人口規模未満の団体は、法令により基礎的自治体に義務づけられた事務のうち窓口サービス等を処理することとし、他の事務は都道府県に処理を義務づけるとし、小規模な市町村に対する都道府県の垂直補完制度の創設を提言した。また、総務省の「定住自立圏構想推進要綱」では、人口5万人程度の地方都市に都市機能を集約し、周辺市町村に対する水平補完を行わせることで自立した広域定住圏をつくろうとする構想が打ち出された。更に、第30次地方制度調査会答申には、地方中枢拠点都市等から相当距離がある小規模市町村（離島や中山間地域の小規模市町村）は、市町村間の広域連携が困難な場合は、都道府県による補完を行うべきとする考え方が盛り込まれた。

2　小規模消防本部では、保有する人的資源や組織資源の不足から、平常時の救急・予防（消防法に基づいて、正しい防火対策・防災対策を講じられるように、建物の中へ立ち入り検査などを行い、場合によっては、行政指導や行政命令等の是正措置を行う業務）・火災原因調査（火災原因を調査し再発防止に繋げる業務）等の消防活動において支障が生じている。近年の高齢化社会を背景とした救急需要の急増に、十分に対応できない事態や、予防の立ち入り検査が人員不足で不十分になる事態、更には火災原因調査で火災の原因を特定できない（小規模消防本部は、検証実験の環境が整わず火災原因が特定できない火災が多い）事態が生じている。

3　2016年12月22日に、新潟県糸魚川市において発生した大火で、単一出火の延焼による火災で、家屋を巻き込んだものとしては1976年の酒田大火以来の大火である。建築資材の不燃性の向上や消防の予防体制が進む中で、全国的にもはやこのような大火はわが国では発生しないと考えられていた。小規模消防本部である糸魚川市消防本部（職員90人）では、現有消防力で最大限度編成可能な部隊（消火隊9隊、救急隊等3隊）を出動させ火災対応を行ったが、早期に単独で火災鎮圧は出来ず、出火約2時間後に近隣の上越地域消防組合消防本部及び新川地域消防組合消防本部に相互応援協定に基づく応援要請をしたのを皮切りに、新潟県の広域消防応援要請等を随時行い、更に糸魚川市消防団も50隊出動させ、約30時間後に鎮圧した。

4　消防の広域応援の制度としては、主に市町村消防本部間で個々に締結する相互応援協定と、総務省消防庁への事前登録制で、災害発生時に消防庁長官の出動指示の下に、登録消防本部の部隊が都道府県ごとにまとまって出動する緊急消防援助隊の制度がある。国が推進していることもあり、緊急消防援助隊への登録消防本部数は年々増えているが、消防本部にとっては、貴重な現場経験知を得られるメリットはあるものの、派遣部隊を緊急消防援助隊へ割く負担は大きい。

5　救急は、以前は現場から医療機関への搬送業務がメインであったが、救急救命士制度導入後、救急車内での救急救命措置が一部可能となり、プレホスピタルケアの水準維持が重要な課題となった。消防非常備町村においては、救急搬送体制すら手薄な状況下、プレホスピタルケアは出来ていないのが現状である。ただ、近年は、社員全員が救急救命士の資格を持った民間企業に、救急業務を委託する事例も出てきている。

6　国家が、国民に対して、生活の最低限度（最低水準）を保障する政策のこと。

7　ナショナルミニマムの対概念で、地方分権下において、個々の地方公共団体が、行政サービスの最適水準を自ら決めるべきとする考え方。

8　わが国の市町村消防制度には、導入当初においてGHQ公安課主任消防行政官のAngell.G.Wの

考えが強く反映されている。Angell は、母国（アメリカ）では、消防の専門家であり、占領下における消防行政の GHQ における責任者だった。わが国の民主化政策の一環であった、消防行政の国家消防から市町村消防への分権において、中心的な役割を果たした。Angell は、小規模消防本部が対応できない部分（最新の専門知や科学的技術の開発）は、国レベルの消防機関が垂直補完で対応すべきであると考えた。ただ、国レベルの消防機関も資源不足の中、必ずしも Angell が期待したようには機能していないのが現状である（詳細は、第 7 章）。

9 消防行政のみならず、上位行政分野の防災行政の行政学見地からの専門研究も数少ない。海外でも、防災行政の研究が始まったのは、ハリケーン・カトリーナ以降である。

10 宮崎伸光（2001）「消防行政における勤務時間と休憩時間」『自治総研』第 27 巻第 11 号. 地方自治総合研究所、宮崎伸光（2003）「日本の消防行政における労働問題—公共緊急サービス部門の一例として」『世界の労働』第 53 巻第 5 号. 日本 ILO 協会等

11 北村喜宣（1997）『行政執行過程と自治体』. 日本評論社, p.313.

12 その他に数少ない行政学の視点からの災害研究としては、中邨章（2013）「大規模災害と自治体連携：組織間災害援助の成果と課題」『自治体法務研究』34 号. 地方自治研究機構 , pp.19‐23. 等がある。

13 災害研究への工学的アプローチは、建築学的耐震強化の研究から災害予知の研究まで幅広い。わが国の災害研究の二大研究拠点が、京都大学防災研究所と東京大学地震研究所であるが、両研究所の研究者もそのほとんどが工学系の研究者である。文系研究者は心理学、社会学、教育学等の研究者がいるが少数である。ただし災害研究者の間でも、理系、文系それぞれの災害研究上の知見の融合を図るべきだとする問題意識は、比較的以前から存在し、わが国の防災研究の第一人者である河田惠昭は、文理融合の総合防災学を提唱している。

14 災害研究への心理学的アプローチは、主に臨床心理学と社会心理学の研究業績に大別できる。

15 社会学的なアプローチとしては、災害時の情報伝達のモデルを構築しようとする研究が主流である。東京大学社会情報研究所の故廣井修を中心とした研究グループの研究が典型的な研究である。

16 阪神・淡路大震災では、倒壊家屋から救出された被災者の約 8 割が、家族や近所の住民等によって救出されており、消防、警察及び自衛隊によって救出された者は約 2 割であった（河田 1997, pp.3-13）。

17 同上, pp.3-13.

18 カトリック教会が、貧富の差や経済・福祉における国家の役割について、正式に言及した最初の回勅。1931 年に、Pius 11 世の回勅『Quadragesimo Anno』で、「より小さく、より下位の共同体が実施、遂行できることを、より範囲の大きい、より高次の社会に委譲することは、正義に反する」と、更に補完性の原理は明確化された。

19 消防行政では、制度上都道府県が関わる余地はほとんどないので、現行制度下においては、都道府県による垂直補完は困難である。また、消防行政においては、小規模消防本部等の課題を解決するため、市町村消防から都道府県消防にすべきではないかという議論もある（永田 2009）が、補完性の原理の考え方に従えば、順番から言えば、垂直補完より先に、水平補完体制の充実から図るべきという話になる。ただ、消防行政においては、水平補完体制での対応も長年行われてきており、それでも解決困難な課題が存在している（詳細は、水平補完の課題に関しては第 7 章、補完性の原理の優先順位に関しては第 11 章）。

20 例えば、真山は、災害時の行政組織間の支援と補完に関し、概念整理をしている。一部の資源が不足して、被災地のローカル・ガバナンス（本研究で用いる市町村公助の概念に近い）が通常に機能出来ない状況が生じている場合に、国や他自治体が不足資源を供給するのは支援、一方、東

日本大震災のように被災地のローカル・ガバナンスが機能不全に陥った場合に、市町村の機能の一部ないしは全部を、国ないしは他自治体が補うのが補完と定義する（真山 2012, p.26）。

21　堀内匠（2013）「第30次地方制度調査会答申の読み方－都市機能の「集約とネットワーク化」をめぐって」『自治総研』39（418）．地方自治総合研究所, p.49.

22　消防の相互応援協定は、個々の消防本部間で締結され、広域応援を実施するか否か、応援活動の内容は、応援を実施する消防本部が自律性を持って決定することが出来る。

23　資源不足から災害対応を十分に果たすことが出来ない行政組織に対して、保有資源に余裕のある別の消防本部が応援する活動なので、本研究の補完の定義に沿えば、消防の相互応援協定による広域応援は、水平補完の制度と言える。

24　それまで、災害時における消防の広域応援の制度は、相互応援協定の制度しかなかった。ところが阪神・淡路大震災では、市町村消防を前提とした相互応援協定の限界が明らかになった。装備をそれぞれの消防本部が独自に整備するので互換性がなく、消防無線の連絡先を応援に駆け付けた消防本部が互いに知らなかった。そのため、応援に駆け付けた消防本部間の連携に課題が残った。それで、震災後に作られたのが、緊急消防援助隊の制度である。緊急消防援助隊は、市町村消防本部の消防隊の寄集り部隊であるが、総務省消防庁の出動指示で動く、国の実働部隊的側面を持つ。そのため、水平補完の制度ではあるが、垂直補完的側面もある。広域応援に掛かった経費は、消防庁長官の指示で出動したものに関しては全て国が費用弁償し、広域応援用の資器材も、国費負担で無償貸与される。そのため、相互応援協定の制度と比較すると、受援消防本部及び応援消防本部の自立性や自己決定権は、多少阻害される部分がある（詳細は、第6章、第7章）。

25　都道府県の消防に関する所掌事務は、主に当該都道府県と市町村との連絡及び市町村相互間の連絡調整である。また、消防職員や消防団員の教育訓練を行う消防学校も、都道府県の管轄である（政令指定都市では、独自に消防学校を設置している場合がある）。さらに、都道府県は消防防災ヘリコプターを保有している（政令指定都市では、独自に消防ヘリコプターを保有している場合がある）。防災（水防）に関しては、消防と比較して、より主体的に活動している。

26　山田耕嗣（2016）「資源依存理論の生成と展開」『横浜経営研究』37（1）．横浜国立大学経営学部, p.377.

27　山田耕嗣（2016）前掲書, p.377.

28　陳韻如（2004）「資源依存理論による動態的分析」『経済論叢』5・6．京都大学経済学会, p.457.

29　陳韻如（2004）前掲書, p.54.

30　山田耕嗣（2016）前掲書, p.380.

31　山田耕嗣（2016）前掲書, p.381.

32　パワー優位性を持つ大都市消防本部も、市町村消防で地域住民の税金で運営が行われている。よって、保有資源の一部を囲い込む場合がある。特に、近年は、保有資源の提供を議会が反対する場合がある。一方、大規模災害時の水平補完は、人道的視点からスムーズに認められる場合が多い（詳細は、第7章）。

33　木原は、組織資源の定義に、個別具体的な資源（一次的資源，狭義の資源）とともに、資源変換能力（二次的資源，広義の資源）を含むとする（木原 1995, p.4）。二次的資源は、測定が困難なので、本研究では分析対象としない。ただ、インタビュー調査では、消防行政においても、資源変換能力に関する言及が時折聞かれる場合がある。例えば、災害時に総務省消防庁が、市町村の消防の部隊を緊急消防援助隊として、事実上の国の実働部隊として運用し、災害時の救助オペレーション活動に関与する制度創設に関しては、市町村の組織資源を国の組織資源のように活用する（市町村の資源への国のフリーアクセスの度合いを高める）ものであり、それを実現した総務官僚の高

度な資源変換能力を評価する声は、総務省の技官組からも聞かれる。消防大学校消防研究センター
幹部へのヒアリング（2017年6月27日）

34　秦郁彦編（2001）『日本官僚制総合事典 1868 - 2000』. 東京大学出版会 , p.752.

35　http://www.geocities.jp/kafuka196402/ji.html（2018年7月17日確認）

36　本データベースを用い分析した研究成果を、平成16（2004）年の日本計画行政学会での研究報
告以降、随時発表してきている。

37　時々古本屋に売りに出される名簿を購入し、10年間かけて収集を行つた。

消防組織間関係の
歴史的分析

◇1. 消防行政の沿革の概観

本論に入る前に、まずわが国の消防行政の歴史から見ていきたい。わが国の消防行政の歴史については、いくつかの優れた先行研究がある[1]が、いずれも通史的な研究で、本研究の重要な問題関心である、消防組織間の資源をめぐる巡る関係の実態は、見えてこない。本章では、過去の組織間関係の実態と、それが現在の消防行政にどのような影響を及ぼしたかをを、歴史的資料やデータを[2]用い、第1章で説明したRhodesの5つ資源（①法的資源、②財政的資源、③政治的資源、④情報資源、⑤組織資源）（Rhodes 1986）を、可能な範囲で分析対象として、明らかにしたい[3]。また以後、消防組織が必要とするこれら5つの資源を、総称として「消防資源」と呼びたい。

まずは、消防行政の沿革から概観したい。わが国の消防は、江戸時代より、本格的な体制整備が始まった。当初は、消防が公共財であるという認識は幕府には希薄で、武家の家屋の消火のみを行う、武士階級による公的消防組織しか存在しなかった。その結果、江戸では大火による延焼が頻発し、江戸城まで消失する事態が生じた。度重なる大火により、公共財としての消防の必要性や非排除性が幕府にも認識され、8代将軍徳川吉宗の時代に、町民による町火消の制度が創設される。そして、この公的消防組織と、住民による消防組織（これ以降義勇消防組織）が併存する消防体制が、その後わが国における消防の伝統となる。ただ、この公的消防組織と義勇消防組織が併存する消防体制は、両組織間に競争関係を生じさせた。当時は、両組織が保有する資源に、大きな差が無かったからである。なお、この併存体制は、江戸時代を通し、江戸のみで導入された制度であった。江戸以外の地域でも、各藩が火消し制度に類似の義勇消防組織制度を導入したが、武士階級による公的消防組織は、城下内の一部のエリアのみに限定されていた。

明治に入ると、わが国に近代的消防技術が導入され、消防行政は国（内務省警保局）が行うということになった。ただ、明治新政府が保有する財政的資源は当初乏しく、明治期前半は、東京のみに公的消防組織（官設消防・常備消防）を設置する、東京一極集中政策を採らざるを得なかった。大都市部のいくつかにも、公的消防組織（官設消防・常備消防）が拡大され、国の政策が大都市部重点政策へと変容したのは、やっと明治期後半に至ってからのことであった。

　大都市部重点政策は、その後大正期、昭和戦前期を通し継続された。戦時下では、防空対策とも相まって、国が特設消防署を設置し、常備化する都市が徐々に増加した。しかし、戦前期を通し、国土の大部分の地域は官設化されることはなく、江戸時代の火消しを前身とする義勇消防組織（私設消防組、公設消防組、官設消防組）に火災対策はほぼ任されることとなる。これら地域では、明治以前に武士階級による公的消防組織が存在しなかったので、地域内の資源を争う競争相手も存在せず、義勇消防組織である消防組が地域内の消防資源を独占する状況が戦前期を通して続くこととなる。一方、官設消防が設置された地域では、大都市部重点政策により、江戸時代からの公的消防組織と義勇消防組織が併存する消防体制が、東京以外の都市部にも拡大された。ただ、東京以外の官設消防後発地域では、警察に人的資源をとられ人員の確保が困難な状況が続き、人的資源（マンパワー）で勝る消防組が、それを補完する関係が戦前期を通して継続することとなった（**図表2-1**）。

　戦後になると、連合国軍最高司令官総司令部（以下GHQ）の下で、消防行政は国から市町村へと分権される。戦前の内務省警保局の消防行政からの継続性は、人的資源面では部分的継続性を維持することとなる。国の消防機関としては、当初、国家消防庁が設置された。そして1952年には、国家消防本部に改められ、更に、1960年自治省の外局として消防庁となった（**図表2-2**）。ただ、市町村消防の原則の下、国の消防機関の保有する資源（法的資源、財政的資源、政治的資源、情報資源、組織資源）は、現在に至るまで、代々限定的である。

図表2-1　江戸期から戦前期にかけての消防組織の変遷

図表2-2　戦後の消防組織の変遷

　1948年、市町村消防制度の開始と同時に施行された消防組織法は、公的消防組織と義勇消防組織が併存する消防体制を維持した。市町村行政に消防本部を設置させ、公的消防を担わせる一方、消防団が新たに義勇消防組織としての役割を担うこととなった。しかし当初、消防本部を設置し、消防の常備化を実施した市町村はわずかであった。そのため消防組織法は、多くの地域で唯一の消防力である消防団（非常備消防部）を、市町村の消防本部とともに、公助の消防組織と位置付けたのである。本制度下では、常備化した市町村において消防本部と消防団は、管轄区域、活動内容、権限、そして財源面等での競合関係が構造的に生じる。しかしその後、消防庁の政策変容や、ライフスタイルの変化等の外部要因により、消防団の人的資源が減少するとともに、消防団は公助の組織としてよりも共助の組織としての性格を強め、近年は市町村の消防本部と消防団の住み分けが明確化しつつある。このような歴史的認識に基づき、以下で消防組織間の関係を更に詳細に見ていく（**年表は、11章末の別図表11-2**）。

◇2.
国レベルの消防組織間関係についての歴史的分析

(1) 戦前の内務省警保局と地方官署の関係

　まず、国レベルの消防組織間の関係から見ていきたい。具体的には、戦前の消防行政を所管した内務省警保局と、その地方の出先機関であった地方官署との関係から見て行く。

　戦前の消防行政は国営消防で、当初は所管を転々とした（東京府→司法省警保寮→東京警視庁）が、1881年からは1947年までは、内務省警保局が一貫して担当した。内務省警保局は、国の警察行政を主管する部局であった。つまり戦前の消防行政は、警察行政の一環として行われていた。内務省警保局は、内務省の中でも強力な権限を持つ内部部局であった[4]。ただし内務省警保局は、消防行政に対しては十分に人的資源（人員数）を配分しなかった。消防行政は、警保局の消防係が担当したが、1946年まで事務官、属、技師、技手[5]の4名だけしか割り当てられておらず、それも警察事務と兼務であった（1946年に、消防課がやっと設置された）。この点について、内務省警保局消防係の技師であった御厨敏彦は、後に以下のように回想している。

　「（戦前期においては、）国の消防対策も極く切りつめたやり方で、例えば内

務省の警保局に技師、技手各1名が居て事務は事務官と属が各1名居て警察事
務の片手間に消防のことを処理する有様で……あったのであります[6]。」

　また人的資源のみならず、財政的資源も警察行政に流用されていた。戦後わ
が国の市町村消防制度を作った、GHQの Angell はこれらの点を問題視し、そ
の背景として内務省警保局（警察行政）における消防行政に対するプライオリ
ティーの低さを指摘している。

　「（日本の）消防の進歩が非常に遅かったのは、主として消防は誰もが欲しが
らない孤児の如くに取扱われ、また、官吏及び一般住民が消防に対して、余り
関心を持たなかったことが原因であると思う。その証拠に、1946年まで、全
国の消防事務が警保局の唯4人によって動かされていたことを見ても分かる[7]。」
「従来、官吏も市民も、消防に対して余り関心を持たず、人口7500万を有する
国の消防事務が僅か4人の内務官吏によって処理されていたのであるから、警
察が、消防を警察の仕事の極小部分と見ていたことが了解される。更に、警察
官吏が消防部に転任を命じられることを好まず、消防の重要な地位に、警察官
が1年または1年半位な短期間ずつ、入れ替わり任命されていた理由も想像で
きる。このような、新時代の消防技術に関する知識を全く持たない、且つ、短
時日の後には他の職務に転ずる予定であるために消防の改善に殆ど興味を持
たない消防長の下で、日本の消防が効果的に任務を果たしていたと信ずるさえ
馬鹿げたことである。……消防の幹部が消防に興味を持たない上に、消防の改
善に用いられるべき予算の多額が、警察の仕事の方に流用されていたことも公
知の事実である[8]。」

　このような状況が生じた背景には、警察行政の中で消防行政が軽んじられる
組織文化が、長年存在したからであるとの指摘がある。消防官は、身分上は同
じ警察官であるにも関わらず、国民の身柄拘束が可能な強力な権限である司法
警察権が認められなかった。そのことで、警察より消防は一段下と見做される
組織文化を形成された（魚谷 1965；藤口,小鯖 1968）。Angell も、戦後、わが国
の警察行政の中に存在する、消防蔑視の慣習を問題視し、改善を目指した。そ
の端的な事例が、東京消防庁の改名問題である。1948年に、市町村消防制度
が導入された際、東京都の警察本部が「東京警視庁」を名乗る一方で、東京特
別区を管轄区域とする消防本部の名称は、「東京消防本部」であった。Angell
は、「警察が消防の上位にある如く察せられる[9]」との懸念を示し、現在の「東
京消防庁」に名称変更させたとの経緯もある。

　このような消防行政軽視は、人的資源（人員数）の配分にも影響を及ぼした。内務省警保局消防係の事務は、主に消防に関わる国の政策の企画立案及び実施であったが、現在同様の立場にある消防庁の定員が160名であることと比較すると、如何に4名という人員数が少ないかが分かる。ただ、無論4人だけで警察行政の片手間に、消防行政のすべてを行っていた訳ではない。内務省警保局が現在の消防庁と大きく異なるのは、地方の出先機関である地方官署を保有し、大都市部においては、そこで官設消防（国営消防）としての現場活動を行っていた点である。つまり、官設消防の実働部隊は、これらの出先機関が保有していた。そのため内務省警保局は、地方官署（警視庁消防部や大都市部の特設消防署等）[10] の現場において、ノウハウの蓄積や人材の育成を行い、そこが保有する資源を用い消防行政を実施していた。1932年より1939年まで内務省警保局の消防主任を務めていた吉川經俊は、内務省警保局の消防行政について以下のように述べている。

　「火災の度数は六大都市に多いのでありまして、その損害もまた大半は六大都市で費やされているというような状況であります。何と申しましても、消防の主力は地方よりも六大都市に置かなければならぬというようなこともいえるのであります。しかしながら、その数から申しますと、六大都市の消防というものは極めて微弱なものであります。また地域的に申しましても、六大都市は極めて僅かな範囲であるし、六大都市の消防というものは我々が訓練を指導して行くというより以上に十分に発達をいたしておりますし、主として機械消防であるという観点から致しまして、現在内務省でやっているところの消防行政の中心は主として警防団（当時は、戦時下で義勇消防組織は消防組から警防団に改組されていた）に置いているというような状況であります[11]。」

　このように、内務省警保局の消防行政の中心は、主に義勇消防組織の管理事務の方に重点が置かれ、官設消防の管理事務は、実際の消防資源（人員、実働部隊）を保有する各都市の官設消防の方にほぼ任せていた状況が見えてくる。特に、官設消防の中でも歴史が古く、保有する組織資源が大きい、警視庁消防部の存在は大きかった。1914年には警視庁消防練習所を設置し、消防の専門性を有した消防手の人材育成を独自に行っていた。その結果、他の地域の特設消防署と比較すると警察からの転身組は少なく、消防プロパーの人材も多かった。消防部長、消防司令、消防士、消防手等[12] が在籍し、1944年の最大時には1万394人の職員数を擁し **(図表2-3)**、官設消防組織の中では現場ノウハウ、

消防に精通した人的資源、財政等の組織資源を最も多く保有していた。大日本消防学会が1928年刊行した『日本百都市の火災と消防設備』によると、1927年時の比較において、警視庁消防部の消防予算が148万9024円で職員数が1218人なのに対し、二番手の大阪市の特設消防署で予算額が94万1969円、職員数が981人である。署所数は、警視庁消防部が46署所なのに対し大阪は55署所で一見大阪の方が多いように見えるが、消防署数では警視庁消防部が19署なのに対し、大阪は7署に過ぎない（**図表2-4、2-5、2-6**）。この警視庁消防部と他都市の特設消防署との格差は、戦時体制の下で東京の防空体制が強化されていく中、更に拡大していった。例えば、1940年度には、消防署数は警視庁消防部が40署なのに対し、大阪が11署、横浜が6署、名古屋、京都が4署、神戸が2署という数字になっている[13]。

　大都市の特設消防署も、警察部長を筆頭に、消防専任事務官・技官、警察部勤務の警視、消防司令、消防士・消防士補、消防機関士・消防機関補、消防手[14]等が在籍していたが、警視庁消防部の人員と比較すると小規模であった。またこれら特設消防署は、戦後にAngellが指摘するようにいくつかの問題を抱えていた。これは主に警察行政との関係である。消防練習所を独自に保有する警視庁消防部は別格として、後発の特設消防署に消防の専門性を持った人員の配置は難しく、警察官からの転官組がほとんどであった。ところが、前述の通り、当時消防官は同じ警察の所管でありながら司法警察権を行使できず、活動範囲も消防に限定されることから、警察官よりも一段低い地位と見做されていた[15]。その

図表2-3　警視庁消防部の人員数の時系列的変化（人）

〔出典〕東京消防庁（1980）『東京の消防百年の歩み』p.298 の統計データより著者作成

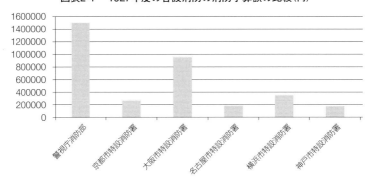

図表2-4　1927年度の官設消防の消防予算額の比較（円）

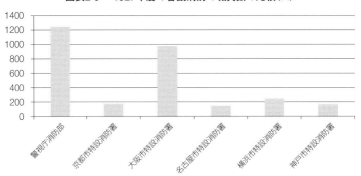

図表2-5　1927年度の官設消防の職員数の比較（人）

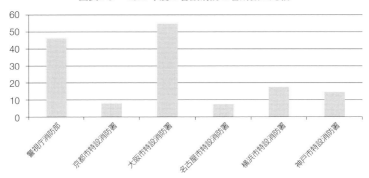

図表2-6　1927年度の官設消防の署所数の比較

〔出典〕上記3点とも、大日本消防学会（1928）『日本百都市の火災と消防施設』
　　　p.17、23、28、33、38、42 の統計データより著者作成

結果、消防官から警察官への転身を希望する者が続出し、特設消防署では慢性的に人的資源が不足する状況が生じた。よって官設化された地域においても、公的消防組織と義勇消防組織が併存する消防体制を維持し、消防組の保有する資源への依存をせざるを得ない状況となった。

(2) 地方官署と戦後の市町村消防の消防資源の連続性

戦後、市町村消防制度が導入され、地方の大都市に設置されていた地方官署は廃されたが、旧官設消防の地域においては、旧官設消防の幹部を除いた人的資源(消防士、消防機関士、消防手等)の多くが、そのまま東京消防庁をはじめとした大都市消防本部へと移行した。例えば、終戦後GHQと交渉し東京消防庁創設に大きく寄与し、後に東京消防庁総務部長(東京消防庁では消防総監に次ぐポスト)となった鉾田昇(ケース1)は、1931年に警視庁消防部に入庁し、戦前から消防畑を歩んできた消防官出身者である[16]。また1975年から1976年まで消防総監を務めた山崎達三(ケース2)も、警視庁消防部機械課から消防士キャリアのスタートをしている[17]。(図表2-7)

また、消防施設の代表格である消防署所も、警視庁消防部や地方官署から、東京消防庁や大都市消防本部に移行されている。中には、現在でも使用されている施設もある。例えば、東京消防庁の高輪消防署二本榎出張所は、旧警視庁高輪消防署であった。旧大阪市消防局今橋出張所も、戦前は大阪市特設消防署の出張所であった[18]。このように大都市部では、官設消防が保有していた人的資源をはじめ、ノウハウ等の情報資源、消防施設、消防装備等の組織資源がそのまますべて消防本部へ移行することとなった(図表2-8)。一方、大都市以外の地域の消防本部は、全くゼロからのスタートをしなければならなかった。この差が、その後の市町村消防本部間での大都市消防本部の優位性を決定付ける一因となった。

図表2-7　警察庁消防部から東京消防庁へのキャリアパターン

〔出典〕東京消防庁(1980)『東京の消防百年の歩み』、警視庁(1931、1945)『警視庁職員録』の人事データより著者作成

図表2-8　消防資源の戦前戦後での継続性のイメージ

(3) 国レベルの消防行政における戦前戦後の連続性の有無についての歴史的分析

① 戦前の内務省警保局消防係の人材リクルート源

　次に、国レベルの消防行政における、戦前戦後の連続性の有無について見ていきたい。まずは、内務省警保局消防係の人材リクルート源から見る。例えば、1924年から1931年にかけて内務省警保局の消防主任だった鳥越熟二は、警察講習所に入所したのを契機に当時の内務省警保局警務課長に抜擢され、鹿児島県警部補から内務省入りをしている[19]。一方、1941年から1947年の内務省解体まで警保局消防係の技師であった御厨敏彦は、内務省入りする前に警視庁消防部機械課で10年以上の勤務経験を持っている。歴史的データの制約で、キャリアパターンを1つしか示せないが、このキャリアパターン見る限りだと、内務省警保局は消防係に関しては、ジェネラリストとしての能力が求められる事務官（属）は、警察官から採用し、スペシャリストとして消防の専門的知識が求められる技官（技手）は、警視庁消防部から消防に精通したベテラン技官を採用していた（別図表2-1　→p.42）。内務省警保局消防係は、内務省組織内での育成人事ではなく、地方官署で育成した人材を引き抜くかたちで、消防行政を行う人的資源の確保を行っていた可能性が高い。特に、消防の専門性を有した警視庁消防部への依存度は大きかったものと思われる。

② 国レベルの消防行政における戦前戦後の連続性の有無

　以上のように、戦前の内務省警保局は国の消防行政に携わる人材は、局内で育成せず地方官署から獲得していた。次に、これら内務省警保局の消防行政に携わった人材が、戦後の消防行政にも関わったのか、その連続性の有無について分析を行う。

　戦後、1947年に内務省が解体され、国レベルの消防行政は、国家消防庁に移管された。国家消防庁は、内部部局として、管理局と消防研究所を持ってい

た。両部局の主要役職者の、戦前戦後の継続性について見ていきたい。

　まず**図表2-9**は、国家消防庁管理局の主要ポストに就いた人物の、戦前の所属組織を調べたものである。分析期間は、1947年から、1952年の間である。国家消防庁は、5年間で国家消防本部に改組されているので、主要役職者の大きな異動は、改組されるまでない。また図表では、戦前の在籍組織を特定できない人物が3名いるが、これらの人物が、内務省や警視庁出身者で無いことは、確認済である[20]。おそらく、内務省以外の省庁出身者の可能性が高い[21]。

　これを見ると、国家消防庁に内務省警保局から移ったのは、初代長官のAただ一人である。Aは、内務省に1931年入省し、内務省時代は京都の警部補からキャリアを始め、1947年には北海道警察本部長というかたちで、地方官署を中心に警察畑を進んできた内務官吏であるが、本省の警保局での在籍経験はない[22]。また、初代管理局長を務めたBも、やはり内務省出身者であるが、警保局に所属した経験はない[23]。前職は、戦災復興院特建局業務部長である[24]。このように、戦前の内務省警保局本省に在籍した者の国家消防庁管理局への異動は一人もいないことが分かる。

　その一方で、警察関係者がすべて排除された訳では無い。管理局の主要ポストには、内務省警保局の出先機関である警視庁消防部から、H、I、K、Fの4人が異動している。国家消防庁管理局の初代教養課長補佐を務めたHは、長年警視庁消防部で豊富な現場経験を積んだ消防官である[25]。複数の消防署の署長を務めた後、1943年に警視庁消防部が空襲による火災対策の要として設立した、消防部特別消防隊の初代隊長も務めたベテランである。管理局の初代指導係長

図表2-9　国家消防庁管理局における主要役職者の戦前の所属組織（1947〜1952）

役職	氏名	戦前の所属組織	内務省警保局	内務省	警視庁消防部	その他省庁	不明
長官	A	内務省警保局地方官署	1				
管理局長	B	内務省		1			
総務課長	C	台湾総督府				1	
秘書兼会計係長	D	―					1
統計係長	E	―					1
総務課長事務官	F	警視庁消防部			1		
教養課長	G	宮内庁				1	
教養課長補佐	H	警視庁消防部			1		
指導係長	I	警視庁消防部			1		
調査係長	J	―					1
教養課事務官	K	警視庁消防部			1		
		計	1	1	4	2	3

（出典）警視庁（各年度）『警視庁職員録』、秦郁彦編（2001）『日本官僚制総合事典 1868-2000（第2版）』、HP内務省警保局の人事《1901(M34)〜1943(S18)》http://www.geocities.jp/kafuka196402/ji.html、内閣印刷局（各年度）『職員録』、大蔵省印刷局（各年度）『職員録』の人事データより著者作成

のＩも同様で、やはり複数の消防署長を務め、現場経験のある消防官である[26]。また両者とも、警視庁消防訓練所の教官も務めている。管理局総務課事務官を務めたＦも、消防手から現場経験を積み、前職は警視庁消防部総務課教務係技手兼機関士である。Ｆはその後、消防研究所の方に異動となり、書記室主事や管理課長等を務めた[27]。教養課事務官であったＫも、前職は警視庁消防部消防課長である[28]。このように、警視庁消防部からの異動者が多いのと同時に、内務省以外の省庁からの異動者も特定可能な範囲で、2名いる。初代総務課長のＣも、戦前は台湾総督府の所属であった。初代教養課長のＧも、戦前は宮内庁に所属し、前職は衆議院調査部二課長である[29]。

　次に、研究機関である国家消防庁消防研究所の主要役職者の戦前の所属組織について見たのが、**図表2-10**である。分析期間は、国家消防庁の設立された1947年から、国家消防本部に改組された1952年の間である。消防研究所には、内務省警保局消防係技手であったＰが、査察課長として在籍した。戦前内務省警保局に在籍し、内務省解体後も国の消防組織に在籍したのは、唯一Ｐ（前出の御厨敏彦）だけである[30]。Ｐは、1941年から、内務省解体まで消防係の技師を務め、その後国家消防庁及び国家消防本部の消防研究所に1955年検査課長で退官するまで在籍している。ただしＰは、元から内務省警保局の所属ではなく、警視庁消防部からの転出者である。よって、厳密には、警視庁消防部の出身者といえる。

　また、警視庁消防部の出身者としては、消防研究所にはＭ、Ｒが国家消防庁創設時より配属されている[31]。更に、前述の管理局で管理局総務課事務官を務めたＦも、2代目の書記室主事として、後に消防研究所に異動となる。消防

図表2-10　国家消防庁消防研究所における主要役職者の戦前の所属組織（1947～1952）

役職	初代		2代目		内務省警保局	警視庁消防部	大学研究	その他
	氏名	戦前の所属組織	氏名	戦前の所属組織				
消防研究所所長	L	東大					1	
書記室主事・庶務課長	M	警視庁消防部	F	警視庁消防部		2		
管理係長	N	警視庁消防部				1		
技術課長	O	東大					1	
査察課長	P	内務省警保局			1			
等級係長	Q	大阪府建築課						1
法務係長	R	警視庁消防部				1		
				計	1	4	2	1

〔出典〕警視庁（各年度）『警視庁職員録』、秦郁彦編（2001）『日本官僚制総合事典 1868-2000（第2版）』、HP内務省警保局の人事《1901(M34)～1943(S18)》http://www.geocities.jp/kafuka196402/ji.html、内閣印刷局（各年度）『職員録』、大蔵省印刷局（各年度）『職員録』、自治省消防庁 消防研究所（1968）『消防研究所二十年史』p.29-30 の人事データより著者作成

研究所の初代書記室主事を務めたMの前職は、警視庁消防部総務課長である。また、消防研究所事務官で、その後消防研究所の査察課法規係長、国家消防本部消防講習所（現消防大学校）教頭等を歴任したRも、警視庁消防部の消防官である。創設3年目の1950年より消防研究所管理係長で着任し、査察課長補佐等を歴任したNも、警視庁消防部の消防官で現場に精通したベテランである。

　このように、国家消防庁時代の消防研究所の幹部職員は、警視庁消防部出身者が多いが、研究所全体で見れば、多数は、元東京帝国大学教授Lを中心とした、研究機関から移動してきた研究者であった。初代研究所所長となったLの前職は、東京帝国大学理工学研究所所長であった[32]。内燃機関、とりわけ2サイクル・エンジンの権威であった、前帝国大学航空研究所教授のOも、教職追放となっている期間、消防研究所創設2年目の1949年から1952年まで、技術課長として消防研究所に在籍していた[33]。後に、京都大学工学部教授や、関西大学工学部建築学科教授を歴任したQも、復員後、消防研究所創設時から1966年まで在籍し、第2研究部長を務めた後、消防研究所を退職している。Qは兵役に就くまでは、大阪府建築課の技手であった[34]。Sも研究所創設時からのメンバーで、1967年に東京大学へ移るまで在籍している。前職は旭化成工業の研究者である[35]。

　以上のように、内務省警保局から国家消防庁への移行において、戦前戦後で人的資源の連続性は、警視庁消防部出身者を中心に限定的に継続する。ただ、国レベルの消防行政を行っていた内務省警保局の、中央レベルの人的資源は断絶する。これは、警保局の人員の一部が公職追放になったこと[36]が、大きな要因であると思われる。国レベルの消防行政における、人的資源の連続性については、市町村消防制度を作ったAngell自身が、消防に精通した人材がほとんどいなかったことを理由に、戦後の国レベルの消防組織が、戦前とは部分的継続性しか持たない点を、以下のように述べている。

　「昭和23年3月、国家公安委員会によって、国家消防庁が創設されたときには、同庁の事務を遂行し得る資格を有する者は殆（ほと）んどいなかった。また消防研究所の所員を求めるに当っても同様の困難を感じた。何故ならば、日本の技術者で火災の予防及び消防に興味を持っている者は殆んど無かったからである。そこで、法律家、技術者、前警察官及び消防官を各自分担する職務について訓練を行い、或は、講習所の教員又は全国消防の技術に関する助言者として仕事をする者等に、あらゆる援助を与えて、今日では、国家消防庁及び消防研究所は、

近代の火災予防及び消防に関する種々の分野に於いて、日本で最良の知識を有する者の集団となった[37]。」

その後、総理府の外局である、国家公安委員会の下に設置された国家消防庁が、庁の名称を用いるのは適当ではないということで、1952年に国家消防本部に改められた。そして、この組織改組によって、消防研究所は管理部門である国家消防本部の下部組織となった。国家消防本部創設時における、主要役職者の戦前の所属組織を示したのが、**図表2-11**である。初代本部長には、国家消防庁で管理局長を務めたBが就任する。総務課長は、引き続きCが務めた。一方、新顔を見ると、教養課長としてVが着任する。Vは1941年入省の内務官吏であったが、警保局とは関係が無い[38]。またTやU等戦後自治庁採用組の自治官僚が、共に総務課長補佐として着任する[39]。

次に、国家消防本部消防研究所における、主要役職者の戦前の所属組織を見たのが、**図表2-12**である。分析期間は、1953年から1963年である。昇任で、

図表2-11　国家消防本部における主要役職者の戦前の所属組織（1952〜1954）

役職	氏名	戦前の所属組織	内務省警保局	内務省	警視庁消防部	その他省庁	不明
本部長	B	内務省		1			
管理課長	F	警視庁消防部			1		
管理課長補佐	S	―					1
総務課長	C	台湾総督府				1	
総務課長補佐	T	自治庁（戦後入庁）				1	
総務課長補佐	U	自治庁（戦後入庁）				1	
教養課長	V	内務省		1			
教養課長補佐	W	―					1
教養課長補佐	Z	―					1
消防講習所長	H	警視庁消防部			1		
		計	0	2	2	3	3

〔出典〕警視庁（各年度）『警視庁職員録』、秦郁彦編（2001）『日本官僚制総合事典 1868-2000（第2版）』、HP内務省警保局の人事《1901(M34)〜1943(S18)》http://www.geocities.jp/kafuka196402/ji.html、内閣印刷局（各年度）『職員録』、大蔵省印刷局（各年度）『職員録』、大蔵省印刷局（各年度）『職員録』の人事データより著者作成

図表2-12　国家消防本部消防研究所における主要役職者の戦前の所属組織（1953〜1963）

役職	初代		2代目		内務省警保局	警視庁消防部	大学研究	その他	不明
	氏名	戦前の所属組織	氏名	戦前の所属組織					
消防研究所所長	L	東大	a	東大			2		
庶務課長	D	―	R	警視庁消防部		1			1
技術課長	b	東京理科大					1		
査察課長	Q	大阪府建築課	R					1	
査察課長補佐	N	警視庁消防部				1			
検定課長	P	内務省警保局	Q		1				
				計	1	2	3	1	1

〔出典〕警視庁（各年度）『警視庁職員録』、秦郁彦編（2001）『日本官僚制総合事典 1868-2000（第2版）』、HP内務省警保局の人事《1901(M34)〜1943(S18)》http://www.geocities.jp/kafuka196402/ji.html、内閣印刷局（各年度）『職員録』、大蔵省印刷局（各年度）『職員録』、大蔵省印刷局（各年度）『職員録』、自治省消防庁消防研究所（1968）『消防研究所二十年史』P29-30 の人事データより著者作成

同一人物が、別の役職に移った場合は、戦前の所属組織別の集計からは外した。新しいメンバーとしては、国家消防庁管理局にいたDが、庶務課長として異動してくる。そして、東京大学工学教授であったaが、1956年より2代目所長に就任する。また、東京理科大学助教授だったbが、1954年より技術課長に就任する。このように、国家消防本部時代に入ると、本部においても消防研究所においても、（前述の御厨以外は）内務省警保局出身者はいなくなり、警視庁消防部出身者も減る。一方、本部においては自治庁関係者が増え、従来の警察行政色から、地方行政色が徐々に強まってくる。そして、1960年に自治庁が省に昇格すると共に、国家消防本部は消防庁と名称を改められ、自治省の外局となった。

◇3.
公的消防組織と義勇消防組織間の関係についての歴史的分析

(1) 戦前における公的消防組織と住民による消防組織（義勇消防組織）の関係

　最後に、公的消防組織と住民による消防組織（義勇消防組織）の関係について見ていく。前述の通り、明治に入ると、消防行政は国が所管することとなった。ただ当初、明治新政府の保有する財政的資源は乏しく、官設消防（国営消防）は東京のみに限定され、東京一極集中政策が採られた。東京の官設消防は、初め東京府の管轄とされたが、1873年に消防行政を新たに所管することとなった内務省警保局の下、翌年警視庁に移行された。江戸の町火消しも、当初東京府に移管され消防組へと改組された。次いで、官設消防同様に、東京警視庁へ移された。このようにして、東京においては、江戸以来の公的消防組織と義勇消防組織が併存する消防体制が維持されることとなる。

　しかし、東京以外の地域では、江戸時代からの流れで公的消防組織は存在せず、消防組織は市町村の条例によって設置された公設消防組か、有志によって設置された私設消防組のみであった[40]政府は、1894年に勅令で「消防組規則」を制定し、消防組を国の出先機関であった府県知事の所管とした（府県所管の消防組を官設消防組という）[41]。これによって、従来の公設消防組および私設消防組は、制度上廃止されることになった。しかし、従来のこれら消防組を解散し、新しい官設消防組を設置する作業は当初思うように進まず、市町村により義勇消防組織が官設消防組に改組した地域と、従来の形態のまま残る地域が

生じた。官設消防組に対して、これら旧消防組（公設消防組、私設消防組）は、私設消防組と総称されることになった[42]。官設消防組への改組が思うように進まなかった背景としては、市町村の財政的資源不足がある。公設消防組も市町村財政からの支出を主な財源としていたが、それで足りない部分を有力者からの寄付や労力奉仕の報酬、地域コミュニティからの徴収で補っていた。ところが官設消防組は、市町村財政で消防費を全額負担しなければならなかった。官設消防組も義勇奉仕の組織なので、人件費は最小で済むものの、機材、制服の貸与・支給等の消防費用の全額負担が求められ、市町村の財政にとっては大きな負担となった[43]。よって、公設消防組や私設消防組の官設消防組への改組に、消極的な市町村は多かった。その結果、多くの地域で私設消防組が保有する資源量（主に人員の動員力）で、官設消防組を圧倒することとなった。このように、公設消防組が保有する資源不足で、十分に機能しないことから、明治期及び大正期前半を通し、私設消防組は市町村内の消防に関わる資源を、ほぼ独占することが可能となった。しかし大正期後半（関東大震災）以降、消防器具の機械化が進み、操作等において専門的知識・技術が求められるようになると[44]、それらの資源を保有する府県の求めに市町村も応じ、徐々に官設消防組への改組が進むようになる。そして大正末年には、官設消防組の組員数は180万人を超えるに至った[45]。

　なお、東京以外の主要都市では、1910年になってようやく大阪に官設消防署が設置され、また神戸市、函館市、名古屋市の官設消防組が明治後半から相次いで常設消防化する（義勇消防組織である官設消防組の常備部が設置される）など、都市部においては、公的消防組織や常備化した官設消防組による、消防体制の強化が図られ始めた。このような、官設消防の東京一極集中政策から大都市部重点政策への政策変容は、大正、昭和戦前期に入ると更に拡大推進されることとなる。消防行政を管轄する内務省警保局は、1919年に勅令をもって「特設消防署規程」を公布し、大阪、京都、横浜、神戸、名古屋の五大都市に特設消防署を設置し、官設消防を広げた。これら地域では、官設消防組も残り、公的消防組織と義勇消防組織が併存する消防体制が、東京のみから大都市部へと拡大することとなった。

　しかし、戦時下に入ると、国防、防空体制の整備が急がれ、内務省警保局は1939年の勅令をもって「警防団令」を公布し、これによって消防組は解散して、警防団が全国一斉に発足した。その数は約1100、団員数は約300万人にのぼ

った。一方、特設消防署の設置都市も終戦までに36市町、人員も約3万人を越えるに至り、1947年9月の市町村消防発足までには、57市町に拡大した[46]。

(2) 戦後の市町村消防と消防団の関係

　終戦とともに、GHQの民主化政策の下、消防の新制度導入が進められる。国の消防機関としては、内務省が解体され、総理府の下に国家消防庁が設置された。その後、1952年に、国家消防本部に改められ、更に1960年に自治省の外局として消防庁となった。また、消防行政においては、地方分権改革が行われ、消防と警察は内務省警保局の管理から、市町村公安委員会の管理へと下ろされた。1947年9月に消防組織法が成立し、1947年12月23日をもって公布され、1948年3月7日から施行された。ここに消防責任はすべて市町村という原則のもと、市町村消防制度が発足した。また、1948年8月には、消防法が施行され、それまでは法の効力を伴わない事実行為に過ぎなかった消防活動が法的に裏付けられた。また、消防予防活動や火災原因調査権等も認められ、消防の持つ権限が拡大された。その後、自治体警察（市町村警察）は、市町村から返上され都道府県警察となったが、消防は市町村にそのまま残り現在に至っている。

　戦時中、消防組から警防団に改組されていた義勇消防組織に関しては、消防組織法の制定前に「消防団令」が勅令をもって公布され、1947年4月より施行されていた。これにより、警防団は解消され、新たに消防団（勅令消防団）が組織された。さらに、1948年3月の消防組織法施行に伴い、勅令消防団令は廃止され、政令消防団令が公布され、義務設置であった消防団が任意設置となった。消防組織法は、わが国伝統の公的消防組織と義勇消防組織が併存する消防体制を維持した。一方、任意設置とすることで、市町村管轄区域内に公的消防組織（市町村消防本部、消防署）があれば、消防団は設置しなくとも良いとしたのである。しかし当初、消防本部や消防署（常備消防部）を設置し、公的消防組織が24時間体制で消防事案に対応できるよう、常備化をした市町村はわずかであった。また、戦前から常備化が行われた地域（官設消防が設置されていた大都市、常備の消防組が設置されていた都市）を除いた、戦後からの後発常備化市町村においては、スタート時GHQからの支援はあったものの、保有する資源は極めて乏しかった。そのため、消防組織法は、多くの地域で主要な消防力である消防団（非常備消防部）を、常備消防部と共に公助の消防組織と位置付けた。消防の非常備市町村では、消防団が唯一の公助として位置付けら

れた消防組織として、地域内の消防に関わる資源を独占することとなる。中には、常備部を持つ常備消防団も出てくる。

　ところが、1964年消防法が改正され、救急は消防の事務とされたことによって、これら消防組織間の関係に大きな変化が生じた[47]。消防庁は、救急搬送事務は高度な専門性を有するため、公的消防組織である消防本部や消防署（常備消防部）しか出来ないと定めたのである。その結果、消防の非常備消防市町村では消防団しかないので、救急事務を実施する組織の空白が生じてしまう。そこで消防庁は、「消防本部及び消防署を置かなければならない市町村を定める政令（政令第170号）」を1971年に公布し、すべての市及び自治大臣が人口、態容、気象条件等を考慮して指定する町村は消防本部を必置しなければならないとした。消防常備体制の全国化に大きく舵をきったのである。

　この消防法の一部改正で多くの市町村が公的消防組織（消防本部）の必置規制の対象となった。この動きは、公助の並立組織として位置付けられた、消防本部と消防団の関係に大きな変化を与えた。それまで、都市部限定で整備されてきた、公的消防組織と義勇消防組織が併存する消防体制が、全国化された。ただその結果、当時消防本部の設置されていない地域では、一般的になっていた常備消防団の常備部及び常勤消防団員は、新設された市町村消防本部の中に吸収された。

◇4. まとめ

　最後に、本章の分析結果をまとめ、考察を行う。本章は、消防組織間関係という視点から、①国レベル（官設消防内）の消防組織間関係、②消防組織間の戦前と戦後の継続性の有無、③公的消防組織と義勇消防組織間の関係について、歴史的分析を行った。歴史的資料の制約もあり、客観的に示せることの限界があるが、分析より以下のことが言えると思われる。

　第一に、従来、わが国の消防行政史の先行研究では、本省である内務省警保局と、地方の出先機関である警視庁消防部及び地方官署の関係が不明確であった。それを、ある程度明らかにすることが出来た。内務省警保局と、警視庁消防部及び地方官署の役割分担は明確で、内務省警保局の消防係が義勇消防組織の管理を、警視庁消防部及び地方官署は、担当都市の官設消防の管理運営を行

っていた。また、国の保有する消防資源（予算、人員、施設等）も、これら警視庁消防部及び地方官署に集中されていた。

第二に、これも従来の消防史研究で不明確な部分であったが、国レベルの消防行政における、人的資源の戦前戦後での継続性の有無を見ると、本省であった内務省警保局の継続性は戦後断絶している。本省である旧内務省警保局の人員は、戦後の国レベルの消防機関では一切排除されている（唯一、消防研究所に一人、旧内務省警保局の消防係だった御厨が所属しているが、御厨は警視庁出身者である）。一方、地方の出先機関的な位置づけであった旧警視庁消防部の出身者が国の消防機関に戦後入り込む形で、戦前の国家消防の人的資源の継続性が見られる部分もある。国家消防庁の内部部局である管理局及び消防研究所の主要ポストには、旧警視庁消防部の人員は複数在籍している[48]。

第三に、戦後、国の消防資源の大部分を保有していた警視庁消防部及び地方官署が、市町村消防制度の導入で、国から切り離されて市町村消防本部となり、旧官設消防の資源が東京消防庁及び大都市消防本部へと移った。

以上のような歴史的背景から、戦後、東京消防庁及び大都市の消防本部が、官設消防の消防資源を引継ぐ一方で、国レベルの消防機関は、明治より蓄えてきた消防資源をほとんど失い、ゼロからの再スタートを切らねばならなかった。また、東京や大都市以外の地域の市町村消防本部も、全くゼロからスタートを戦後しなければならなかった。これが、わが国の消防組織間関係（中央地方関係、市町村消防本部間の関係）において、東京消防庁及び大都市消防本部のパワー優位性を決定付ける一因となった。

また、本章では、行政が運営する消防組織（公的消防組織）と消防団の前身組織（官設消防組や私設消防組）の関係についても、概観した。公的消防組織と義勇消防組織間の関係についての詳細な分析は、**第8章**に譲りたいが、パイの限られた地域の消防資源を巡り、公的消防組織と義勇消防組織は、歴史的にもトレードオフの関係にある。戦前期から60年代半ばまで、一部の都市部を除き、全国的には義勇消防組織の保有する消防資源が、公的消防組織を圧倒したが、その状況が、1971年の「消防本部及び消防署を置かなければならない市町村を定める政令（政令第170号）」の公布で大きく変わることとなる。新設消防本部が急増し、消防団の常備部も新設消防本部に吸収され、消防団は保有する資源の多くが、市町村消防本部に移ることとなる。それに伴い、消防団の衰退現象も顕著になっていく。

　以上、消防組織間関係の歴史的経緯について、分析を行った。本章で得た知見は、消防庁の保有する消防資源の少なさや、小規模消防本部の保有する資源の少なさ、消防団の保有する資源の減少傾向といった、現在の消防行政の抱える課題にもつながる。これらの歴史的経緯を踏まえ、消防行政における現状及び課題について、更に次章以降で見ていきたい。

［注］
1　わが国消防行政に関する、代表的な通史研究としては、魚谷増男（1965）『消防の歴史四百年』、藤口透吾、小鯖英一（1968）『消防100年史』、日本消防協会（1982）『日本消防百年史』第1巻－4巻等がある。また、警視庁消防部に関する通史的成果物としては、東京消防庁（1980）『東京の消防百年の歩み』等がある。
2　一次資料としては、大日本消防協会（各年度）『大日本消防』、大日本警防協会（各年度）『大日本警防』等を用いた。また本章では、主に、戦前戦後での消防組織間の人的資源の有無を調べたが、旧内務省警保局の人事データとしては、HP内務省警保局の人事《1901(M34)～1943(S18)》http://www.geocities.jp/kafuka196402/ji.html（2018年7月最終確認）を、内務省の警保局以外の部局及び他省庁の人事データとしては、主に秦郁彦編（2001）『日本官僚制総合事典1868－2000（第2版）』を中心に、内閣印刷局、大蔵省印刷局（各年度）『職員録』を用いた。また、警視庁の人事データに関しては、警視庁（各年度）『警視庁職員録』を、消防研究所の人事データに関しては、自治省消防庁消防研究所（1968）『消防研究所二十年史』を用いた。

3　わが国の官僚人事データは、敗戦前後（1944、1945、1946、1947、1948 年）のデータが
　　ほとんど残っていない（本期間、『職員録』は抄録のみ）。また、散逸してしまった物も多い。この期
　　間は、官僚人事データの正に空白期間なので、『官報』を検索可能な PDF 化して、人事情報を調
　　査した。しかし、それでもキャリアを確認できない分析対象者がいた。また、本調査では、戦前の警
　　視庁以外の地方官署職員及び、戦後の東京消防庁以外の市町村消防本部職員の人事データまでは
　　入手できず、分析を行うことが出来なかった。ただ、それ以外の調査対象者については、可能な限
　　り過去まで遡り、すべてキャリアを確認した。

4　警保局長は警視総監及び内務次官と共に内務省三役と呼ばれ、退官後はその多くが貴族院の勅選
　　議員となった。

5　御厨敏彦（1978）「消防研究所発足の頃の思い出」『消防研究所三十年史』. 自治省消防研究所,pp.1-3.

6　同上, pp.1 - 3.

7　Angell.G.W（1950）『日本の消防』. 日光書院, pp.2 - 3.

8　同上, pp.10 - 11.

9　東京消防庁（1963）『東京消防庁史稿』第 1 巻. 東京消防庁, p.1406.

10　戦前の官設（国営）消防の制度は、主に大正 2 年に施行された警視庁官制と、1919 年に施行さ
　　れた特設消防署規則に基づいて成立していた。警視庁の官設消防は警視庁官制を、京都、大阪、
　　横浜、神戸、名古屋の五大都市の官設消防は特設消防署規則を根拠法としていた。また戦時体制
　　下、1940 年と 1942 年に特設消防署規則が改正され、特設消防署は更に 30 市 1 町が敗戦まで
　　に増設された。これらの官設消防の職員は国の官吏であり、内務省の官選知事の指揮命令下に入
　　る地方官であった。地方官は一部の幹部を除いて、各地方官署において採用されていた。

11　吉川經俊（1941）『消防の話』. 財団法人大日本警防協会, p.10.

12　消防手は、警察の巡査・巡査部長と同じ判任官待遇、消防士は警察の警部補・警部と同じ判任文官、
　　消防司令、消防部長は警察の警視と同格の奏任官（高等官）であった。消防司令、消防部長の階
　　級は、大正 2 年までは警視であった。

13　吉川經俊（1941）前掲書, p.2.

14　官設消防署も、警視庁同様に消防手は判任官待遇、消防士は判任文官、警視庁で消防司令、消
　　防部長にあたる警視は奏任官（高等官）であった。

15　日本消防協会（1983）『日本消防百年史』. 財団法人日本消防協会, pp.40 - 42.

16　警視庁（1931-1946）『警視庁職員録』. 自警会、より確認。

17　同上（1940-1946）、より確認。

18　東京消防庁二本榎出張所は、1933 年に建築された。現在も現役の出張所で、ドイツ表現主義建
　　築の遺構として、東京都文化デザイン事業保存建築物に指定されている。また旧大阪市消防局今
　　橋出張所も、1925 年に建築され、1994 までは消防出張所として使用されていた。

19　大日本消防協会（1933）『大日本消防』第 7 巻第 5 号. 財団法人大日本消防協会, p.135.

20　警視庁（各年度）前掲書、秦郁彦編（2007）『日本官僚制総合事典 1868 － 2000（第 2
　　版）』. 東京大学出版、HP内務省警保局の人事《1901(M34) ～ 1943(S18)》http://www.
　　geocities.jp/kafuka196402/ji.html（2016 年 9 月最終確認）より確認。

21　他の省庁についても調べたが、軍に徴兵されていて復員したようなケースだと、追跡が難しい。

22　秦郁彦編（2001）前掲書より確認。

23　HP 内務省警保局の人事《1901(M34) ～ 1943(S18)》
　　http://www.geocities.jp/kafuka196402/ji.html において在籍の有無を確認（2018 年 7 月
　　17 日最終確認）。

24 秦郁彦編（2001）前掲書, p.297.

25 警視庁（1928-1945）前掲書より確認。

26 同上（1928-1947）前掲書より確認。

27 同上（1933-1947）前掲書より確認。

28 同上（各年度）前掲書より確認。

29 秦郁彦編（2007）前掲書, p.315.

30 内務省警保局の消防係は兼務であったため、名簿においても消防係という職名は記載されず、特定が困難である。大日本消防協会『大日本消防』・大日本警防協会『大日本警防』への原稿投稿状況、著作物等から、歴代の内務省警保局消防係を割出し、分析を行った（**別図表 2-1**）。

別図表2-1　内務省警保局歴代消防係

	事務官	技手	属
1928	鈴川壽男	小野寺季六	鳥越熟二
1929	桑原幹根	小野寺季六	鳥越熟二
1930	桑原幹根	小野寺季六	鳥越熟二
1931	桑原幹根	小野寺季六	鳥越熟二
1932	桑原幹根	小野寺季六	松尾英敏
1933	石井政一	小野寺季六	松尾英敏
1934	石井政一	小野寺季六	松尾英敏
1935	石井政一	小野寺季六	松尾英敏
1936	館林三喜男	小野寺季六	吉川經俊
1937	館林三喜男	小野寺季六	吉川經俊
1938	館林三喜男	小野寺季六	吉川經俊
1939	館林三喜男	小野寺季六	吉川經俊
1940		小野寺季六	吉川經俊
1941		御厨敏彦	
1942		御厨敏彦	
1943		御厨敏彦	

〔出典〕大日本消防協会『大日本消防』各号、著作物等より著者作成

31 国家消防庁への在籍確認は、大蔵省印刷局（各年度）.『職員録』、消防研究所（各年度）.『消防研究所報告』より行った。また警視庁への在籍確認は、警視庁（各年度）.『警視庁職員録』より行った。

32 消防研究所（1968）『消防研究所二十年史』. 自治省消防研究所, p.29.

33 消防研究所（1978）『消防研究所三十年史』. 自治省消防研究所, p.3.

34 日外アソシエーツの人物ファイル横断より確認。

35 同上より確認。

36 幹部及び特高関係者の多くが公職追放となった。

37 Angell.G.W（1950）前掲書, pp.106 - 107.

38 内務省への在籍確認は、地方財務協会（各年度）.『内政関係者名簿』、内務省警保局への在籍の有無の確認は、HP内務省警保局の人事《1901(M34)～1943(S18)》
http://www.geocities.jp/kafuka196402/ji.html において行った。

39 入省年時は、地方財務協会（各年度）.『内政関係者名簿』によって行った（2018 年 7 月 17 日最終確認）。

40 日本消防協会（1983）『日本消防百年史』. 財団法人日本消防協会, p.64.

41 安藤明、須見俊司（1986）『消防・防災』. ぎょうせい, p.26.

42　魚谷増男（1965）『消防の歴史四百年』. 全国加除法令出版, pp .201 - 202.

43　日本消防協会（1983）前掲書, p.82.

44　特に大正 12（1923）年の関東大震災以降、消防機材の機械化が全国的に進展した。それに伴い、この時期に現在のポンプ操法の原型が作られた。

45　日本消防協会（1983）前掲書, p.70.

46　安藤明、須見俊司（1986）前掲書, p.26.

47　1948 年 3 月 7 日の消防組織法施行で市町村消防が発足して以降、救急は一部都市における業務として継続されていたが法的根拠がないため実施基準等も不明確であった。また水火災および地震等の災害現場における救急業務はともかく、交通事故、その他公衆の集合場所等における救急業務を、警察から分離独立した消防が行うことについては法律上疑問が生じた。そこで 1961 年 10 月 23 日に、自治省消防庁長官から消防審議会に対し「消防機関が行う救急業務は如何にあるべきか」について諮問がなされた。消防審議会では、市町村の救急業務に関する法的責任、消防以外の機関において行われている救急業務と競合していることに対する整合性、救急隊員の応急処置の問題等について審議が行われた。その結果、「すみやかに消防機関の行う救急業務の大綱について法制化を図り、所要の財政措置を講ずべきである」との答申がなされている。また、行政管理庁の行った共管、競合行政についての監察結果においても、救急業務を消防の所掌に加え市町村の救急実施体制の整備促進を図る旨の改善勧告が自治大臣宛に為されたことから 1963 年 4 月 15 日に消防法の一部改正として公布され、1964 年 4 月 10 日から施行されるに至った。

48　そのような意味では、戦前の内務省警保局の国家消防からの歴史的正統性（歴史的連続性）は、国家消防本部から現在の総務省消防庁へと連なる戦後の国レベルの消防機関よりも、戦前の警視庁消防部の後進である東京消防庁の方に引き継がれているという見方も出来得る。

第**3**章

消防行政の制度
および現状

◇1. 消防行政に関わる法律

　本章では、本論に入る前に、わが国の消防行政の制度及び、現状について概観したい。消防行政には、重要な法律が2つある。「消防組織法」と「消防法」である。消防組織法（1948年3月施行）は、消防行政の基本法というべき法律である。主に、自治体（市町村）消防の原則、消防機関の構成、消防の任務の範囲、大規模災害時の消防広域応援等について定めている。一方、消防法（1948年8月施行）は、火災や地震が発生した場合の被害を軽減させることを目的とした規制や、消防の職務等について定めた法律である。消防組織法は、消防行政の全体を知る上で重要な法律である。また、消防法も、火災発生時の被害を最少に抑えることを目的とした、予防消防業務にとって、欠かすことが出来ない規制について定めた法律である。以下で、これらの法律のポイントを押さえつつ、消防行政の制度と現状について見ていきたい。

◇2. 自治体（市町村）消防の原則

(1) 自治体（市町村）消防の原則

　わが国の消防行政を概観する上で、まず押さえておかねばならないのが、わが国の消防行政が、国でも都道府県でもなく、市町村中心に運営されているということである。消防組織法第6条、第8条は、市町村が消防責任を負い、その費用を負担すると定めている。また第7条及び第9条は、消防行政を市町村長が管理し、消防機関（消防本部及び消防署、住民の消防組織である消防団）は、市町村が設置すると規定している。更に第36条は、国や都道府県は消防責任を負わず、市町村消防を管理することもないと定めている。無論、国や都道府県も消防関係事務を行う（国に関しては第2条〜第5条、都道府県に関しては第38条）が、市町村消防への関与は、指導・助言等にとどめられている。これら指導及び助言による関与[1]は、法的強制力を伴わないものである。

　これと非常に対照的なのが、警察行政である。消防行政が市町村消防なのに対し、わが国の警察行政は都道府県警察を中心に、執行事務を行っている。ただし、警察庁長官の指揮監督制度（警察法第16条2項）、都道府県警察予算の

国庫支弁制度（警察法第37条）、上級幹部職員を国の職員とする地方警務官制度（警察法第56条）等が設けられ、消防行政と比較すると中央集権的である。つまり、警察行政では、警察庁長官が都道府県警察に対し、強制力を持った一定の指揮監督権を有し[2]、また都道府県警察の予算のかなりの部分を支弁し[3]、更に都道府県警察職員のうち昇任して警視正以上の階級になった警察官を国家公務員とする[4]ことで、権限的にも、予算的にも、人事的にも、国が都道府県警察を押さえているのである。このように、消防行政における中央地方関係（国と地方の行政間の関係）が、制度的に地方分権的であることは、警察行政と比較すると分かりやすい。

(2) 市町村の消防責任と市町村長の管理責任

　市町村の消防責任と市町村長の管理責任について、更に説明を加えると、前述の通り消防組織法の第6条は、市町村は管轄区域内の消防を十分に果たすべき責任があると、市町村の消防責任を定めている。しかし、消防責任を果たす方法については、特に限定していないので、一部事務組合、広域連合、事務委託等の広域処理方式や相互応援によってでも構わないとされている[5]。つまり、消防本部の市町村単独での設置が、財政的に厳しい市町村は、周辺の市町村と共同で消防本部を設置し、その費用を出し合い、消防事務の共同処理を行うことや、他の市町村消防本部に委託金を払って、消防事務を代わりに実施してもらうことが可能ということである。

　また第7条も、市町村消防は当該市町村長が、条例に従い管理すると、市町村長の消防に対する管理責任を定めている。これは、消防事務を処理するために実施機関として設けられている消防本部や消防署、住民による消防組織である消防団に対して、市町村長が指揮監督権を有するということである。ただ、この指揮監督権は、「条例に従い」という言葉に示される通り、議会の民主的監視を受ける。また消防機関に対し直接ではなく、それぞれ両組織の長である、消防長または消防団長を通して指揮監督するべきだというのが国の見解である[6]。

　また市町村には、災害対応上の同種の責任として、災害対策基本法が定める防災責任（災害対策基本法第5条）と、水防法が定める水防責任（第3条）等がある。災害対策基本法の第5条は、市町村は当該市町村の住民の生命、身体および財産を災害から保護するための責任を有するとしている。また、第5条第2項で市町村長は、その責務を遂行するため、消防機関、水防団、自主防災

組織等の充実を図らねばならないとしている[7]。これが、かつては「市町村の一次的責任の原則」と言われたものである。水防法も第3条で、市町村は、管轄区域における水防を十分に果たすべき責任があると定めている[8]。このように、消防のみならず、水防、防災といった災害対応に関わる行政分野では、市町村の一次的責任が今まで重視されてきた。

(3) 市町村の消防に要する費用

　市町村消防の原則に対応し、市町村の消防に必要な経費も、当該市町村が負担しなければならないと、消防組織法第8条は定めている。市町村の消防に要する費用とは、市町村が消防責任を果たすための経費すべてのことで、消防施設の設置管理費、消防本部や消防署、消防団の維持運営費等が該当する。このように、市町村の消防に要する費用の自己負担が規定されているのは、消防責任を持つ市町村の自主性や自立性を確保するためである。

　よって、消防費の財源は、主に使途の限定されていない一般財源によって賄われている。市町村の財源には、用途が限定されずに市町村が自由に使える一般財源（地方税、地方譲与税、地方交付税等）と、用途が限定されている特定財源（国庫支出金、地方債、手数料、特定寄附金等）がある。消防費の主な財源である一般財源の内、特に地方税、地方交付税が占める部分が大きい。地方交付税は、地方公共団体の地方税の不足分を補う制度である。当該地方公共団体の財政需要を算定した額（基準財政需要額）が、財政力を算定した額（基準財政収入額）を超える額が交付される。市町村の消防費も、この基準財政需要

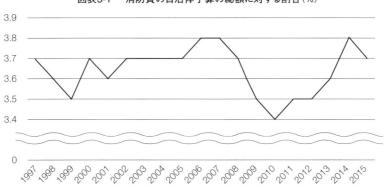

図表3-1　消防費の自治体予算の総額に対する割合（%）

〔出典〕総務省消防庁（各年度）『消防白書』の統計データより著者作成

額の算定の際に計算に入れられている。また、例えば災害が発生した際に、市町村の消防に関わる特別な財政需要がある場合は、特別交付税で措置される。更に、救急自動車は、交通安全対策特別交付税の充当対象施設となっている。

　このように、消防費は主に一般財源からの支出が原則であるが、特定財源からも支出可能なものもある。特定財源の主なものとしては、地方債と国庫支出金があるが、消防施設の整備に要する経費（建設事業費等）に関しては、起債することが出来る。また、2002年度から、「災害等に強い安心安全なまちづくり」を推進するため、防災基盤整備事業及び、公共施設等耐震化に対して、地方財政措置を講じるとして、防災対策事業が実施されている。例えば、この防災基盤整備事業では、防災拠点施設、初期消火機材、消防団に整備される施設、消防本部又は消防署に整備される施設、防災情報通信施設等の整備や、緊急消防援助隊の編成に必要な車両、資機材等の整備が、財政措置の対象となっている。

　では消防費の、自治体予算の総額に対する割合はどのようになっているのであろうか。市町村の、普通会計歳出決算額に占める消防費決算額の割合の、時系列的変化をグラフで見たのが、**図表3-1**である。1991年〜2015年の期間は、3.4%から3.8%の間で推移してきたことが分かる。

　次に、**図表3-2**は、2016年度の地方公共団体全体（都道府県も含む。よって消防費の割合も、**図表3-1**に比べると小さくなっている。）の歳出を、目的別に見たものである。地方公共団体の経費は、その行政目的によって、議会費、総

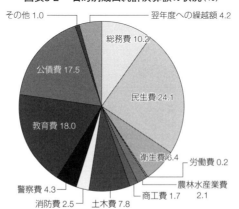

図表3-2　　目的別歳出純計決算額の状況（%）

〔出典〕総務省消防庁（各年度）『消防白書』の統計データより著者作成

務費、民生費、衛生費、労働費、農林水産業費、商工費、土木費、消防費、警察費、教育費、災害復旧費、公債費等に大別することができる。本グラフを見ると、消防費は2.5％で、これら行政目的別の歳出の中で、商工費1.7％や農林水産費2.1％に次いで低い。

(4) 市町村の消防力

　この消防財政により、市町村が消防行政を行う上で必要な、人員及び消防施設が整備され、維持運用されている。このような市町村が保有する、人的資源や消防施設といった組織資源を、消防行政では「消防力」と呼んでいる。以前は、「消防力の基準」という、国が定める市町村消防本部の人員数、消防施設に関する最低限の整備目標があったが、2005年に市町村消防本部の自主性に任せる、「消防力の整備指針」に改正された。なお、消防が消火活動を行う上で必要な消防水利に関しても、「消防水利の基準」という、その配置等に関する最低限度の基準がある。

　消防施設とは、主に市町村が設置する、消火栓、防火水槽、消防車両、消防資機材、消防署、公衆用火災報知機等を指す。消防職員の教育機関である消防学校は、主に各都道府県で設置運営されているが、これも消防施設に含まれる。なお、東京消防庁及び一部の政令市の消防本部は、単独で消防学校を運営している。

◇3.
消防機関の構成

(1) 市町村の消防機関の制度及び現状

① 市町村消防本部、消防署

　では、消防組織法は、消防行政に関わる消防機関として、どのような組織を定めているのであろうか。市町村レベルにおける、公助の消防機関としては市町村消防本部及び消防署を、また地域住民による近年は共助に近い消防機関としては消防団を定めている。そして、国レベルの消防機関としては、総務省消防庁を置くとしている。

　まずは、市町村によって運営される消防機関である、消防本部及び消防署から見ていきたい。**第1章**の**図表1-2**における、市町村公助に該当する消防組織で

ある。消防組織法は市町村に対して、その消防事務を処理するための機関として、消防本部、消防署、消防団のうち、その全部または一部を設けなければならない（第9条）と定めている。この条文を見る限りでは、これら消防機関のいずれか一つを設置すればよいように思われるが、消防本部を設けず、消防署のみを設置することは出来ないとする解釈が一般的である[9]。一方で、消防本部か消防団のいずれか一つだけ設置するという選択肢は、許されている。そのため、近年では極めて少数になったものの、消防本部を設置せずに、消防団だけ設置する町村も未だ29町村（2022年4月時点）存在する[10]。また、消防本部は設置されているが、消防団が未設置の消防団非設置市町村も、十数年前までは存在した[11]。

　消防本部は、市町村の消防事務を統括する機関で、一般的に予算、人事、庶務、企画、統制等の事務処理をすると共に、消防署が設置されていない場合には第一線的事務もあわせて行う。現在、約723消防本部（2022年4月時点）が全国にある。消防署は、火災の予防、警戒並びに鎮圧、加えて救急事務その他災害の防除、災害被害の軽減等の消防活動を行う機関である。消防ポンプ自動車等を配備し24時間体制で消防職員[12]が常時待機の体制をとっていなければならない。消防署は消防本部の下位組織であるが、消防署長が独自で権限を行使できる場合があるので一つの機関とされる。2022年4月時点で、1714消防署が全国に設置されている。

　なお、消防行政では、24時間体制で火災や救急に市町村消防本部が対応する部分を「常備消防」、地域住民で構成された消防団が非常時参集で火災に対応する部分を「非常備消防」と呼ぶ[13]。また、消防本部が設置されている市町村を「常備市町村」、消防本部が設置されておらず、消防団しかない市町村を「非常備市町村」という。更に、非常備市町村に消防本部が設置されるか、これら市町村が消防本部の管轄下に入ること[14]を、「消防の常備化」という。そして、全国の市町村で、消防本部の管轄下にある市町村の割合を、「消防の常備化率」と呼ぶ。わが国の戦後の消防行政の歴史は、消防の常備化の歴史とも言える。戦前の消防は、国が大都市部にのみ24時間体制の官設消防署を設置し、国土の大部分の消防は、非常備消防である消防団の前身組織（明治以降は消防組、1939年以降は警防団）が担っていた。そのため、1948年に自治体消防制度がスタートした後も、消防本部や消防署をすぐに設置出来る市町村は少なく、消防団しかない市町村（非常備市町村）が大多数を占めた。その後も進展のス

ピードは遅く、1960年4月1日時点でも、消防の常備化率は13.2%に留まっている。そして、1960年代後半になってから、常備化が進み1975年には77.7%になる。そして昭和の末に90%の大台を超え、2022年4月時点で98.3%まで進展している（**図表3-3**）。

　消防本部は市町村の組織であるので、消防本部、消防署の位置、名称、管轄区域は条例によって定めている。しかし、消防組織法が組織設置の根拠法となっていることから、地方自治法や条例、規則が設置の根拠法となっている首長部局（市長→副市長→各部局）とは、系統を異にしている。一般には、組織系統上は首長の直下から枝分かれしているパターンが多い（**図表3-4**）。これは、市町村の首長部局においても、火災等が発生し、消防本部による原因調査等の対象となる場合があることから、当事者が自ら調査を行う事態を避けるため、消防本部の首長部局からの一定の独立性を確保しているのである。

　全国の消防本部の内、最も組織規模が大きな消防本部が、東京消防庁で1万8500人の職員数を擁している。一方、全国で最も職員数の少ない消防本部は三宅村消防本部で、その職員数は僅か17人である。管轄人口や管轄面積にも差があるので、総務省消防庁が定めた消防力の整備指針における、人員整備指針（当該市町村はどの程度消防職員を整備するべきかという国の指針）の充足状況を見ると、小規模消防本部ほど、国の人員整備指針の充足状況が低調な傾向が見られる（**第4章の図表4-14**）。**図表3-5**は職員数30人以下の消防本部をまとめ

図表3-3　消防常備化率の時系列的推移（%）

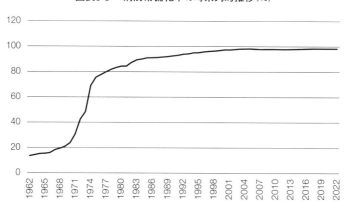

〔出典〕国家消防本部（各年度）『わが国の火災の実態と消防の現状』、自治省消防庁（各年度）『消防白書』の統計データより著者作成

たもの（2022年4月時点）であるが、このように1万8500人の大きな消防本部がある一方で、30人以下の消防本部も複数存在する。このような小規模消防本部が、二交代制で業務遂行可能な人員数は、10人以下となり、同時に編成可能な消防隊や救急隊も限られる[15]。同時多発的な事態への対応体制としては、必ずしも十分ではなく、人員不足から複数の業務を掛け持つ兼務体制とならざるを得ないので、専門性は向上しない。

　これら消防本部や消防署で勤務する職員は、消防職員と呼ばれる。大きく、現場に出動する職員と、出動しない職員に分けられる。前者には消防吏員、後者には事務職員、技術職員等が該当する。消防吏員は、一般職の地方公務員（市町村職員）である。通常の市町村職員と任命権者が異なり（一般職員は市町村長、消防職員は消防長）、服制、階級、礼式が制定されている。現場活動において、統制された活動を行うためには、規律が必要だからである。しかし、放火対策、規制的行政活動を含め、警察官のように司法警察権[16]は有していない。なお、東京消防庁を始め一部の消防本部では、消防吏員を消防官、消防吏員以外の事務職員等を消防職員と呼称している場合もある。これは消防吏員とその他の職員を識別するための便宜上の呼称であり、国家行政職員を意味する「官」とは異なる[17]。消防吏員の階級は、消防組織法に基づき消防庁長官が定める消防吏員の階級の基準（1962年消防庁告示第6号）を参考に、市町村の規則で定めている。最下位の消防士から最高位級の消防総監まで10の階級がある[18]。警察官と異なり、すべての消防吏員は地方公務員で、昇任に伴う国家公務員等への身分変更は行われない。都道府県警察では、前述の通り、一定階級以上（警視

図表3-4　単独で消防本部を持っている市における標準的な位置づけ

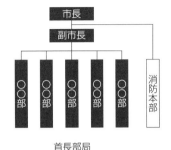

首長部局

図表3-5　職員数30人以下の消防本部

	消防本部名	職員数
1	三宅村消防本部	17
2	長万部町消防本部	20
3	増毛町消防本部	20
4	八丈町消防本部	23
5	大島町消防本部	25
6	高野町消防本部	25
7	上島町消防本部	25
8	歌志内市消防本部	27
9	五城目町消防本部	29
10	久米島町消防本部	29

〔出典〕全国消防長会（2017）「平成29年版
消防現勢データ」の統計データより著者作成

正以上）の警察官は国家公務員への身分変更が行われるが、消防では国への一時的な出向人事を除き行われることはない。

② 広域行政で運営される消防本部

　平成の大合併が一段落した現在（2023年2月時点）、約1700の市町村が全国に存在するが、消防本部数は732なので数が合わないのは、723消防本部のうち約39.8%にあたる288団体が、前述の一部事務組合、広域連合、事務委託といった広域行政（広域的な連携の仕組みを活用し、複数の地方自治体が協力して、事務事業を実施すること）の制度を用い、消防事務を複数の市町村で共同処理しているからである。その構成市町村数は、1255市町村（事務委託方式を採用している146市町村も含む）となり、常備化市町村の約74%に当たる（事務委託している市町村を除くと65.6%）。

　これらの広域行政の制度の内、市町村消防で最も多く活用されているのが、一部事務組合の制度である。一部事務組合は、名称通り、地方公共団体の様々な事務の一部（例えば消防事務）を、共同処理することが出来る制度である。地方自治法284条1項前段は、2以上の地方公共団体がその事務の一部を共同して処理するため、その協議により規約を定め、総務大臣または都道府県知事の許可を得て設けられる特別地方公共団体と定めている。執行機関である組合管理者、議決機関である組合議会を有し、管理者は構成団体の長から、組合議員は構成団体の長および、議会の議員の中から選任される。設置は当該市町村議会の議決を経て、組合の規約を定め、自治大臣または都道府県知事の許可を得て設置される。一部事務組合が成立すると共同処理することとなった事務は、当該市町村の機能から除外される。故に一部事務組合が設置されると構成団体の消防本部や、消防署は消滅し、新たに一部事務組合の消防本部や、消防署によって事務が遂行されることとなる。一部事務組合の設置により、市町村の境界を越えた広域的な消防活動が可能となり、また行政水準の向上や、財政規模の小さい団体において消防本部や消防署の設置が容易になる等の利点があるとされている。

　また、地方自治法第284条第3項は、広域連合の制度を定めている。一部事務組合同様、地方公共団体の組合の一類型である。一部事務組合の制度との決定的な違いは、地方公共団体の様々な事務の一部ではなく、より総合的な事務を行うことが出来るという点である。広域連合は、EUをモデルに、作られた

制度である。構成地方公共団体の独立性を維持しつつ、広域連合として議会を持つことが出来、その長及び議員を公選で選ぶこともできる[19]。

　なお、例外的な事例として留意が必要なのが、東京消防庁である[20]。地方自治法は、わが国の事実上の首都である東京[21]の一体的・統一的な地域づくりを行うため、都区制度を設けている。都区制度とは、東京の中心部に市町村と同格の基礎的自治体である特別区（23区）を設置し、市町村が処理する事務のうち、一体的に処理する必要のある事務については、都が代わりに処理するという制度である[22]。これが東京の特別区が、半自治体と呼ばれる所以であり、この本来市町村の固有事務であっても、特別区（区）には認めず、東京都の事務としているものの中に、消防事務や防災事務も含まれる。よって、東京の特別区は、消防本部を設置して消防行政を行うことが出来ないこととなる。一方、消防組織法は市町村消防の原則の下、都道府県消防を認めていない。そうなると、制度上、特別区も東京都も、東京特別区エリアの消防行政を行うことが出来ないこととなってしまう。その制度的整合性をつけるため、消防組織法第18条は、23区を実在しない一つの市と見做し、その連合体の消防本部として東京消防庁を設置しているのである[23]。よって一見、特別区の一部事務組合のようであるが、特別区を一つの市とみなして、例外的に市町村長ではなく、都知事が管理するということになっているのである。また、東京都下の市町村は、稲城市および大島町、三宅村、八丈町を除き、皆東京消防庁に、毎年委託金を払って、消防事務の委託を行っている[24]。稲城市を除く、多摩地域の市町村においても、東京消防庁の消防署所が設置され、消防や救急サービスを東京消防庁が行っているのはそのためである。

③ 消防団

　次に、前述の非常備消防の部分を担う住民消防組織が、消防団（**第1章の図表1-2**における、共助の圏域内補完に該当する消防組織）である。消防組織法は、第9条で市町村に地域住民によって構成された消防組織である消防団の任意設置を認めるとともに、第15条で消防団の設置をする場合は、設置、その名称および区域は市町村の条例で定めるとしている。消防団は、江戸時代の町火消から続く、歴史ある住民消防組織である。主として、火災の警戒および鎮圧、その他災害の防除および災害による被害の軽減等の消防活動に従事する機関である[25]。地域住民によって組織される市町村の公的機関であり、団員[26]は通常は各自の

職業に従事し、有事の際に非常参集し消防活動に従事する。よって、非常勤の団員がほとんどであるが、過去には消防団常備部や機関員常備の体制をとっていた消防団には、常勤の団員がいた。

　住民の有志によるボランタリーな防災組織であるが、自発的に活動する無償ボランティア団体と異なり、制服・階級、指揮命令が存在し、万が一の場合の公務災害補償などの保障制度、出動手当て等の報酬[27]が与えられる。つまり公的有償ボランティアであり、団員の身分は非常勤の特別職地方公務員である。

　消防団は、市町村区域に単独又は複数設置されている。一般的には、市町村で1つの消防団が設置されている場合が多いが、例えば兵庫県神戸市のように、複数の消防団が設置されているケースもある[28]。消防団の組織構成も、消防団の下に複数の分団、部、班等が設置されている場合が多いが、地域によって異なり統一的な組織が定まっているわけでない。消防吏員同様に、階級が消防団にもある。一般的には団長、副団長、分団長、副分団長、部長、班長、団員という職名が、そのまま消防団員の階級名となる。団員の採用は本人の志願で、任命は消防団長が行う。消防団長は市町村長が任命するが、団に関する事務は消防職員等、常勤の市町村職員が行う場合が多い。なお、消防団は消防本部および消防署からは独立した機関であり、前者との間に上下関係はないが、消防組織法第15条第3項の規程により、消防本部を置く市町村の消防団は、消防署長または消防長の管轄の下に行動するものと定められている。

　戦後の、非常備消防から常備消防へという消防行政の流れが加速する中でも、消防団しかいない非常備市町村や、常備消防が小規模な地域においては、消防団が大きな役割を果たしてきた。一方で常備化によって役目を終えたという誤解等から、過去の産物という認識が広まった時期もあった。しかしながら、阪神・淡路大震災以降、共助の重要性が見直される[29]中で、消防団の役割・必要性というものが再認識されつつある。また現在においても、地方の消防本部が小規模な地域では、初期の消火等の消火活動における消防団の重要性は高い。警察の一人勤務の駐在とは異なり、消防活動には一定人員数の部隊と特殊車両等の機械力が必要で、特に中山間地域を始め、少数集落が広域に点在する区域に、常備消防組織を満遍なく配置することは不可能だからである。一部地域で見られる消防駐在所でも、部隊の構成は、地域住民による消防団の存在が不可欠である[30]。従って、そのような地域では、今後も消防団が、初期の消火における重要な消防力とならざるを得ない。また、都市部においても、大規模

災害発生時に公助だけでは災害応急対応は行えず、共助の組織である消防団の助けが必要不可欠である。

　更に、北朝鮮のミサイル発射実験等を契機に、わが国の有事法制整備が進み、いうならば平成版の国防体制整備とも呼べるものが進められる中で、国家的緊急事態時における国民の避難誘導役としての消防団の役割というものが新たに期待されている。そのような状況下、総務省消防庁は、消防団非設置市町村の是正を行った。2000年代初頭時点で、全国に消防団を設置していない市町村が6団体あった。大阪府の大阪市と堺市、岸和田市、高石市、泉大津市の5団体と、愛知県の西尾市に消防団が設置されていなかったのである。消防団がなかった理由は、地域によってさまざまであるが、国はこれらの市町村に通達を出し、消防団あるいは類似団体を設置させた。国家的緊急時における避難誘導役がいないと困るからである[31]。

　また現在、消防団が抱える深刻な問題として、団員の高齢化と団員数の減少がある。コミュニティーの崩壊に伴い、消防団員になろうという若者が減少しつつある。**図表3-6**は、消防団員数および消防職員数の時系列的推移を見たものである。常備化の普及により、消防団員数が減少したという要因も大きかったが、近年は総務省消防庁も消防団員の確保を重要施策の1つとしている。それでも減少が止まらないのは、どこの消防団も団員の高齢化に伴う減少を、新たに入団する若い団員で補えていないからである。その対策として、総務省消防庁は、機能別団員・機能別分団の制度を導入した。機能別団員とは、特定の

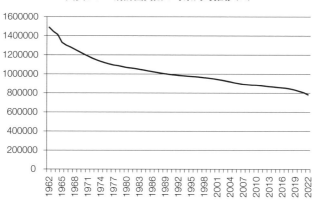

図表3-6　消防団員数の時系列的推移（人）

〔出典〕自治省消防庁、総務省消防庁（各年度）『消防白書』の統計データより著者作成

活動にのみ参加する消防団員のことである。また機能別分団とは、特定の活動および役割のみ実施する分団のことである。このように活動および役割を限定した団員および分団を認めることにより、参加条件のハードルを下げると共に、消防団の入り口を広げ、消防団員を増やそうという取り組みが現在行われている[32]。

　また消防団は、水防団も兼務している場合が多い。水防団は、水防法第5条の規定により設置される水防に関する防災組織である。一般に消防団が、水害時だけ水防団として出動する。消防団と水防団の名称を使い分けるのは、設置根拠法が消防組織法と水防法と違うからである。監督官庁も総務省消防庁と国土交通省と異なる[33]。

(2) 国レベルの消防行政の制度及び現状

　以上のように、消防行政は市町村中心に運営が行われているが、消防組織法第2条は、国に監督官庁として、総務省消防庁を置くと定めている。戦前は、内務省警保局が警察行政の一環として、消防行政を行っていた。しかし、戦後は警察行政から独立し、国家消防庁、国家消防本部と組織体制を変え、1960年に、地方行政を管轄する自治省発足と同時にその外局[34]となった。これにより、国レベルの消防行政は、地方行政の一環として行われることとなった。そして、2001年の省庁再編により、自治省が郵政省および総務庁と共に、総務省に統合されたことにより、総務省の外局となって、現在に至っている（**第2章の図表2-2**）。

　従来、消防庁は、地方公共団体に対して指示権も人事権も持たず、また実働部隊も持たない、主に①企画と立案、②消防関連の研究、③自治体消防の幹部消防吏員の教育のみを行う政策庁であった[35]。しかし、1995年の阪神・淡路大震災では、大規模災害時のオペレーション活動を、消防庁が行えないことに対する批判があったため、2004年の消防組織法改正で、消防庁は大規模災害時の被災地に対する、垂直補完体制の強化を行った。阪神・淡路大震災直後に創設されていた、市町村消防本部による被災地への広域応援部隊である、緊急消防援助隊を法制化し、本部隊に対する消防庁長官の出動指示権を規定した。これにより消防庁は、災害対応のオペレーション業務も行う政策実施庁となり、今まで認められていなかった市町村消防への指示権も確立した。この消防庁長官による、部隊の出動を指示するという権限が認められたことで、緊急消防援

助隊は、事実上の国の実働部隊となったことを意味している。出動にかかる費用を国が負担し、装備の無償貸与などの対策を行っている。消防組織法第20条の規定は、消防庁長官の都道府県および市町村への助言、勧告、指導を定めたものである。消防庁の見解としては、指示権創設以前は、災害発生時の消防活動における消防庁長官発意の関与が出来なかったが、指示権創出により市町村消防の原則は当然の原則としつつも、国家としての責任が明確に位置付けられたことにより、災害現場における実践的かつ具体的な助言、勧告、指導が出来るようになったとするものである[36]。

　消防庁は、独自にプロパー職員の採用は行っておらず、消防庁職員は本省である総務省採用の総務事務官または総務技官が、消防庁に出向し務めている。消防庁職員は総務官僚で、警察庁の警察官僚のように、消防官僚とは呼称しない。また、警察庁職員は、警察庁長官以下、全員が一連の服制階級を有する警察官であるが、消防庁職員は消防吏員ではない。無論、一般職の国家公務員で、市町村消防本部の消防吏員のように、地方公務員ではない。だが、災害時等に着用する消防吏員の制服や作業服に似た消防庁職員活動服及び、それにつける消防吏員の階級章に準じた職員章を制定している。ちなみに、都道府県や市町村の首長部局には、消防関係職員と呼ばれる消防関係の業務を行う行政職員がいる。消防関係職員は、都道府県においては、知事、副知事以下、消防所管事務担当部局や消防学校[37]の行政職員が該当し、市町村においても市長、副市長以下、消防所管事務担当部局の行政職員が該当する。消防関係職員も、消防庁職員同様、消防吏員に似通った服制及び作業服が設定され、階級章に似たデザインの職名章（消防庁職員の職員章とも異なる）が設定されている。

(3) 都道府県レベルの消防行政の制度及び現状

　消防行政は、市町村消防を原則としているので、都道府県が関わる部分は、決して多くは無い。消防組織法においても、制定当初は都道府県に関わる規定はなかった。しかし1952年の改正で、市町村消防を原則としつつ、その助長育成を図るため、都道府県の所掌事務が明文化された（消防組織法第29条）。消防に関わる都道府県の主な所掌事務としては、①消防学校の設置及び、市町村の消防職員や消防団に対する教養訓練、②当該都道府県と市町村の連絡及び市町村相互間の連絡調整等が挙げられる。

　また、2003年の改正で、都道府県による航空機を使用した、市町村消防へ

の支援制度が導入された（消防組織法第30条）。

　これらの所掌事務の内、消防学校と航空機（ヘリコプター）を用いた市町村支援制度は、ほぼ同じ目的が背景にある。消防学校もヘリコプターも、政令指定都市等の大都市部の消防本部は、独自で所有している。財政的事情から、独自に消防学校やヘリコプターを持てない市町村の支援を、広域的自治体である都道府県が行うという、市町村消防に対する垂直補完の側面を持っている。ちなみに、大都市の消防本部が所有するヘリコプターは「消防用ヘリコプター」、都道府県が所有するヘリコプターは「防災用ヘリコプター」と呼称される。名称は異なるが、活用用途は変わらない[38]。

◇4.
消防の任務

(1) 消防の任務の範囲

　では、消防の仕事とは何か。消防組織法の第1条では、消防の任務の範囲が規定されている。消防の任務は、①火災に対して予防、警戒、鎮圧、救護等あらゆる方法により国民の生命、身体及び財産を守ること。②災害一般に対して事前に原因を除去し、災害が発生した場合において被害の拡大の防止及び縮小を図ること、③災害や疾病による傷病者の運搬を適切に実施することである。ここでいう消防には、消防庁及び都道府県、市町村の消防機関が含まれるとされている。①の消防の任務は、消防庁においては、消防制度の企画立案、都道府県においては、消防職員の教養訓練や消防思想の普及宣伝等、そして市町村の消防機関においては、予防査察や消火活動といった直接的な予防、警防活動を通して達成しているというのが、消防庁の見解である[39]。また②の被害の拡大防止及び縮小を図る任務の対象となる災害は、水害、火災、地震のほか、これらに類する暴風、豪雪、津波、山崩れその他の自然災害のみならず、テロ等の化学災害、原子力災害等の特殊災害も幅広く含む[40]。更に、交通事故、水難事故、労働災害や高所、濃煙、有毒ガス、酸欠等の事故も対象となる。そして、災害一般に対して事前に原因を除去する任務には、予防や火災原因調査活動等が該当する。更に、③の傷病者の運搬とは、救急活動のことである。本条から、消防の仕事は、主に①警防活動、②火災予防活動、③救急活動等があることが分かる。それぞれどのような活動か、次に見ていきたい。

(2) 警防活動

　警防活動とは、火災等の警戒・鎮圧並びに傷病者の迅速な救出・救護及び、人命救助等の一切の活動をいう。つまり警防活動には、火災の消火活動から、事故や災害時の救助（レスキュー）活動まで含まれる。消防の、最も原点となる活動である。各市町村消防本部が、警防規程を定めている。消防法第24条は、火災発見者の消防機関への通報義務を定めている。119番への救急・救助の通報は、消防本部の指揮指令室で受信され、最寄りの各隊へ出動指令が発される。このような、指揮指令業務も、警防活動の一つである。また、警防活動と救助活動は、区別されて分類される場合もあるが、広義の定義でいうと警防活動に含まれる。救助及び消防（消火）と救急は、同じ現場活動ということで、警防部局にまとめている消防本部が多いからである。救助は、災害や事故の被災者を救出する業務である。レスキュー隊が救助工作車に搭乗し現場に駆け付け、救助資機材を用い救助活動を行う。救助の対象は、交通事故、水難事故、山岳事故、地震、CBRNE災害（化学・生物・放射性物質・核・爆発物による特殊災害、chemical・biological・radiological・nuclear・explosiveの頭字語を取った造語）のような特殊災害等、幅広い。

　消火活動に関しては、消防における重要度は変わらないものの、建材の不燃性の向上や、後述する予防活動の成果等もあり、近年は大規模な火災や火災件数が減少傾向にあり、現場活動経験が少ない消防吏員が増えてきたとの指摘もある。救助活動に関しては、近年は大規模災害及び特殊災害に対応する体制が強化される傾向にある。新潟中越地震では、東京消防庁のハイパーレスキュー部隊が注目され、それを参考にして、全国の政令市と中核市の消防本部に、特別高度救助隊・高度救助隊が創設された。特別高度救助隊や高度救助隊は、通常のレスキュー部隊より更に高度の救助技術を持つ部隊で、隊員は全員、火薬を使用できる資格や、クレーン車等の特殊車両の運転免許を持っている。また、国内における、大規模災害時の広域応援の部隊として緊急消防援助隊や、海外の災害の際に出動する国際消防救助隊の事前登録もある。

(3) 救急業務

　消防行政の主要業務の中でも、救急は新しい業務である。しかし、高齢化社会の到来と共に、救急の需要は急増しており、救急行政を無視して、現在の消

防行政を語ることは難しい。次に、救急行政の制度と現状について概観したい。

　現在、救急は搬送患者の救命救護活動まで行うが、当初は病院までの搬送救急活動に限定されていた。まず救急対象の拡大までの経緯について見て行きたい。1964年に救急業務が消防機関の活動として法制化された結果、市町村に救急業務の実施が義務付けられ、救急業務の内容も明確になった。救急業務の内容は、災害により生じた事故等による傷病者を救急隊が医療機関等に搬送することと規定され、その対象は災害・事故による外傷傷病者の搬送を当初想定していた。

　その後救急業務の対象は、1986年4月の消防法改正により、従前の災害により生じた事故等に加え、政令で定めるこれらに準じた事故その他の事由で、政令で定めるものによる傷病者が対象とされた。具体的には1986年8月の消防法施行令改正により、生命に危険を及ぼし、著しく悪化するおそれがある症状を示す疾病者で、医療機関等に迅速に搬送するための適当な手段がない場合であるとし、外傷傷病者のみならず疾病患者の搬送も対象となり救急搬送対象が拡大した。これは当初想定していた外傷性傷病者よりも疾病（いわゆる急病）による事案が急増し、現実にこれらを救急搬送していたことから現状を追認する形で改正されたものである。現在の救急出動件数の割合においても、疾病が2位の交通事故を5倍近い件数で引き離し1位を占めている[41]。

　消防機関の救急業務が法制化された翌年、受け入れる側の医療機関についても「救急病院等を定める省令」が厚生省令として制定され、医療機関の受入れ告示制度が導入された。しかし1960年代後半に、急増する救急件数による受入れ拒否の問題が発生したことから救急受入れ態勢が見直され、救急告示制度の補完的システムとして重症度の度合いで一次（救急医療施設、休日・夜間急患センター等）、二次（救急告示医療機関等）、三次（救命救急センター）の救急医療施設が整備されている[42]。

　救急隊員の資質については、制度発足時の背景が外傷性傷病者の救急搬送にあったため、明確な基準は定められておらず事実行為として応急処置が行われていたに過ぎなかった。その結果、現在は行われていない仮死状態の傷病者に対するカンフル注射が行われていた。それが1957年10月の傷病者の事件捜査で、担当検事から医師法に抵触する可能性を指摘され、東京都内の救急自動車から注射器および注射薬を降ろす事態となった[43]。

　その後、救急業務の内容は、1964年3月3日付消防庁長官通知による「救急

業務実施基準」により定められた装備資機材を使用して行うものとされ、1978
年消防庁告示による「救急隊員の行う応急処置等の基準」により処置の基準が
定められた。

　しかし医師法は、医療行為が出来る身分を厳格に決めているため、1986年
の消防法、消防組織法の一部改正で、それまで事実行為として行ってきた応急
処置を、法的根拠に基づく正当業務行為として法制化している。そこで救急隊
員の応急手当は、医療行為に該当するものの、身分的な許可ではなく、緊急で
やむを得ない場合の緊急避難的行為とされたのである。

　そして、1991年4月救急救命士法が可決成立し、救急隊員の救命処置が厚生
労働大臣免許による業務として位置づけられた[44]。

　消防法施行令第44条、救急業務実施基準第5条および第6条により、救急隊
は救急隊長、機関員、隊員の3人以上の隊員と救急自動車1台で構成すると規
定されている。救急隊を設置、運用しているのは市町村の消防本部で、救急隊
員も消防本部の消防吏員が務めている。

　救急隊の活動は、急病等で病院への搬送を希望する傷病者、その家族、近隣
者等の119番通報から始まる。消防本部は要請を受理すると、現場に近い消防
署から救急隊を出動させる。出動した救急隊は、無線等で情報確認をしながら
現場に急行して傷病者の観察、応急処置を実施する。そして、傷病者の症状に
応じて病院への受け入れ要請を行い、了承が得られると処置や観察をしながら
病院へ搬送する[45]。

　消防吏員は、火災対応を含めた包括的な消防行政の執行要員として採用され
る。消防学校での初任教育を終えた後、救急隊員として専科教育を受けて、は
じめて救急自動車への乗務が可能となる。この初任教育と救急専科教育は、ほ
ぼすべての新採用者への標準的な教育として実施されており、消防吏員であれ
ば誰でも一定の救急的知識を持ち救急自動車への乗務が可能となるように育成
が行われている。従って、救急隊の運用形態はほぼ全国的に統一されたものと
なっているが、他の部隊を含めた運用形態は消防本部間で異なる。特に救急隊
の人員の配置は消防本部によって随分違い、専従体制の消防本部もあれば、専
従の救急救命士に加えて消防隊員や特別救助（レスキュー）隊員が兼務体制で
勤務しているところもある。東京消防庁のように規模が大きく、人員に余裕が
ある消防本部では専従体制が導入しやすいが、小規模消防本部では救急救命士
はともかくも、他の隊員は兼務体制というケースが多い。

(4) 予防業務

　消防の予防業務は、あまり一般には馴染が薄いが、火災が発生した場合の被害軽減を目的とした、消防の重要な業務である。建築確認と並行して行われる消防同意、建物への消防用設備の設置の指導、危険物の規制、防火対象物への予防査察、民間事業所の自衛消防組織への指導育成、再発防止を目的とした火災原因調査等が、予防業務の範囲である。消防同意とは、建築確認前に、消防機関が、消防設備や建築物の防火に関する法令に問題がないかを確認し、問題が無ければ建築に同意する仕組みである。

　防火対象物への予防査察は、予防消防業務の核となるもので、消防法に定められた規制が遵守されているか立入検査等で確認し、違反が見付かった場合は、行政指導や行政命令告発に至る手続きによって、問題の改善を図る活動である。更に、火災原因調査は、同様な火災が再度発生しないように、その火災の原因を実地調査や実験等から明らかにする業務である。警察も事件捜査を行うが、放火の失火等の事件性の有無の確認と事件認知後の捜査が主な目的である。消防の行う再発防止のための火災原因調査とは目的が異なる。

　予防消防は、戦後に、わが国の消防に導入された業務である。戦前は、この予防消防の発想が、わが国の消防行政には無かったために、火災の延焼面積は大きく、死傷者も多く、経済的損失金額も大きかった。戦後、予防消防が導入されたことで、わが国の火災時の焼失面積、死傷者数、損失金額の減少に大きく寄与している。従来、不特定多数の人間が出入りする、デパートやホテル等の特定防火対象物への取組みが中心であったが、予防消防の取組みの成果もあり、これら建物での死傷者は減少傾向にある。一方、近年は一般家屋での死傷者が多いことから、住宅用火災警報機設置の義務化等、一般家屋の予防が重要視され始めている。

　予防消防は、警防や救急と比較し、地味な存在であるが、それが潜在的に助けている人命は多く、消防行政の中でも重要な業務である。ただ、慢性的な人員不足の小規模、中規模消防本部では、悪質な違反が見付かっても、訴訟リスクを恐れ、行政命令を出さず、法的強制力のない行政指導を繰り返すだけに止まる場合が多い。裁判を抱えると、これら消防本部では、日常業務がまわらなくなってしまうからである。

◇5. 大規模災害時の広域応援の制度

　また、大規模災害時の消防行政の制度として、広域応援制度がある。これは、1つの市町村だけでは、対応不可能な大規模災害に対して、相互に助け合うことを旨とする制度である。従来は、個々の市町村が平時より互いに相互応援協定（消防組織法第21条第2項）を交わし、いざ相手側の管轄区域で大規模災害が発生した場合に、救援部隊を派遣するという制度が一般的であった。しかし、阪神・淡路大震災で、相互応援協定で派遣された部隊間の連携が上手く取れなかったことや、国（自治省消防庁）に実動部隊がいなかったことで批判を受けたことから、緊急消防援助隊が設立された。

　緊急消防援助隊は、大規模災害時の人命救助活動をより効果的、かつ迅速に出来るよう、全国の消防機関相互による援助隊を構築するため、1995年6月に創設された。市町村消防側が被災地に派遣できる部隊（当初は救助、救急部隊等、後に消火部隊、特殊災害部隊、航空部隊、水上部隊も登録部隊として含まれた）を事前登録しておき、いざ大規模災害が起きた時に、都道府県単位で部隊を編成し出動するというものである。事前登録制にしたのは、当初緊急消防援助隊の根拠法が無かったので、消防組織法第24条の3による応援措置要求の枠内で円滑に出動するためである。

　しかし当初は、要綱設置という形でスタートし、大規模災害発生時には、被災自治体からの要請により出動し、現地の市町村長の指揮下で活動することを任務としていた。緊急消防援助隊を定める法律上の規定がなく、派遣に要する経費も市町村の自前であった。そこで総務省消防庁は、消防審議会の「国、地方の適切な役割分担による、消防防災、救急体制の充実に関する答申（2002年12月24日）」を受けて、2004年4月1日施行（2003年6月改正）の消防組織法の改正により、緊急消防援助隊を制度化すると共に、緊急消防援助隊に対する、消防庁長官の指示権を定めた。また派遣に要する予算および必要な装備を整備するための予算も国から支出されることとなった。新潟県中越地震において、皆川優太君の救助を行い国民の注目を集めた東京消防庁のハイパーレスキュー部隊も、緊急消防援助隊の一隊として出動したものである。

　総務省消防庁は、緊急消防援助隊の増強を図っており、2022年4月1日時点で、全国すべての消防本部から6606隊が登録されている。なお、2008年7月1

日付消防庁次長通知（消防応第104号）により、「大規模地震における緊急消防援助隊の迅速出動に関する実施要綱」が策定されている。これにより、概ね震度6以上の大地震発生を要件として、消防庁も要請を待たずに出動する（メンバーは事前指定）。あらかじめ都道府県知事と市町村長に出動準備の要請を行っておき、地震発生と同時に出動する体制になった。また同通知に基づき緊急消防援助隊運用要綱も2008年7月2日付で改正され、都道府県知事による都道府県隊応援等実施計画の策定を努力規定から義務規定に変更し、発災時には都道府県知事が災害対策本部に消防応援活動調整本部を設置すると共に、部隊移動については消防庁長官に加えて都道府県知事の指示も可能なものとしている。

◇6
まとめ

　以上、消防行政の制度及び現状について概観をした。消防行政は、市町村の消防本部を中心に、現在実施されている。国の消防機関である消防庁は、政策の企画・立案を主に行う政策官庁で、市町村消防本部に対して、警察行政のように、指揮命令権や人事権は持っていないため、市町村消防本部の自主性に任されて、運営が行われてきた側面が強い。そのような視点から言えば、消防行政は地方分権が進んだ行政分野と言える。

　また、消防の主な業務としては、警防、救急、予防があるが、特に救急及び予防に関しては、救急需要の急増や、違反案件に対する行政指導主義等、課題が見られる。更に、大規模災害時の広域応援も、近年は市町村消防の災害時新業務（災害時に新たに発生する業務）として、消防庁主導で強化されつつある。以上の動向を押さえた上で、更に本論の中で詳細に消防行政の現状について見ていく。

[注]

1　指導や助言は、上級機関が下級機関に対し、その所管事務について、方針や基準、計画等を命令し従わせる、指揮とは異なる。指揮だと、更に上級機関が、下級機関の義務違反の有無や進捗状況の監督を行い、必要とあれば指示命令等により是正措置を行うが、指導や助言は、それに下級機関（市町村消防本部）が従わなくとも、法的拘束力はない。

2　都道府県の警察事務は自治事務であるが、全国的な治安を維持するため、例外的に国の指揮監督が認められている。条文上は、警察庁の所掌事務に限定して指揮監督権が認められているように読めるが、その警察庁の所管事務の中に、「警察行政に関する調整に関すること」が含まれているため、都道府県警察が所管する全ての事務に、事実上国の指揮監督は及ぶ。ただ、個別の犯罪捜査の指揮までは含まれないとの、国会答弁もある。

3　都道府県警察の活動の内、国家的な活動や広域的な活動に掛かる経費に関しては、国が全額支弁している。例えば、警察車輌も、国がメーカーから一括購入し、全国の都道府県警察に配布する国費負担の車輌と、都道府県警察が独自に購入する、都道府県費負担の車輌が存在する。各都道府県警察しか保有しないような、独自の警察車輌が存在するのはそのためである。また、都道府県が自ら支弁する警察経費のうち、警察職員の俸給その他の給与や警察官の被服費、その他警察職員の設置に伴い必要となるもの以外については、国庫補助の対象となる。国庫補助金は、当該都道府県の警察官数、警察署数、犯罪の発生件数その他の事項を基準として所要額を算出し、原則、その10の5が補助される。よって、都道府県警察の国に対する、財政的依存率は極めて高くなる。

4　都道府県警察職員は、一般には都道府県職員で地方公務員であるが、警視正以上になると国家公務員になる。このような、地方公務員から国家公務員に身分が変わった警察官のことを、地方警務官という。

5　総務省消防庁監修（2006）『逐条解説　消防組織法』. 東京法令出版. pp.140 - 143.

6　同上、pp.160 - 163.

7　防災行政研究会編（2002）『逐条解説　災害対策基本法（第二次改訂版）』ぎょうせい年, pp.65 - 67.

8　水防法研究会（2005）『逐条解説　水防法』. ぎょうせい. p.33.

9　安藤明、須見俊司（1986）『消防・防災』. 第一法規. p.84.

10　年々、減少傾向にあるが、離島地域や中山間地域にまだ残っている。これら地域では、消防の問題以上に、救急の問題が差し迫った課題である。これらの地域で行われている救急は、役場救急か病院救急が主力である。つまり、役場職員か地域の診療所の医療従事者ないしは職員が、救急搬送を行う体制である。役場や診療所職員の負担が大きいので、民間企業に、救急業務の委託をするような地域も出てきた。

11　現在は、消防団非設置団体はないというのが、消防庁の公式見解である。ただ実際は、大阪市には、消防団は現在でも設置されておらず、消防職員のOBで結成した大阪市消防局災害活動支援隊という組織を、消防団に類する団体とし、消防団があると見做しているのである。また、堺市も、美原区にしか消防団はいない。これは、2005年に吸収合併した旧美浜町の消防団を、堺市消防団と読み替えたからである。したがって、堺市消防団は、美原区にしか存在せず、堺市全体を管轄区域とはしていない。

12　消防職員とは、消防組織法の第12条に基づき消防本部および消防署に置かれる市町村の職員で、消防吏員およびその他職員のことを指す。

13　以前は、常備部を持つ消防団も存在したので、常備消防＝市町村消防本部、非常備消防＝消防団とはならなかった。

14　市町村が単独で運営する消防本部を運営する場合は、消防本部を新設したことで常備化したことに

なる。また、広域行政の制度を用い、複数の市町村で消防本部を設置する場合も、構成市町村は常備化したこととなる。また自ら消防本部を設置しなくとも、近隣の消防本部に消防事務の委託をすれば、その委託市町村は常備化したことになる。

15 通常、消防隊は消防ポンプ自動車1台に5名で搭乗し、救急隊は救急自動車1台に3名で搭乗する。二交代制の場合、休み等も考慮すると、その倍に更に2名から3名程足した数の人員が必要となる。つまり、30名という職員数は、消防隊1隊及び救急隊1隊かいずれか2隊程度を、最小構成で、ぎりぎり編成できる人数となる。同時に、火災や救急が発生した場合や、大規模な火災等には対応が困難な人員数である。

16 司法警察権とは、犯罪捜査と被疑者の逮捕が行える権限のことである。わが国では、警察官、海上保安官、麻薬取締官等に認められている。

17 戦前、国の行政機関の職員を官吏、地方の行政機関の職員を吏員と呼称した名残である。戦前、消防行政は警察行政の一環として行われ、消防士は官吏である警察官が務め、消防官と呼ばれていた。戦前の国営消防を引き継いだ、東京消防庁や大都市の消防本部では、その呼称が残っている場合がある。ちなみに、多くは都道府県職員である警察官が、官を用いるのも、本来はおかしい。戦後、旧警察法の下で、一時期自治体（市町村）警察であった時は、警察吏員と呼称していた。1954年に、新警察法が施行された際に、警察官という呼称に戻った。

18 具体的には消防総監、消防司監、消防正監、消防監、消防司令長、消防司令、消防司令補、消防士長、消防副士長、消防士の10階級がある。上級幹部の階級は、管轄人口および職員数である程度規定されている。消防総監は東京消防庁の消防長、消防司監は管轄人口50万以上の市の消防長、消防正監は消防吏員の数が200人以上又は人口30万以上の市町村の消防長、消防監は消防吏員の数が100人以上又は人口10万以上の市町村の消防長、消防司令長は人口10万人以下の市町村の消防長と定められている。

19 1994年の地方自治法の改正より設けられた制度で、2つ以上の都道府県又は市町村、特別区が広域的に処理する方が良い事務に関して、広域計画を作成し、より広域的、計画的、総合的に処理するために設けられる組合である。そして地方自治法第252条の14第1項は、普通地方公共団体が、協議により規約を定め、普通地方公共団体の事務の一部または機関委任事務の一部を他の普通地方公共団体に委託し、その当該地方公共団体の長などにこれを管理し執行させる事務委託の制度を規定している。事務の委託がなされた場合、委託事務の施行に関する法令は委託された事務の範囲内において、委託を受けた普通地方公共団体に適用され、また委託された普通地方公共団体の委託事務に関する条例、規則等は、委託した普通地方公共団体の条例、規則として効力を有する。近年だと、近畿地域の府県市で結成された、関西広域連合が有名である。

20 東京消防庁と東京都の知事部局の間には、一定の距離感が認められる。警察法により公安委員会の管理下として都庁部局と一線を引いている警視庁と異なり、東京消防庁は都の一部局であるものの1万8500人の職員を擁し、組織規模と事務執行に際してある程度の独立性を有している。東京消防庁の都政における二面性を表す事例として、都道府県の所掌事務として行う消防の教育訓練施設が挙げられる。消防組織法第29条および第51条により都道府県は消防学校を設置し県域における消防職団員に対する教育訓練を行っている。また同条第2項により指定市では単独で消防学校を設置することができる。そして東京都下における消防学校の設置は、東京消防庁が一括して行っている。この消防学校は「東京消防庁消防学校」と称し、名称どおり東京消防庁の内部機関である。東京消防庁消防学校は、東京消防庁職員と特別区消防団に対する教育訓練を目的とした施設であるが、東京消防庁消防学校にはもう一つ「東京都消防訓練所」という名の消防学校が併設されている。共に東京都の機関であるが、東京消防庁以外の常備消防および特別区以外の消防団員に対する教育

訓練は東京都消防訓練所が行うこととなっている。併設とはなっているが、実は単なる2枚看板で、施設、人員すべてが一体の物として機能している。東京消防庁消防校長は訓練所長、副校長は教頭、校務課教務係員を教師としてそれぞれ併任しているわけであるが、同じ都の機関でありながら二重に看板 看板 を掲げ、職員も一人二役を行っているわけであり、ここに基礎的自治体である特別区の連合体（旧東京市）としての東京（東京消防庁）と広域行政機関である東京都を明確に区別している。

21　厳密には、わが国には、現時点（2023年時点）で、首都を東京と定める法律が存在しない。

22　併せて、特別区間の地域間格差を是正するために、本来特別区の税収となるべき法人所得税等を都が徴収して再配分を行う、東京都財政調整制度がある。橋下前大阪市長の下で、一時導入が検討された、大阪都構想は、この都区制度と財政制度のことである。

23　総務省消防庁監修（2006）前掲書, pp.301-304.
　都区制度の絡みから、消防組織法第16条は特別区が連合して消防責任を有すると定めている。東京消防庁はその特別区内の消防業務を行う消防機関であるが、消防組織法は特別区をまとめて戦前の旧東京市のような一つの市とみなし、その消防本部として東京消防庁を設置している。なお、一応当該地域の消防の管理責任者は、東京都知事とされている。都区制度の下、消防のみならず防災も、特別区の代わりに東京都が一体的に行うこととなっているが、唯一水防に関しては、水防法で特別区長が水防管理者となっていることから、特別区が担うこととなっている。

24　今回の広域再編で東京都が総務省消防庁に提出した消防広域化推進計画によると、稲城市、東久留米市も東京消防庁に事務委託を行う予定である。これで東京消防庁は、離島を除いた東京都のすべての地域の消防業務を行うこととなる。

25　近年、凶悪犯罪等の多発で、治安の強化に対する国民的要望が高まるに伴い。消防団の任務外活動が問題になっている。青色パトロールや自警団等の活動を、消防団に期待する要望がある。しかし総務省消防庁は、任務外活動で死傷した場合、消防組織法の定める公務災害補償の対象外になること等から、消防団員としての自警活動を禁じている。一方で従来から、犯罪者が逃走した場合の山狩り等に、消防団が出動する慣例はあり、そのような事例との整合性が不明確となっている。

26　消防団員とは、消防組織法第15条の2に基づき消防団に置かれる団員のことを指す。消防団長もこの中に含まれる。消防団員にも地域によっては、常勤の消防団員が存在した。その場合一般職の地方公務員となり、地方公務員法の適用を受ける（常備化の拡大とともに、1995年以降常勤の消防団員は居なくなった）。一方非常備の消防団員は、特別職の地方公務員なので地方公務員法の適用を受けない。

27　消防団員の報酬は、年に数百円から数万円程度である。また出動手当として出動1回当たり数百円から数千円が市町村から支給される。

28　消防団の設置は、市町村の条例で定めることが出来る（消防組織法第18条1項）。市町村合併が行われた際に、消防団の組織的統合を行わず、結果的に市町村の管轄区域内に複数消防団が存在するケースがある。ただこのような場合、一体的な運用を図るため、連絡調整をおこなう連合消防団長等を適宜指名することが多い。

29　阪神・淡路大震災では、行政機関よりも地域住民によって救出された被災者が多かった。これをきっかけに、共助の重要性や、わが国の共助体制の核である消防団の重要性が叫ばれるようになった。

30　消防駐在所は、北海道等の管轄区域が広い市町村において導入されている制度である。駐在所に常駐している消防職員は常時1名程で、いざ火災等が発生した場合に、消防職員が地域の消防団員を消防自動車で集めて回り、火災に対応するというものである。

31　これらの自治体に消防団が無かった経緯については、それぞれの市で事情が異なる。多くの消防団非設置団体においては、戦後しばらくは、消防団があったが、消防団員が集まらなくなり消防を廃

止したというのが真相のようである。しかし大阪市の場合は、事情が異なり、戦前消防団の前身である私設消防組と行政との間の対立が頻発したという経緯があり、戦後市町村消防になったと同時に消防団を設置しなかったということのようである。なお消防団非設置市町村の是正にあたり、総務省消防庁は、消防団非設置市町村に対し、内々のメモでもって指示を出し、消防団を設置させた。この内、大阪市は最後まで国からの働きかけに対し消防団の設置に否定的であったが、再三の総務省消防庁からの説得に折れ、消防職員 OB による「大阪市消防局災害活動支援隊」という消防団に類する団体を発足させた。また同様に愛知県西尾市にも類似の組織はあるが、消防団はまだない。よって現在、厳密な意味で、消防団非設置団体は大阪市と西尾市の二市である。ただ、管轄区域内に消防団の非設置地域がある市町村は未だ多数ある。消防団を設置した大阪府堺市も、吸収合併で以前から消防団があった旧美原町を編入したことで消防団設置団体となったが、他の地域には未だ消防団がない。

32 村上研一（2005）「消防団の活動環境整備の在り方について－消防団の充実強化に向けた組織・制度の多様化－」『消防防災』12 号. 東京法令出版, pp.16 - 22. その他、勤務者団員等への対応として、協力事業所の認定制度等も導入している。

33 現在、全国の多くの地域で、水防団＝消防団という状況が生じているが、消防団員との兼任団員が94 万人、専任団員は 1 万 7000 人で、専任水防団員も存在する。例えば、大阪市は消防団が未設置なので、消防団員は居ないが、専任水防団員は存在する。元々、戦前から、消防団の前身である消防組や警防団は水防を行っていたが、地域住民による水防組織はそれ以外にも複数存在した。専任団員の多くは、その名残である。また一部地域では、消防職員を水防団と見做している。

34 外局とは、本省である府省の下に置かれた、専門性の高い特殊な事務や独立性の強い事務を行うために設置された機関のことである。行政改革会議最終報告においては、省の傘下に置かれる庁は、実施庁を原則とするとされているが、①担当事務が、本省の事務と明確に区分され、一定のまとまりをもつこと、②政策立案を本省で行わず、当該外局に担わせる特段の必要性があること、③担当事務の独立行政法人化や、業務の大幅縮小が不可能であること、の 3 要件を満たすものについては、例外的に政策庁として置かれるとされており、消防庁は政策庁だとされている。

35 山口祥義（2005）「平成 17 年度消防庁組織体制の充実強化概要」『消防防災』12 号. 東京法令出版, pp.27 - 42.

36 同上.

37 消防学校には、都道府県が設置する東京都消防訓練所及び道府県消防学校、政令指定都市が設置する政令指定都市消防学校がある。なお、東京都消防訓練所には東京消防庁の職員向けの訓練所として東京消防庁消防学校が併設されているが、これは東京消防庁の内部機関である。

38 政令指定都市の消防ヘリコプターの運用は、当該市の消防本部が行うが、都道府県の防災ヘリの運用は、地域によって異なる。都道府県警察に運用を任せる地域や、府県内の政令指定都市の消防本部に委託し、その市が保有する消防ヘリと一括で運用している地域等がある。

39 消防基本法制研究会（2014）『逐条解説　消防組織法　第三版』. 東京法令出版 , p.60.

40 同上, p.61.

41 総務省消防庁（2013）『平成 25 年版救急・救助の概要』

42 吉澤一彦（2008）「忘れてはならない消防救急をいま振り返る」『プレホスピタル・ケア』84 号. 東京法令出版, pp.6 - 9.

43 同上, p.4.

44 消防大学校『消防教科書救急I』、財団法人全国消防協会、2000 年、pp.10 - 11.

45 森戸正夫（2006）『救急搬送概論』. 荘道社, p.24.

消防行政における
市町村公助の分析

◇1.
消防行政における市町村公助

　第3章でも見てきたように、わが国の消防行政は自治体消防（市町村消防）である。消防組織法は、消防行政を地域社会に最も近い市町村が行うこと（市町村消防の原則）と定めている。まさに市町村は、消防行政主体で運営されている行政なのである。よって平常時は、市町村消防本部が地域における消防に関わる公助（市町村公助）の中心として、火災・事故対応及び救急対応（警防・予防・火災原因調査・救急等）にあたっている。また平常時より、首長部局に消防職員が出向をして、危機管理も含む防災計画の作成等の防災行政を行っている消防本部も多い。そして、小規模、中規模の自然災害や事故発生時は、災害対策基本法の市町村の一次的責任の原則や、消防組織法の市町村消防の原則に則って、市町村消防本部が災害対応の中心となる。

　更に、大規模自然災害時も、市町村が災害対応を中心的に行うとされている。近年は広域応援の体制（緊急消防援助隊）が整備され、広域応援（圏域外補完）で被災地に出動した部隊が実態上災害対応の中心を担うようになってきているので（**第6章、第7章**）、以前よりは災害時における被災地消防本部の負担は軽減されつつある。しかし、広域応援は、圏域外の行政組織が応援に駆け付けることが大前提なので、発災から到着までに必ずタイムラグが生じる。それは、消防の広域応援においても、然りである。広域応援の部隊が被災地に駆け付けるまでの間の災害対応、特に被災者救助活動は、当然被災地の消防本部中心に行われなければならないことに変わりはない。

　このように、市町村レベルの災害時の市町村公助において、災害対策基本法は市町村中心の対応を原則とし、また消防組織法は市町村の行政機関の中でも、消防本部に極めて重要な責任を与えてきた。しかし、これら消防行政における市町村公助には、長年解決できずにきた課題が存在する。小規模消防本部の多さである。これら小規模消防本部の中には、保有する消防資源が少ない組織が多い。保有する消防資源不足で、平常時の消防行政や、大規模災害時の消防防災行政に支障をきたすケースも出てきている。以下で、全国市町村消防本部の保有する消防資源の現状について分析を行い、更に保有する消防資源が少ない小規模消防本部において、平常時及び大規模災害時の市町村公助に、どのような問題が危惧されるのか、本章で見たい。

◇2

市町村消防本部の保有する消防資源の規模別比較分析

(1) 小規模消防本部の存在

　市町村消防本部の市町村公助を考える上で、まず押さえておかねばならないのが、わが国の消防行政で多数派を占める、小規模消防本部の存在である。**図表4-1**は、全国市町村消防本部の管轄人口の分布（2022年度）を見たものである。2003年10月に総務省消防庁は、「管轄人口が10万人未満の小規模な消防本部が生じることは適当でない」とする通知を出したが、本度数分布のヒストグラムを見ると、管轄人口10万人以下の小規模消防本部が、平成の大合併が一段落した現在においてもなお、全国消防本部の約6割（59.6％）を占めていることが分かる。管轄人口5万人未満の消防本部だと、31.9％の消防本部が該当することとなる（ちなみに、管轄人口20万人未満の消防本部だと、全体の80.2％を占める）。何故、小規模消防本部が生じることが適当でないかというと、これら小規模消防本部の中には、保有する消防資源不足から、平常時の消防行政や、大規模災害時の消防防災行政に様々な支障をきたすケースが見られるからである。

図表4-1　全国市町村消防本部の管轄人口の分布（2016年度）（n=733：団体数）

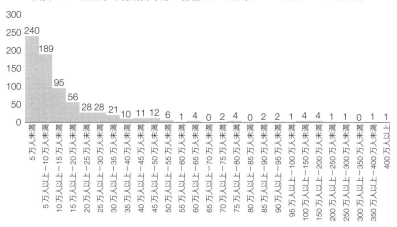

〔出典〕全国消防長会（2016）「平成 28 年版消防現勢データ」の統計データより著者作成

　小規模消防の保有する資源の実態を把握するため、まずは、全国消防本部の保有する消防資源の内、組織資源（消防施設、人的資源）と財政的資源について、以下でその現状を見ていく。なお、わが国市町村消防本部の消防力は、管轄面積や人口を考慮して、整備が進められてきた。特に、火災発生の通報を受けて、消防署所から消防隊が出動し、放水開始するまでの迅速な対応体制の構築を目指し、走行限界時間[1]内に消防ポンプ自動車が到達できる署所担当面積を重視して、消防力の整備が行われてきた。よって、組織資源（消防施設、人的資源）の分析については、管轄面積で消防施設のデータを均して、指標化し分析を行いたい。また、消防は、集団での活動が求められるため、人的資源に関しては、ただ消防職員一人当たりの管轄面積の大きい、小さいを見るだけでは、実態に即した分析は出来ない。仮に、消防職員一人当たりの管轄面積が小さくとも、消防活動に必要な人数（部隊の編成に必要な最低人数等）が全体として確保されていなければ、消防活動に支障をきたすことになるからである。そこで、人的資源の分析に関しては、総務省消防庁が定めた『消防力の整備指針[2]』から、各消防本部に必要な人員数を算定し、その充足率で指標化を行い、全国消防本部の人的資源の整備状況について分析を行いたい。

　更に、本分析では、まずそれら消防資源の整備状況の全国的な度数分布を見、組織規模別に消防本部を分類し、各消防資源整備状況を示す指標の比較分析を行いたい。組織規模の分類は、消防長の階級を用い、消防本部を5グループに

図表4-2　組織規模別の消防本部の分類(n=733)

グループ	要件	消防長の階級	本部数（2020年）	規模
グループ1	東京消防庁の消防長	消防総監	1	大規模消防本部
グループ2	政令指定都市の消防本部又は、管轄人口70万以上の消防本部の消防長	消防司監	22	大規模消防本部
グループ3	職員数が200人以上又は、管轄人口30万以上の消防本部の消防長	消防正監	197	中規模消防本部
グループ4	消防吏員の数が100人以上又は人口10万以上の消防本部の消防長	消防監	256	準中規模消防本部
グループ5	上記以外の消防本部の消防長	消防司令長	250	小規模消防本部

〔出典〕1962年5月23日消防庁告示第六号「消防吏員の階級の基準」、消防組織法、全国消防長会（2020）「令和2年版消防現勢データ」などより著者作成

分けたい。全国の市町村消防本部は、対等で上下関係はないとされている。しかし、消防本部のトップである消防長の消防吏員としての階級は、管轄人口と職員数によって、5段階に分けられている。国が定めた「消防吏員の階級の基準」では、消防吏員の階級として、最も上位の消防総監の階級を用いることのできるのは、全国で唯一、東京消防庁の消防長のみである（グループ1）。また、次の消防司監の階級を用いることのできるのは、政令指定都市の消防本部又は、管轄人口70万以上の消防本部の消防長となっている（グループ2）。さらに、消防正監の階級を用いることのできるのは、職員数が200人以上又は管轄人口30万以上の消防本部の消防長（グループ3）、消防監の階級を用いることのできるのは、消防吏員の数が100人以上または人口10万以上の消防本部の消防長（グループ4）、消防司令長の階級を用いることのできるのは、それ以外の消防本部の消防長とするとされている（グループ5）。グループ1、2が大規模消防本部、グループ3が中規模消防本部、4が準中規模消防本部、グループ5が小規模消防本部にほぼ該当する（**図表4-2**）。

　2016年のデータを用いた分類によると、以下の通りになる。グループ1は、東京消防庁のみである。グループ2は、政令指定都市等の主に大都市消防本部で、22消防本部が該当する。グループ3は中核市等の大都市に準じる地方都市を中心にした消防本部で、185本部が該当する。グループ4は、主に中規模な地方都市を中心にした準中規模消防本部で、259本部ある。そしてグループ5が小規模消防本部で、266本部ある。このグループごとの度数分布を見たのが、**図表4-3**のヒストグラムである。この定義でいくと、小規模消防本部の割合は、36.2％となる。**図表4-1**よりも、小規模消防本部の割合が少なくなっているのは、

図表4-3　全国消防本部の組織規模別分類の分布（n=733:団体数）

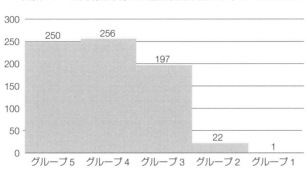

〔出典〕全国消防長会 (2016)「平成28年版消防現勢データ」の統計データより著者作成

管轄人口が少なくとも、グループ4の職員数要件（グループ4は職員数100人以上）で、グループ5から4へ補正されている消防本部が相当数（171本部）あるからである。

（2）市町村消防本部の保有する消防資源の分析

① 全国消防本部における消防署所の整備状況の分析

次に、全国消防本部における、消防署所の整備状況がどのようになっているか見ていきたい。消防署や出張所といった消防施設は、高価なことから消防本部が保有するハード面での組織資源量を測る上での一つの指標となるからである。**図表4-4**は、全国市町村消防本部の管轄面積を消防署所数で、データを均して指標化したものである。面積データとして、居住地面積ではなく管轄面積を用いるのは、消防は住民の命に直結するサービスのため非排除性が重視され、人口密集区域のみならず管轄区域の隅々で極力同等の水準で提供出来るよう、消防力の整備は行われているからである。

よって、本指標は、消防署所一つ当たりの管轄面積ということになるので、管轄面積が小さいほど、整備状況は優れているということになる。本グラフを見ると、消防署所一つ当たりの管轄面積が比較的小さいところに、度数分布が集まっていることが分かる。消防署所一つ当たりの管轄面積が100k㎡未満の消

図表4-4　全国消防本部における消防署所一つ当たりの管轄面積の度数分布（n=733）

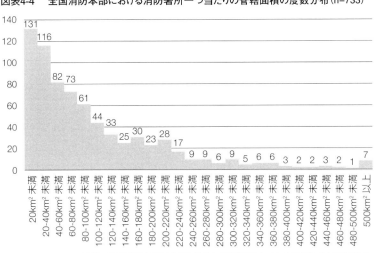

〔出典〕全国消防長会（2016）「平成28年版消防現勢データ」の統計データより著者作成

防本部が、全体の63％を占める。

　上位30消防本部を見る（**図表4-5**）と、大都市消防本部、中規模消防本部で大部分を占め、大阪市消防局、川崎市消防局、横浜市消防局、名古屋市消防局、東京消防庁等の大都市消防本部（グループ1、2）も入っている。しかし、その一方で、グループ5の小規模消防本部も、蕨市消防本部を筆頭に、忠岡町消防本部、摂津市、逗子市、大阪狭山市と、5本部も入っている。ただ、首位の蕨市は、全国の市の中で最も面積が狭く、人口密度は最も高い市であり、忠岡町も全国の町の中で最も面積が狭い地方公共団体なので、例外的な事例である。また、摂津市、逗子市、大阪狭山市は、宅地化の進んだ地域で、大都市部のベッドタウンである。そのため、重点的な消防署所の設置がされているものと思われる。

　次に、下位50消防本部を見る（**図表4-6**）と、グループ3の北海道のとかち広域消防局が入っているが、残りは、すべて管轄人口10万人以下の消防本部で

図表4-5　消防署所一つ当たりの管轄面積（上位30消防本部）

順位	消防本部名	署所1つ当たりの面積（km²）	グループ
1	蕨市消防本部	2.5	5
2	大阪市消防局	2.5	2
3	守口市門真市消防組合消防本部	3.6	3
4	摂津市消防本部	3.8	5
5	川崎市消防局	4.0	2
6	忠岡町消防本部	4.0	5
7	東大阪市消防局	4.1	3
8	伊丹市消防局	4.2	3
9	習志野市消防本部	4.2	3
10	浦安市消防本部	4.3	3
11	横浜市消防局	4.5	2
12	吹田市消防本部	4.5	3
13	芦屋市消防本部	4.8	4
14	川口市消防局	4.8	3
15	藤沢市消防局	5.0	3
16	鎌倉市消防本部	5.0	3
17	枚方寝屋川消防組合消防本部	5.0	3
18	名古屋市消防局	5.0	2
19	市川市消防局	5.1	3
20	尼崎市消防局	5.1	3
21	大和市消防本部	5.4	3
22	那覇市消防局	5.6	3
23	逗子市消防本部	5.7	5
24	東京消防庁	5.9	1
25	戸田市消防本部	6.0	4
26	茅ヶ崎市消防本部	6.0	3
27	座間市消防本部	6.0	4
28	大阪狭山市消防本部	6.0	5
29	松戸市消防局	6.1	3
30	浦添市消防本部	6.3	4

〔出典〕全国消防長会（2016）「平成28年版消防現勢データ」の統計データより著者作成

78

図表4-6　消防署所一つ当たりの管轄面積（下位50消防本部）

順位	消防本部名	署所1つ当たりの面積（km²）	グループ
733	夕張市消防本部	763.0	5
732	西臼杵広域行政事務組合消防本部	687.0	5
731	稚内地区消防事務組合消防本部	624.0	4
730	釧路北部消防事務組合消防本部	611.5	5
729	美幌・津別広域事務組合消防本部	577.5	5
728	安芸高田市消防本部	538.0	5
727	根室北部消防事務組合消防本部	504.5	4
726	紋別地区消防組合消防本部	484.2	5
725	南宗谷消防組合消防本部	479.0	5
724	魚沼市消防本部	473.5	5
723	上川北部消防事務組合消防本部	453.7	4
722	中芸広域連合消防本部	450.0	5
721	利根沼田広域市町村圏振興整備組合消防本部	441.5	4
720	西都市消防本部	439.0	5
719	大野市消防本部	436.0	5
718	木曽広域消防本部	416.0	5
717	遠野市消防本部	413.0	5
716	南会津地方広域市町村圏組合消防本部	390.3	5
715	雲南広域連合雲南消防本部	388.0	4
714	宮古地区広域行政組合消防本部	381.7	4
713	嶺北広域行政組合消防本部	378.5	5
712	篠山市消防本部	378.0	5
711	増毛町消防本部	370.0	5
710	北アルプス広域消防本部	369.7	5
709	士別地方消防事務組合消防本部	368.8	5
708	富良野広域連合消防本部	363.8	4
707	西置賜行政組合消防本部	359.8	4
706	安芸市消防本部	357.0	5
705	斜里地区消防組合消防本部	356.8	5
704	那賀町消防本部	347.5	5
703	綾部市消防本部	347.0	5
702	日高中部消防組合消防本部	346.6	5
701	日高東部消防組合消防本部	335.5	5
700	檜山広域行政組合消防本部	328.8	4
699	とかち広域消防局	328.2	3
698	大子町消防本部	326.0	5
697	遠軽地区広域組合消防本部	320.4	4
696	八雲町消防本部	318.7	5
695	高山市消防本部	316.8	4
694	南魚沼市消防本部	314.0	4
693	長万部町消防本部	311.0	5
692	留萌消防組合消防本部	308.3	5
691	大雪消防組合消防本部	307.0	4
690	さつま町消防本部	304.0	5
689	三笠市消防本部	303.0	5
688	最上広域市町村圏事務組合消防本部	300.5	4
687	滝川地区広域消防事務組合消防本部	299.5	4
686	串間市消防本部	295.0	5
685	久万高原町消防本部	292.0	5
684	日高西部消防組合消防本部	289.3	5

図表4-7　全国消防本部における消防署所一つ当たりの管轄面積の規模別比較（n=733）

グループ	平均値	標準偏差	最小値		最大値	
グループ1	5.9	―	5.9	東京消防庁	5.9	東京消防庁
グループ2	25.2	22.65226	2.5	大阪市消防局	88.4	奈良県広域消防
グループ3	56.4	53.76908	3.6	守口市門真市消防組合消防	328.2	とかち広域消防
グループ4	107.8	96.41167	4.8	芦屋市消防本部	624	稚内地区消防事務組合消防
グループ5	141.4	131.4874	2.5	蕨市消防本部	763	夕張市消防本部
全体	104.4	107.6384	2.5	蕨市消防本部	763	夕張市消防本部

〔出典〕上記2点とも、全国消防長会（2016）「平成28年版消防現勢データ」の統計データより著者作成

ある。グループ4の消防本部も15本部あるが、すべて職員数要件で職員数100人を僅かに越え、グループ4に繰り上がった本部である。なお、グループ3で唯一入っているとかち広域消防局は、総務省が推進している消防の広域再編で、十勝圏19市町村にあった6つの消防本部（帯広市消防本部・北十勝消防事務組合・西十勝消防事務組合・南十勝消防事務組合・東十勝消防事務組合・池北三町行政事務組合）が統合されて、2016年にスタートしたばかりの消防本部である。広域再編された結果、人員数、車両数も増えた一方、管轄面積も全国の消防本部で1番広くなった。また、広い管轄区域内で、市街地は特定エリアに集中している地域なので、例外的なケースである。

　図表4-5、**図表4-6**の分析から、小規模消防本部の方が、消防署所の整備状況が低調な傾向が、ある程度読み取れるが、全国消防本部を対象に、前述の5グループに分け、消防署所の整備状況の平均、最大値、最小値、標準偏差を、グループ間で比較した（**図表4-7**）。これを見ると、グループ1からグループ5に向かうに従って、消防署所の1つあたりの管轄面積の平均値が拡大しているのが分かる。また、同様にデータの散らばりの度合いを示す標準偏差も、大きくなっている。グループ1の東京消防庁は全国24位でかなり上位であるが、それに加え、グループ2の大規模消防本部も、25.2㎢の平均値より小さい方に、22消防本部の内16本部が分布している。最大値の奈良県広域消防組合は、2014年に消防庁が推進する広域再編で、奈良県内の奈良市消防局と生駒市消防本部を除いた、11本部が統合して誕生した新しい消防本部である。管轄面積が増えたため、消防署所の1つあたりの管轄面積も、グループ内の他の消防本部に比べ大きくなっている。しかしそれでも、全体の平均値である104.4㎢よりは小さい。一方、小規模消防本部のグループに該当するグループ5は、平均値が141.4㎢と5グループ間で最も大きく、また全体平均も上回っている。全国で、一番消防署所の1つあたりの管轄面積の小さな蕨市消防本部と、最大の夕張市消防本部が属するグループのせいで、標準偏差も5グループ間の中でも大きくなっている。

② 全国消防本部における消防車両の整備状況の分析

　次に、消防車両の消防本部間の地域間格差について、見ていきたい。消防車両は、代表的消防装備の一つである。これも、全国市町村消防本部の保有する消防車両数で、当該消防本部の管轄面積を割り、データを均して指標化し、その度数分布を見た（**図表4-8**）。よって、本指標は、消防車両一台当たりの管轄面

80

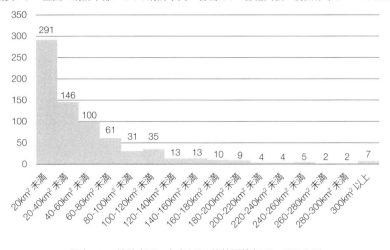

図表4-8　全国の消防本部における消防車両一台当たりの管轄面積の度数分布（n=733：団体数）

図表4-9　消防車両一台当たりの管轄面積（上位30消防本部）

順位	消防本部名	消防車両一台当たりの面積（km²）	グループ
1	蕨市消防本部	0.71	5
2	大阪市消防局	1.22	2
3	忠岡町消防本部	1.33	5
4	岩倉市消防本部	1.43	5
5	蟹江町消防本部	1.57	5
6	守口市門真市消防組合消防本部	1.67	3
7	伊丹市消防局	1.67	3
8	泉大津市消防本部	1.86	5
9	摂津市消防本部	1.88	5
10	浦安市消防本部	1.89	3
11	習志野市消防本部	1.91	3
12	羽島郡広域連合消防本部	2.00	5
13	吹田市消防本部	2.00	3
14	大阪狭山市消防本部	2.00	5
15	大和市消防本部	2.08	3
16	川崎市消防局	2.09	2
17	芦屋市消防本部	2.11	4
18	浦添市消防本部	2.11	4
19	松原市消防本部	2.13	4
20	尼崎市消防局	2.13	3
21	市川市消防局	2.24	3
22	戸田市消防本部	2.25	4
23	座間市消防本部	2.25	4
24	二宮町消防本部	2.25	5
25	松戸市消防局	2.26	3
26	中間市消防本部	2.29	5
27	那覇市消防局	2.29	3
28	東大阪市消防局	2.30	3
29	鎌ケ谷市消防本部	2.33	4
30	逗子市消防本部	2.43	5

〔出典〕上記2点とも、全国消防長会（2016）「平成28年版消防現勢データ」、「平成28年版消防装備情報（車両情報）」の統計データより著者作成

積ということになるので、管轄面積が小さいほど、整備状況は優れているということになる。分布は、消防署所同様、消防車両一台当たりの管轄面積が比較的小さいところに、度数分布が集まっていることが分かる。消防車両一台当たりの管轄面積が100㎢未満の消防本部が、全体の74.4％を占める。上位、下位の内訳を見ると、**図表4-9**、**図表4-10a**の通りである。

図表4-10a　消防車両一台当たりの管轄面積（下位50消防本部）

順位	消防本部名	消防車両一台当たりの面積（km²）	グループ
733	南会津地方広域市町村圏組合消防本部	390.33	5
732	那賀町消防本部	347.50	5
731	日高西部消防組合消防本部	347.20	5
730	木曽広域消防本部	332.80	5
729	南宗谷消防組合消防本部	319.33	5
728	長万部町消防本部	311.00	5
727	釧路北部消防事務組合消防本部	305.75	5
726	檜山広域行政組合消防本部	292.22	4
725	美幌・津別広域事務組合消防本部	288.75	5
724	日高東部消防組合消防本部	268.40	5
723	紋別地区消防組合消防本部	264.09	5
722	嶺北広域行政事務組合消防本部	252.33	5
721	遠軽地区広域組合消防本部	249.22	4
720	北留萌消防組合消防本部	247.73	5
719	日高中部消防組合消防本部	247.57	5
718	とかち広域消防局	240.71	3
717	西置賜行政組合消防本部	239.82	4
716	根室北部消防事務組合消防本部	232.85	5
715	西臼杵広域行政事務組合消防本部	229.00	5
714	中芸広域連合消防本部	225.00	5
713	大雪消防組合消防本部	219.29	4
712	富良野広域連合消防本部	218.30	4
711	斜里地区消防組合消防本部	203.86	5
710	釧路東部消防組合消防本部	202.14	4
709	羊蹄山ろく消防組合消防本部	195.50	4
708	高山市消防本部	194.92	4
707	久万高原町消防本部	194.67	5
706	上川北部消防事務組合消防本部	194.43	4
705	八雲町消防本部	191.20	5
704	夕張市消防本部	190.75	5
703	阿賀町消防本部	190.60	5
702	増毛町消防本部	185.00	5
701	北アルプス広域消防本部	184.83	5
700	安芸高田市消防本部	179.33	5
699	安芸市消防本部	178.50	5
698	郡上市消防本部	171.83	5
697	宮古地区広域行政組合消防本部	167.00	4
696	深川地区消防組合消防本部	166.73	4
695	鰺ヶ沢地区消防事務組合消防本部	166.40	5
694	熊毛地区消防組合消防本部	165.83	5
693	遠野市消防本部	165.20	5
692	最上広域市町村圏事務組合消防本部	163.91	4
691	室戸市消防本部	161.00	5
690	魚沼市消防本部	157.83	5
689	峡南広域行政組合消防本部	151.43	4
688	滝川地区広域消防事務組合消防本部	149.75	4
687	村上市消防本部	148.40	4
686	士別地方消防事務組合消防本部	147.50	5
685	利根沼田広域市町村圏振興整備組合消防本部	147.17	4
684	大野市消防本部	145.33	5

〔出典〕全国消防長会（2016）「平成28年版消防現勢データ」、「平成28年版消防装備情報（車両情報）」の統計データより著者作成

　まず、上位30位までの消防本部の内訳（**図表4-9**）を見ると、グループ2の大都市消防本部が、大阪市消防局、川崎市消防局しか30位以内に入っておらず、またグループ1の東京消防庁も入っていない。それでも、グループ2、3、4に属する、大都市消防本部と中規模消防本部で、大部分を占めるものの、グループ5に属する小規模消防本部が、蕨市消防本部や忠岡町消防本部を先頭に11本部も入っている。これらの内、蕨市、忠岡町、摂津市、逗子市、大阪狭山市が上位に来ているのは、前述の通りである。岩倉市は、全国で10番目に面積の狭い市で、かつ名古屋市のベッドタウンということで、消防車両の重点的な整備がされているからである。蟹江町も同様に、名古屋市に隣接したベッドタウンである。泉大津市と摂津市も、大阪市や堺市の、中間市は北九州市のベッドタウンである。また、羽島郡広域連合は、非常に興味深い事例である。元々4町1つの消防本部を運営していたところ、そこから二つの町が他の市との合併で抜けてしまい、管轄区域は狭くなった一方で、広かった当時の基準で整備された消防車両が残っているために、上位に来ている。一つ、説明が難しいのが、神奈川県二宮町消防本部である。神奈川県は、町が単独で運営する消防本部が7つ（大磯町消防本部、葉山町消防本部、湯河原町消防本部、箱根町消防本部、寒川町消防本部、二宮町消防本部、愛川町消防本部）と、比較的多くある。これらの内、市街地域で人口が増えている大磯町、観光地で同規模自治体よりも重点的な消防力整備を行っている湯河原町、箱根町を除いた4町の消防本部は、消防車両の整備状況に横並び傾向が見られる。横並びで、同じ台数揃えた結果、管轄面積が最も狭い二宮町消防本部の数値が小さくなったということではないかと思われる。

　一方、下位50消防本部を見ると、消防署所の分析の時と同様に、グループ

図表4-10b　全国消防本部における消防車両一台当たりの管轄面積の規模別比較(n=733)

グループ	平均値	標準偏差	最小値		最大値	
グループ1	2.6	—	2.6	東京消防庁	2.6	東京消防庁
グループ2	12.2	11.2	1.2	大阪市消防局	40.6	静岡市消防局
グループ3	26.9	30.0	1.7	守口市門真市消防組合消防本部	240.7	とかち広域消防局
グループ4	52.2	51.4	2.1	芦屋市消防本部	292.2	檜山広域行政組合消防本部
グループ5	65.1	74.0	0.7	蕨市消防本部	390.3	南会津地方広域市町村圏組合消防本部
全体	49.25	58.4	0.7	蕨市消防本部	390.3	南会津地方広域市町村圏組合消防本部

〔出典〕全国消防長会（2016）「平成28年版消防現勢データ」の統計データより著者作成

3の北海道のとかち広域消防局が入っている。グループ4の消防本部も17本部あるが、すべて職員数要件で職員数100人を僅かに越え、グループ4に繰り上がった本部である。以上のように、消防署所の整備状況よりも、消防車両の整備状況の方が、小規模消防本部の整備状況が低調否かの傾向が、読み取りにくい。そこで、また全国消防本部を5グループに分け、消防車両の整備状況の平均、最大値、最小値、標準偏差をグループ間で比較した。

　図表4-10bを見ると、グループ1からグループ5に向かうに従って、消防車両の1台あたりの管轄面積の平均値が拡大しているのが分かる。また、同様にデータの散らばりの度合いを示す標準偏差も、大きくなっている。グループ1の東京消防庁は全国35位で、30位までには入らなかったが、それでも全国的には上位である。それに加え、グループ2の大規模消防本部も、上位30位までには2消防本部（大阪市消防局、川崎市消防局）しか入らなかったが、49.25㎢の全体平均値より小さい方に、すべての消防本部が分布している。そして、それでも、消防署所あたりの管轄面積の全体の平均値である104.4㎢よりは小さい。大都市消防本部の消防車両の整備状況が比較的低い理由としてよく聞くのは、大都市消防本部の消防車両は、他に比べ高規格で高性能だからという話である。一方、小規模消防本部のグループに該当するグループ5は、平均値が65.1㎢と5グループ間で最も大きく、また全体平均の49.25㎢も上回っている。全国で、消防車両の1台あたりの管轄面積が最も小さな蕨市消防本部と、最大の南会津地方広域市町村圏組合消防本部が属するグループのせいで、標準偏差も5グループ間の中でも最も大きくなっている。

③　人的資源の地域間格差分析

　次に、市町村消防本部の人的資源の整備状況について、分析を行いたい。前述したとおり、総務省消防庁が定めた『消防力の整備指針』から、各消防本部に必要なおおよその人員数を算定し、その充足率で指標化を行い、全国消防本部の人的資源の整備状況について分析を行いたい。消防力の整備指針は、消防庁が市町村消防本部に対し、必要な消防施設や人員等を算定する目安を示したものである。それぞれの市町村消防本部が保有する消防車両の数等から、それらの消防力を十分に運用するために必要な、おおよその人数が算定出来る。例えば、消防ポンプ自動車や化学消防車は、1台につき原則5名搭乗しなければならない。救急自動車は原則3名乗らねばならない。また、救急工作車は必ず

84

5名以上、指揮車は原則3名以上の搭乗が必要である。更に、消防本部及び消防署に配備しなければならない通信員の総数は、原則人口10万ごとに5名、市町村にある特定防火対象物数に680分の10を掛けた数、非特定防火対象物数に2300分の2を掛けた数および、戸建て住宅数に1.7万分の3の合計数必要である。更に、消防隊や救急隊は、2交代制ないしは3交代制なので、例えば多数派を占める2交代制の場合、消防隊1隊につき、5人×2に更に休暇を考慮した係数を掛けると15名必要となる。これらは、色々な例外規定等があるため[3]、完全に正確な数値を算定するのは難しいが、おおよその数値ならば算定出来る。この国の整備指針に基づいて算定された人員のおおよその整備目標数を、実際にどのくらい充足しているか見ることで、当該市町村消防本部の人員の整備状況の指標化が出来る。多少の誤差はあっても、全体的状況の分析は可能である。

　この指標を用い、まずは全国市町村消防本部の人員数の整備状況の度数分布を見たのが、**図表4-11**のヒストグラフである。90%から100%未満の未充足の消防本部が圧倒的に多数であることが分かる。注意を要するのは、消防力の整備指針は、充足を義務化されたものではなく、だいたいの目安にすぎないということである。市町村消防本部は、地域の実情に合った形で、管轄区域の消防力整備を行うことが出来るとされている。よって、充足率が悪いからといって、それが問題だとはならない。しかし、消防力の整備指針から算定されるおよその人員数の充足率があまりに低すぎると、平常時の消防隊や救急隊の出動、予防活動等に支障が生じる恐れはある。

図表4-11　全国消防本部における消防力の整備指針から算定される人員数の充足率の度数分布(n=733団体数)

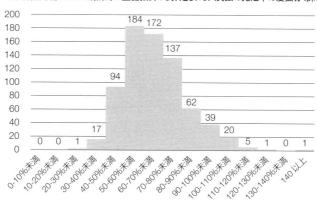

〔出典〕全国消防長会 (2016)「平成28年版消防現勢データ」の統計データより著者作成

　上位30位までと下位50位の消防本部の内訳は、**図表4-12、図表4-13**の通りである。上位30位をみると、東京消防庁をトップに、グループ1から4の大規模消防本部、中規模消防本部がほどんどである。唯一、グループ5の小規模消防本部で、美幌・津別広域事務組合消防本部が入っている。これは中心的な構成市町村である美幌町に自衛隊基地があることや、空港から近く食品工場も多いことが影響している。一方、下位50位を見ると、すべてグループ4か5の消防本部であることが分かる。以上の点から、小規模消防本部の方が、人員の整備状況が低調な傾向が、ある程度読み取れるが、全国消防本部を対象に、前述の5グループに分け、人員整備状況の平均、最大値、最小値、標準偏差を、グループ間で比較した（**図表4-14**）。これを見ると、グループ1からグループ5に向かうに従って、消防力の整備指針から算定される人員数の充足率の平均が、低下しているのが分かる。また各グループの標準偏差の値も低下している。保有する消防力を十分に活用するために必要とされる人員数を、規模の大きな消防本部ほど整備している状況が見えてくる。

図表4-12　消防力の整備指針から算定される人員数の充足率（上位30本部）

順位	消防力の整備指針から算定される およその人員数の充足率（%）	消防本部名	グループ
1	141.31	東京消防庁	1
2	128.63	枚方寝屋川消防組合消防本部	3
3	115.96	守口市門真市消防組合消防本部	3
4	115.32	横浜市消防局	2
5	114.48	川口市消防局	3
6	112.00	春日・大野城・那珂川消防組合消防本部	3
7	111.32	佐野市消防本部	4
8	109.26	京都市消防局	2
9	109.11	富津市消防本部	4
10	108.75	那覇市消防局	3
11	108.74	市川市消防局	3
12	108.69	札幌市消防局	2
13	108.19	海老名市消防本部	4
14	108.06	吉川松伏消防組合消防本部	4
15	107.54	さいたま市消防局	2
16	107.34	苫小牧市消防局	3
17	106.18	川崎市消防局	2
18	104.49	座間市消防本部	4
19	104.27	大阪市消防局	2
20	104.04	入間東部地区消防組合消防本部	3
21	103.35	熊本市消防局	2
22	102.72	吹田市消防本部	3
23	102.17	豊橋市消防本部	3
24	101.90	浦安市消防本部	3
25	101.88	相模原市消防局	2
26	101.83	船橋市消防局	3
27	101.48	稲城市消防本部	4
28	99.65	美幌・津別広域事務組合消防本部	5
29	99.50	粕屋南部消防組合消防本部	3
30	98.55	印西地区消防組合消防本部	3

〔出典〕全国消防長会（2016）「平成28年版消防現勢データ」の統計データより著者作成

図表4-13　消防力の整備指針から算定される人員数の充足率（下位50本部）

順位	消防力の整備指針から算定される およその人員数の充足率（%）	消防本部名	グループ
733	27.10	利尻礼文消防事務組合消防本部	5
732	31.47	稚内地区消防事務組合消防本部	4
731	31.64	御坊市消防本部	5
730	32.95	坂出市消防本部	5
729	33.45	金武地区消防衛生組合消防本部	5
728	33.56	立山町消防本部	5
727	33.86	勝山市消防本部	5
726	35.32	紋別地区消防組合消防本部	5
725	36.40	善通寺市消防本部	5
724	37.22	不破消防組合消防本部	5
723	38.07	北留萌消防組合消防本部	5
722	38.12	隠岐広域連合消防本部	5
721	38.33	中津川市消防本部	4
720	38.90	串間市消防本部	5
719	39.15	氷見市消防本部	5
718	39.79	新川地域消防本部	4
717	39.83	白浜町消防本部	5
716	39.90	水俣芦北広域行政事務組合消防本部	5
715	40.08	上野原市消防本部	5
714	40.15	多度津町消防本部	5
713	40.21	小松島市消防本部	5
712	40.51	三笠市消防本部	5
711	40.75	士別地方消防事務組合消防本部	5
710	40.81	富山県東部消防組合消防本部	4
709	40.87	上川北部消防事務組合消防本部	4
708	41.06	岩倉市消防本部	5
707	41.12	見附市消防本部	5
706	41.18	みよし広域連合消防本部	5
705	41.50	留萌消防組合消防本部	5
704	41.78	知多市消防本部	4
703	41.89	壱岐市消防本部	5
702	42.22	蟹江町消防本部	5
701	42.30	対馬市消防本部	4
700	42.42	恵那市消防本部	5
699	42.68	いちき串木野市消防本部	5
698	42.72	大野市消防本部	5
697	42.79	新宮市消防本部	5
696	42.80	苅田町消防本部	5
695	42.81	下松市消防本部	5
694	42.92	石垣市消防本部	5
693	43.47	丸亀市消防本部	4
692	43.57	大月市消防本部	5
691	43.76	羽島郡広域連合消防本部	5
690	43.89	南越消防組合消防本部	4
689	44.19	南宗谷消防組合消防本部	5
688	44.27	枕崎市消防本部	5
687	44.31	岩内・寿都地方消防組合消防本部	4
686	44.37	仁淀消防組合消防本部	5
685	44.62	幡多西部消防組合消防本部	5
684	44.66	平戸市消防本部	5

図表4-14　全国消防本部における消防力の整備指針から算定される人員数充足率の規模別比較（n=733）

グループ	平均値	標準偏差	最小値		最大値	
グループ1	141.1	—	141.1	東京消防庁	141.1	東京消防庁
グループ2	92.3	14.6	63.3	新潟市消防局	115.3	横浜市消防局
グループ3	75.1	15.2	45.8	仙南地域広域行政事務組合消防本部	128.6	枚方寝屋川消防組合消防本部
グループ4	66.3	14.1	31.4	稚内地区消防事務組合消防本部	111.3	佐野市消防本部
グループ5	57.4	12.2	27.1	利尻礼文消防事務組合消防本部	99.6	美幌・津別広域事務組合消防本部
全体	66.2	16.3	27.1	利尻礼文消防事務組合消防本部	141.1	東京消防庁

〔出典〕上記2点とも、全国消防長会（2016）「平成28年版消防現勢データ」の統計データより著者作成

(3) 市町村消防本部間の財政的資源の地域間格差

　上記で見てきた、市町村消防本部が保有する組織資源の整備状況は、財政的資源の有無に起因する所も大きい。**図表4-15**は、全国市町村消防本部の予算規模の分布状況（1998年[4]）を見たものである。これを見ると、やはり財政的規模が小さい消防本部が多いことが分かる。予算額が10億円未満の消防本部が全体の57%、20億円未満に対象を広げると83%に達する。予算規模が最少の消防本部は、三宅村消防本部で1億1000万円、最大の消防本部は東京消防庁で2359億円である。ちなみに2番手の大阪市消防局は582億円なので、東京消防庁の圧倒的な財政規模が際立つ。

　ただ、消防本部の規模が大きければ、当然予算額も大きくなる。住民1人当たりの消防予算額で均して、分布を見たのが、**図表4-16**である。これを見ると、

図表4-15　全国市町村消防本部の1998年度予算の分布状況（団体数）

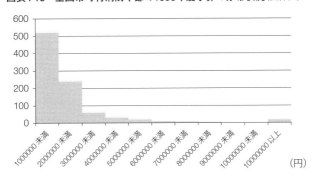

図表4-16　住民1人当たりの1998年度消防予算額の分布状況（団体数）

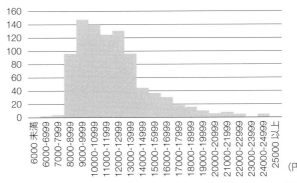

〔出典〕上記2点とも、自治省消防庁（1998）『平成10年版消防年報』の統計データより著者作成

住民一人当たりの予算が、8千円から1万4000円の辺りに、ほぼ集中しており、やや一人当たりの消防予算が少ないところに固まっているように見える。

　財政的資源が不足している背景としては、首長部局上層部及び市町村議会の消防に対する理解不足から生じるプライオリティーの低さがある。

　また、そのような財政状況に輪をかけるのが、消防分の基準財政需要額に消防費の決算額が満たない小規模消防本部が多いという問題である。本点に関して、自治省消防庁次長を務めた鹿児島重治は、「小規模消防の財政はこれを設置している市町村の財政が貧弱であるため、極めて厳しい状態にある。消防費の大部分は地方自治体の自主財源で賄われており、地方交付税によって基準となる財政需要額が保障されているが、消防費の決算額がこの基準財政需要額にも満たないことがしばしば問題とされている[5]。」と指摘している。

　消防分の基準財政需要額の足りない部分は、消防分の地方交付税で補われるので、それを満たさない部分は、財政的に厳しい市町村が、各々別の目的に

図表4-17　消防分の地方交付税の充足状況の分布（団体数）

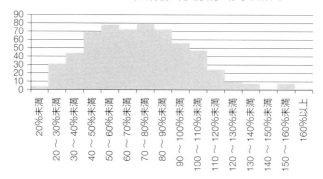

図表4-18　全国消防本部における消防分の基準財政需要額の充足率の規模別比較（n=733）

グループ	平均値	標準偏差	最小値		最大値	
グループ1	202	—	202	東京消防庁	202	東京消防庁
グループ2	109.1	17.3	76.3	堺市高石市消防本部	137.0	千葉市消防局
グループ3	101.9	27.5	54.2	大崎地域広域行政事務組合消防本部	194.0	厚木市消防本部
グループ4	91.8	33.4	35.0	大隅曽於地区消防組合消防本部	225.0	熱海市消防本部
グループ5	94.6	42.7	22.0	越智郡島部組合消防本部	425.0	三宅村消防本部
全体	95.2	38.7	22.0	越智郡島部組合消防本部	425.0	三宅村消防本部

（出典）上記2点とも、自治省消防庁（1998）『平成10年版消防年報』の統計データより著者作成

使っているということになる。本来の趣旨からすると、算定時の目的に沿って用いることが望ましいが、地方交付税は使用用途が決まった紐付き財源ではなく自主財源なので、このように市町村が別の用途に使うことも可能である。**図表4-17**は、全国消防本部における消防分地方交付税の充足状況（平成7年度[6]）を見たものである。これを見ると、充足している消防本部が16%なのに対し、未充足の消防本部は84%でかなりの割合に上る。

　図表4-18は、消防分の基準財政需要額の充足率の平均、標準偏差、最大値、最小値を、前述の組織規模別分類で、見たものである。これを見ると、グループ4、5の準中規模消防本部や小規模消防本部において、消防分の基準財政需要額の充足率の平均が、他グループに比べ低調であることが分かる。

(4) 小規模消防本部の多さ

　このように、小規模消防本部は、保有する消防資源が少ない傾向が見られるが、特に人的資源不足は、消防活動に様々な弊害を生じさせる。前述の通り、職員数が30名以下の消防本部も存在する（**第3章**の**図表3-5**）。すべて、町村が単独で消防本部を運営しているケースである。

　消防は、交代制を採っている。二交代制か三交代制のいずれかであるが、大規模な消防本部以外は二交代制を採る場合が多い[7]。前述の通り、隔日勤務の二交代制で1隊5名編成の消防隊の場合、最低15名メンバーが必要となる。救急隊の場合は、1隊3名編成なので、9名程は必要となる。よって実際の実働人数は、職員の総数よりも少なくなる。例えば、三宅村の消防本部の人的資源では、ぎりぎりで消防隊か救急隊いずれか1隊をやっと運用できる規模である。

　東京消防庁や人的資源に余裕のある大規模消防本部は三交代制を採用しているが、このような小規模消防本部では、火災や救急事案が同時に複数件発生した場合は、消防救急関係なく乗り換え運用で消防隊も救急活動を、救急隊も消防活動を行わなければならない。また、消防の仕事は、消防や救急のみではない。予防や火災原因調査もある。よって極めて少ない人数ですべてに対応しなければならず、専門性を深められないという事態が生じる。更に、小規模消防本部の人的資源不足は、平常時において救急においては救急隊不足による救急サービスの需要と供給のアンバランス、予防においては人員不足による立入検査の不徹底を引き起こしている。また大規模自然災害時の応急対応における市町村公助の役割を、小規模消防本部がすべて担うのは事実上不可能である。

以下で、小規模消防本部の保有する消防資源不足が、どのような弊害をもたらすか、見ていきたい。

◇3
平常時の市町村公助の現状と課題

(1) 警防

　平常時の消防の主要な業務として、警防、予防、火災原因調査、救急がある。また市町村の防災行政にも、平常時から消防本部が大きく関わっているケースがある。これらの業務の現状と課題について、前述してきた小規模消防本部の保有する消防資源不足という問題も絡めながら見ていきたい。

　まず警防活動であるが、これは消防の最も古くからの業務で火災に対する消火活動や、事故等の救助（レスキュー）活動のことである。災害時の応急対応等もこの業務に含まれる。戦前は、わが国の消防行政に予防や火災原因調査という概念は無かったので、警防活動が消防の業務のほとんどを占めていた[8]。

　2016年度の出火件数は3万6831件、建物焼損床面積は102万6481㎡で死者数は1452人、損害額[9]は752億3339万円である。1日当たり101件の火災が発生したことになる。出火の構成を見ると、建物火災が全火災の57％を占め圧倒的に高い。ただし火災による被害は、出火件数も死者数も被害額も年々減少傾向にある（**図表4-19**）。これは、予防消防の取組みと、建物の不燃化でわが国の火災による被害は大きく減少したからである。

図表4-19　火災件数、火災による被害・損害の時系列的変化（件）

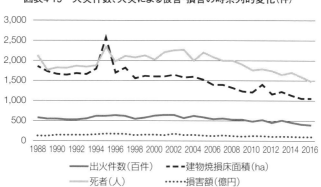

〔出典〕自治省消防庁・総務省消防庁（各年度）『消防白書』の統計データより著者作成

図表4-20　全国消防本部における人口1万人あたりの火災件数の規模別比較(n=733)

グループ	平均値	標準偏差	最小値		最大値	
グループ1	2.96	—	2.96	東京消防庁	2.96	東京消防庁
グループ2	2.44	0.50	1.76	新潟市消防局	3.97	奈良県広域消防組合消防本部
グループ3	3.02	1.13	1.00	茨木市消防本部	7.54	備北地区消防組合消防本部
グループ4	3.58	1.44	0.74	小松市消防本部	8.67	阿蘇広域行政事務組合消防本部
グループ5	4.21	2.20	0	歌志内市消防本部	14.45	金武地区消防衛生組合消防本部
全体	3.63	1.75	0	歌志内市消防本部	14.45	金武地区消防衛生組合消防本部

〔出典〕自治省消防庁・総務省消防庁（各年度）『消防白書』の統計データより著者作成

　一方、人口1万人あたりの火災件数を前述の5グループに分け、規模別比較を行ったのが**図表4-20**である。グループ1から5にかけて、消防本部の規模が縮小するに従い、人口当たりの火災発生件数の平均が大きくなる傾向にあることが分かる。これは、小規模消防本部の管轄区域では、大都市部に比べ予防体制の整備が遅れていることが背景にある。小規模消防本部は、消防職員、装備等の保有消防資源も少ないので、広域に集落が散在するような中山間地域を中心に初期消火等で消防団に依存する傾向が強い（圏域内補完）。ただ現在、このような小規模消防本部の存在する地域の多くでは、過疎化や住民の高齢化が進んでいる。消防団員数の減少や団員の高齢化で、今後消防団に警防活動で依存する体制を、中長期的には維持出来なくなる可能性が高い。

(2) 予防

　次に、予防消防活動について、見ていきたい。予防消防とは、「火災から国民の生命、身体及び財産を保護するため、消防法令に基づき、出火防止のための対策や、火災発生時の人的・物的被害の軽減を図るための各般の施策を講じることにある[10]」と消防白書は説明する。つまり火災発生時の被害軽減のため消防法の順守を国民に求めるための様々な取り組みや、法の順守状況のチェック、是正が予防消防の主な仕事である[11]。

　44人の焼死者を出した2001年9月1日の「新宿・歌舞伎町明星56ビル」火災後、全国の消防本部が約8000施設で行った査察で、問題が無かった施設はわずか8%で、9割を超える防火対象物が何らかの消防法上の違反をしているという事実が明らかになった。また、同年10月29日に出火し、7人の死傷者を出した「歌舞伎町三洋ビル」では、1月の査察では21件の違反が指摘されていたが、

その後改善されたかどうか東京消防庁は掴んでおらず違反是正の追跡をしていなかったことが判明した。その後、わが国の予防消防は、大きく改善されたが、まだ十分とはいえない。防火対象物への査察等を実施していたのに、何故このように放置された違反が存在するのであろうか。

　総務省消防庁の統計によると、火災の予防にあたる専従職員の充足率は全国平均で7割弱。予防査察の実施率も31.4%（1999年度）と非常に低い。予防査察の実施率の低さや、違反の放置は、やはり慢性的な消防本部の人的資源不足に起因している。予防に廻る人員を確保するのが難しく、そのため十分な予防業務が行えないのである。また予防を他の消防業務と兼務で行っている消防本部も多々存在する。予防は専門的法律知識が不可欠であり、執行に携わる消防吏員の能力向上を目指して予防技術資格者制度が消防力の整備指針第34条第3項の規定に基づき導入されたが、予防専従職員が少ないことには変わりなく、人的資源の不足は即予防業務の遂行に支障をきたし、見廻る人手が少ないので、違反が放置され続ける要因となっている。

　北村喜宣によると、市町村消防は、消防法違反が見つかっても、行政命令を回避しがちである。命令の発動は全国でも年数件あるか無いかで、非常に少なく、政令指定都市等の大都市消防に限定される。そして行政指導を根気よく繰り返して、改善しようとする傾向が強い。その理由は、行政命令を出し、裁判

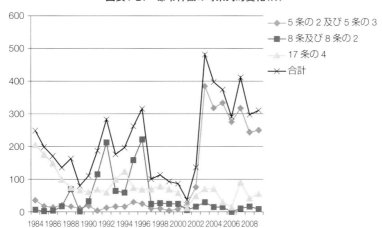

図表4-21　命令件数の時系列的変化（件）

〔出典〕自治省消防庁・総務省消防庁（各年度）『消防白書』の統計データより著者作成

になった場合、裁判対策に割く人的余裕がほとんどの消防本部にはないことと、市町村消防が地方政治家からの圧力に弱いからである。また、行政命令を出し、地元企業の活動を停止させることは、市町村レベルでは、地元経済への直接的なダメージにつながりかねないとし、母体となる市町村の基盤的脆弱さと地元密着性による法執行への影響を指摘している（北村 1995）[12]。

　ただし現在消防法が定める防対対象の予防に関する行政命令としては、5条の2及び5条の3、8条及び8条の2、17条の4がある。特に、5条の2は「消防長又は消防署長は、防火対象物の位置、構造、設備又は管理の状況について次のいずれかに該当する場合には、権原を有する関係者に対し、当該防火対象物の使用の禁止、停止又は制限を命ずることができる」とする消防に認められた強力な権限である一方、訴訟リスクから従来は年数件であった。それが**図表4-21**を見ると分かるように、2001年の「新宿歌舞伎町明星56ビル火災」以降、行政命令件数（特に5条の2命令）が急激に増えている。ただこれは、大都市の消防本部の行政命令が増加しているだけで、小規模消防本部の行政命令件数は相変わらず少ないままである。

(3) 火災原因調査

　火災原因調査は、類似火災の再発予防と消防戦術等に反映させるための情報収集を目的とする消防業務である。火災原因の調査は、消防だけでなく警察も行う。警察の事件捜査と消防の火災原因調査との決定的な違いは、その目的が犯罪性（放火）の有無を明らかにする点にあることである[13]。よって、火災原因に事件性がないと判断した場合は、警察はすぐ現場を引き上げる。根拠法令も全く異なる。

　火災原因調査では、火災の原因を特定するため、火災の再現実験等の研究機材や実験環境が必要となる場合がある。大都市消防本部は、独自の研究所を設置している場合があるので、そこで鑑定を行うことが出来る。一方、小規模、中規模の消防本部の場合、このような実験機材や環境といった組織資源や、実験を行って火災原因を検証する人的資源、情報資源が乏しい。特に、専門性を持って活動できる調査員の育成が困難な状況がある。そのため、小規模消防本部では不明火（火災原因が特定できない火災）が多い。これは、火災原因が特定できない火災は不明火として処理される場合が、小規模消防本部では多いからである。

（4）救急

① 救急要請の増加

　救急は、1964年の消防法改正で、新たに消防の事務に加えられた行政分野である。それ以前から消防は救急業務を行っていたが、それは事実行為として行っていたもので法の根拠は無かった。よって消防の中では、比較的新しい業務であるが、高齢化社会等の救急需要の急増によって、消防行政の中でも極めて重要な行政分野となっている。現在、この救急体制においては、小規模消防本部のみならず、全国的な傾向として深刻な状況が発生している。救急需要が年々増加し（図表4-22）、すべての救急需要に対応できない事態が発生しつつあるのである。更に、2006年〜2016年の10年間の人口1万人当たりの平均救急出動件数を、前述の5グループに分けて時系列的に見たのが、図表4-23である。全体的に、どのグループにおいても増加しているが、特にグループ5の小規模消防本部において、増加が急激していることが分かる。小規模消防本部における、救急の窮状を示すものである。

　全国的な問題の一つは、傷病者を医療機関に搬送するまでの時間の増加である。図表4-24のように、救急サービスの需要は毎年、右肩上がりで増加している。背景には、高齢化や自動車事故、成人病等の増加と共に、搬送先医療機関の確保困難と救急要請数の増加がある。救急の需要に十分に対応出来ない地域では、

図4-22　救急出動件数の時系列的変化（件）

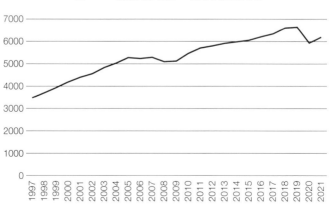

〔出典〕自治省消防庁・総務省消防庁（各年度）『消防白書』の統計データより著者作成

最寄りの救急自動車が出払った結果、現場到着に手間取るケースも出てきている。119番してから現場に救急隊が到着するまでの時間の全国平均は、2021年度で9.4分である[14]。一般に緊急を要する患者を救命するためには、5分以内に救命処置を施さねばならないと言われており、すでにその時間を上回っている。

特に搬送先医療機関の確保困難は、救急搬送先の遠距離化や現場待機時間の増加による稼働可能救急隊の実質的減少を発生させ、悪循環に拍車をかけている[16]。その要因としては、医療機関に関する情報の不確実性等様々な要因が挙げられている[17]。救急要請増加の問題で特に問題とされるのが、医療機関へのタクシー代わりに救急自動車を要請する悪質な利用者の存在である[18]。

図表4-23　人口1万人当たりの救急出動件数の規模別時系列的変化（件）

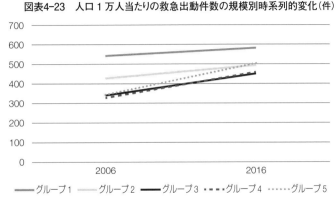

〔出典〕全国消防長会（2006、2016）「平成26年度版・平成28年版消防現勢データ」の統計データより著者作成

図表4-24　救急自動車の現場到着時間の時系列的推移[15]（分）

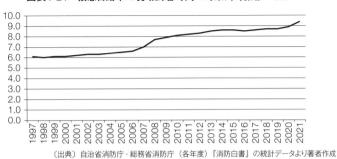

〔出典〕自治省消防庁・総務省消防庁（各年度）『消防白書』の統計データより著者作成

　救急要請件数の抑制と適正化については、広報活動による市民意識の向上が主な対策内容となっているが、救急業務の有料化の議論も近年されるようになった[19]。消防白書によると、2021年中に救急自動車で搬送した患者の内、死亡、重症、中等症の傷病者は45.2％であった一方、44.8％が入院加療を必要としない軽症・その他であった[20]。**図表4-25**は、搬送人員に占める入院加療を必要としない傷病者の割合の時系列的変化を見たものであるが、2007年の52.3％を頂点に僅かながらも減少傾向にある。行政広報の成果であると思われるが、未だ多いことに変わりはない。

　この救急要請の増加への対応として、東京消防庁が数年前から始めたのがPA連携である。通常、救急自動車は1消防署に1台配置されており、119番があった場合、最も近い消防署から駆けつけることになっている。しかし救急要請が多い地域では、最寄りの救急自動車が既に出払っている場合がある。その場合は次に近い消防署の救急自動車が出動することとなるが、それも出払っている場合等への対応である。救急自動車が出払っている場合、代わりに消防自動車が現場に出動し、救急自動車到着までの応急処置をするというものである。しかし、これは対症療法にすぎず、本質的な問題の改善には繋がらない。

　また、横浜市安全管理局（旧横浜市消防局）では、独自の救急条例を制定し119番通報時の内容で緊急度・重症度を判定し、救急搬送の必要がないと判断

図表4-25　搬送人員に占める入院加療を必要としない傷病者の割合の時系列的変化(%)

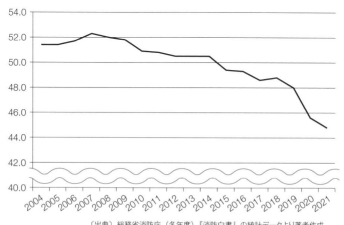

〔出典〕総務省消防庁（各年度）『消防白書』の統計データより著者作成

した場合、本人の同意を経て、医療従事者による救急相談サービスを提供するというコールトリアージ制度を導入しており、同施策は2009年度総務省消防庁の重点政策においても、「地域の救急需要に応じてトリアージ（緊急度・重症度の選別）の導入を促進することにより、真に急を要する傷病者に対する迅速な対応が可能となる体制づくりを推進する[21]」とし、今後の全国的一般化を示唆するものとなっている。一方そのような状況の下、山形市消防局では2011年にアンダートリアージ（電話口で適切な基準より低めに判断して、救急隊を出動させなかった）による死亡事例も発生した。

② 医療機関に関する情報の不確実性と搬送先問題

　二つ目に、医療機関に関する情報の不確実性と搬送先の問題である。タライ回しや、病院の受け入れ拒否等、近年急速に表面化してきた問題である。前述したように、救急自動車の119番してから現場に到着するまでの時間は2021年度中の全国平均で9.4分である。一方、「現場から病院へ患者を搬送するまでの時間」は42.8分である[22]。都市部では、現場に救急隊が到着してから1時間近くも受け入れ先病院を探して、救急自動車が現場に留まるという事態も起きてきている（特に近年はCOVID-19の感染拡大で、受入れ医療機関を探すのに時間をとられ、結果として搬送時間が長時間化する救急搬送困難事案が多発している）。救急自動車の到着時間同様、毎年遅延が拡大する傾向にある（**図表4-26**）。

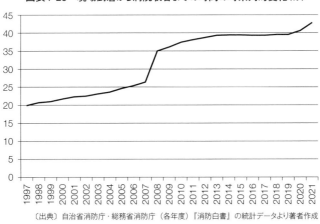

図表4-26　現場到着から病院収容までの時間の時系列的変化（分）

（出典）自治省消防庁・総務省消防庁（各年度）『消防白書』の統計データより著者作成

　図表4-26を見ると分かるように、1997年には19.9分だった現場到着から病院収容までの全国的平均時間が、2021年には42.8分と22.9分も、つまり倍以上に増加している（2020、2021年は、COVID-19の感染拡大の影響もある）。これまで都道府県は救急医療情報システム[23]を整備してきた。各医療機関が受入れ可能な患者数等の情報を院内の端末より入力することで、各消防本部がその情報を参考にして、搬送先医療機関を決めるのに利用されることが想定されていた。しかし、医療機関側が常時情報更新するのは、手間の問題等から困難であること等から、正確な情報として活用されていないケースが多かった。よって各消防本部では、普段から管内の医療機関との連絡を密にし、事前に診療科目ごとの輪番制による受入れ医療機関の確保や、輪番外でも当直医師の専門科目等の情報を入手し、また一次医療機関を介さない二次医療機関への搬送は行わない等の独自の対策を実施し、この情報を基に救急隊が携帯電話などで医療機関に傷病者情報を直接伝え、受入れ要請を行うというのが現状であった。しかし、医師不足、研修医制度の改正等の要因から、中核的な医療機関がある都市部でも診療科目によっては区域内に搬送先医療機関が存在しないケースが激増し、同様に医療機関があっても専門外等の理由によって救急対応が不可能な医療機関も増加した。そのため、より遠方の医療機関に搬送受入れ要請をせざるを得なくなっている。

　この搬送先問題は、医師数を増やすことが最も根本的な解決策である[24]。しかし当面の対策としては、より広域的な範囲の医療機関を搬送対象に加えることしかない。従来、救急隊だけによる搬送先選定活動が一般的であったが、本部による組織的な選定活動も加える等の対策が採られている。そして、メディカルコントロール協議会に関する追加的協議事項として、①傷病者の症状、傷病程度に応じた適切な病院選定等救急搬送のあり方、②円滑な救急搬送体制を確保するための受入医療体制の整備に対する提言を加えることも検討されている[25]。救急行政は、救急行政だけの問題ではなく、医療行政も関わってくる。よってこのように市町村消防本部側の資源不足を解決するだけでなく、現場の医療機関の資源不足を解決するための医療行政側の努力も求められている。ただ少なくとも、消防行政としては、市町村消防の保有する資源強化と医療機関との連携体制の強化を行う必要がある。

◇4.
大規模自然災害・事故時の市町村公助の現状と課題

(1) 大規模災害・事故時の市町村公助の現状と課題

　平常時の市町村公助について見てきたが、次に大規模自然災害・事故時の市町村公助の現状と課題について見ていく。従来の災害対策基本法の解釈では、大規模自然災害・事故時の応急対応の一次的責任は被災地の市町村にあるとされてきた。よって大規模自然災害・事故が発生した場合、地域によっては小規模消防本部が中心になって応急対応にあたらねばならない。またこの法解釈に沿えば、広域応援で救助に駆け付けた全国の消防や警察、自衛隊も市町村に設置された災害対策本部の指揮命令下に入って、事実上小規模消防本部の指揮命令下で救援活動を行わねばならないこととなる。しかし、数十人しか消防吏員がいないような消防本部に、そのような対応を求めるのは事実上不可能である。ここに従来、災害対策基本法や消防組織法が大原則としてきた大規模自然災害・事故時における被災地市町村中心の市町村公助の限界がある。被災地行政機関も、被災するのである。そのような状況下、保有消防資源の少ない小規模消防本部が、被災者の救援から応援部隊の指揮命令まですべて行うことは出来ない。

　ただ本点に関しては、1995年の阪神・淡路大震災の後に状況が大きく変わった。緊急消防援助隊の制度が創設されたからである。緊急消防援助隊は、事前登録制で市町村消防の一時的に動員可能な消防力を機能別に国に登録しておき、いざ大規模自然災害・事故が起きたときに、都道府県単位で編成し派遣されるという非常設備の部隊である。2004年4月1日施行の消防組織法の改正により、派遣に要する予算および必要な装備を整備するための予算が国から支出されるようになった。また同時に、総務省消防庁長官に部隊の出動指示権が制度上認められた。そして部隊オペレーションは指揮支援部隊と都道府県における消防応援活動調整本部のコントロールの下、被災地に設置された緊急消防援助隊指揮支援本部の指揮が行われることとなっている。

　これは緊急消防援助隊が、制度運用上の国の実働部隊となったことを意味している。つまり、緊急消防援助隊の出動指示権確立に伴い、総務省消防庁は災害時の「市町村の一次的責任の原則」を保持しつつも「市町村消防の資源を用いた緊急消防援助隊による国家的対処」へと政策転換を図ったものといえる。その結果、大規模自然災害発生後の緊急消防援助隊の出動も、東日本大震災が

100

発生するまでは、回を重ねるごとに迅速になり、大規模自然災害・事故時の市町村公助の限界を補う制度として機能してきた。

　ところが東日本大震災が発生したことで、解決済みと思われた市町村公助の限界が改めてクローズアップされることとなった。東日本大震災の特徴の一つが、被災地市町村の行政機関の多くも被災し、行政職員にも死傷者が出た点である。被災地の消防本部も大きな被害を受け、消防職員の死者は20名、行方不明者も7名、本部や消防署の全壊が5本部、半壊が1本部、一部損壊に至って24本部も生じた（図表4-27）。

　その結果、本来被災住民を助ける立場の市町村や市町村消防機関が、助けられる側に回り、被災者救助や災害復興に大きな支障が出た。これは、被災地市町村の一次的責任の原則を掲げる災害対策基本法も、市町村消防の原則を掲げる消防組織法も想定していなかった事態であった。被災した小規模消防本部の応急対応に混乱が生じることへの危惧はあっても、被災地の市町村公助が機能不全に陥る事態までは考えていなかった。また、元々市町村公助の補完として考えられた緊急消防援助隊も、東日本大震災のような広域複合災害は想定していなかった。

　このような広域複合災害では、災害発生から被災地到着までのタイムラグも当然大きくなることが予想される。緊急消防援助隊等の広域応援が到着するまでの間、被災した市町村公助で如何にして応急対応を行う体制を維持できるかが今問われている。これは、小規模消防本部だけに限った問題ではなく、災害・事故の規模によっては大規模消防本部にも例外なく起こりうる問題である。

図表4-27　東日本大震災における被災地消防本部の被害状況

消防職員故事		建物被害				車両被害		
死者	行方不明	種別	全壊	半壊	一部損壊	種別	利用不可	一部破損
20	7	本部	5	1	24	消防ポンプ車	19	1
						化学車	4	0
		消防署				救急車	13	0
						救助工作車	3	0
		分署又は出張所等	11	5	65	消防艇	1	0
						その他（広告車）	30	0

〔出典〕総務省消防庁（2011）『平成23年度版消防白書』より引用

(2) 広域応援における小規模消防本部の負担

　緊急消防援助隊による大規模自然災害・事故時の広域応援も、小規模消防本部にとって非常に負担が大きいものとなっている。東日本大震災における緊急消防援助隊の出動は、88日間にわたり総派遣人員数2万8620人、派遣部隊数7577隊、また延べ派遣人員数は、10万4093人、延べ派遣部隊数は2万7544隊にのぼった。緊急消防援助隊の制度が出来て以来初めてとなる、全都道府県の部隊がすべて出動するという事態になった。

　現在、緊急消防援助隊には、全国の消防本部（当時798本部）の98％にあたる783本部が参加し、4,354隊が登録されている。この中には、保有する消防資源が乏しい小規模消防本部の部隊も多く含まれている。これらの部隊は、小規模消防本部にとって重要な消防資源である。それを大規模災害発生時、被災地の被災者救助のために割いているのである。ある小規模消防本部職員いわく、「これまでに準備してきた出動計画とは違う想定外の出動[26]」となった東日本大震災においては、全国の多くの小規模消防本部の部隊も、被災地に出動することとなった。これは小規模消防本部にとって、大変大きな負担となった。広域応援活動が長期化すると、小規模消防本部の場合、管轄区域における平常時の日常業務（市町村公助）が回らなくなる危険性もある。

(3) オールハザード時代への対応

　まだわが国では、大規模自然災害・事故への取組みの比重が極めて大きいが、近年は、オールハザードへの対応も避けては通れない課題となってきている。1995年のオウム真理教によるサリン事件を契機に、わが国においてもNBC災害（核、生物、化学物質による特殊災害のこと）の重要性が認識されるようになってきた。それに放射性物質と爆発物による特殊災害を加えたCBRNE災害へ対応するための体制整備は、ますます重要になってきている。福島第一原発事故（2011年）のような原子力災害、鳥インフルエンザ等の感染症のパンデミック、サリン事件のような毒ガス災害は、既にわが国でも発生している。また、2001年のアメリカ同時多発テロ事件（9.11）以降は、テロへの対応強化も更に求められている。

　加えて、2004年6月に成立した国民保護法は、敵国からの武力攻撃や大規模テロといった国家的緊急事態の際、消防が都道府県から市町村への指示の下で

避難住民の誘導に当たることや、総務省消防庁長官が武力攻撃災害の防御のために出来る新たな指揮権限等を規定した。これにより、消防の任務は、火災だけでなく、武力攻撃災害からも国民の生命や財産を守る方向へ広がったと言える。

　今後、消防行政においても、時代の要請としてこれらオールハザードへの対応強化は市町村公助にとっても、避けては通れない道と言えるが、これらへの対応は、小規模消防のみならず、全国の市町村消防本部にとって荷の重すぎる課題である。

◆5.
まとめ

　以上のように、市町村消防本部の市町村公助は、平常時においても大規模自然災害・事故発生時においても、大きな課題を抱えている。特に、保有する消防資源の少ない傾向にある小規模消防本部が、全国消防本部の多数を占めていることで生じる問題は多い。まさに、総合行政主体として、市町村が従来担わなければならいとされてきた市町村公助の限界が露呈しつつある。

　その市町村公助の限界を、広域応援（垂直補完・水平補完）や共助（圏域補完）で補おうというのが、東日本大震災後の防災行政、消防行政の大きなトレンドであるように思われる。ただ、広域応援や共助も様々な問題を抱えている。次章以降で、それらの問題について見ていきたい。また市町村公助自体の強化策については、**第10章**で考察したい。

[注]

1 出動から放水開始までの所要時間が約6.5分を越えると急激に延焼率は高まることから、火元建築物1棟の独立火災での消火を行うためには、消防隊は6.5分以内に放水を開始しなければならない。消防庁の行った消防活動実態調査からは、消防隊が現場到着後に放水開始するまで2分掛かるとされている。よって、消防ポンプ自動車の現場までの走行に充てられる時間は、4.5分となる。これが走行限界時間である。消防行政では、走行限界時間に消防ポンプ自動車が到着できるエリアを「署所担当面積」と呼んでいる。

2 市町村が目標とすべき消防の整備水準を、消防庁が示したもの。

3 例えば、通常の地域と、積雪寒冷地域では、整備すべき消防ポンプ自動車の台数が多少異なる場合がある。また搭乗員数は、現場活動用無線機やホースカー等一定の資機材を備えている場合は、通常5人のところ4人で良いとされている。

4 消防庁は、全国市町村消防本部の統計データを『消防年報』に毎年まとめている。平成10年度までは、各市町村消防本部別の財政データも公開していたが、現在は公開していない。入手しうる最新の財政データを用い、分析を行った。

5 鹿児島重治（1983）『明日の消防』. 全国加除法令出版, p.75.

6 同じく、消防庁はそれまで『消防年報』に掲載していた、各市町村消防本部別の消防分の基準財政需要額のデータの公開を平成7年度で止めた。入手しうる最新の財政データを用い、分析を行った。

7 二交代制は4週8休、三交代制は3週6休となる。三交代制は交代制勤務員を3分割しなければならないので、二交代制より多くの人員が必要となる。そのため人的資源の少ない消防本部は、二交代制を採用せざるを得ない。

8 わが国の戦後の市町村消防制度を作った公安課主任消防行政官Angellは、戦前の消防活動について以下の様に言及している。「消防の主たる目的は、第一に火事が出ないようにすること、第二にもし出たら人命及び財産の損害を小さく食い止めること、第三に火災の拡大を防ぐこと、第四に火災を消すことである。日本では、これまで、消防活動にのみ重きを置いて、火事の予防が殆ど無視されて居た。」G.W.Angell（1950）『日本の消防』. 日光書院, pp.37-38.

9 消防本部は、火災原因の調査にあわせて、火災の損害についても調査を行っており、その調査結果から、損害額を算定している。焼失家屋の評価は難しいので、建築した時の建築時単価から、物価変動の係数処理による加減により、再建築時価額を算出している。損保保険会社は、部材の単価・量と工賃などを順に積算して、それに経過年の損耗程度を考慮して被害額の算出をする。

10 消防庁（2011）『平成23年度消防白書』. ぎょうせい, p.31.

11 予防消防の主な制度としては、①防火管理制度、②防火対象物定期点検報告制度、③防災管理制度、④消防同意及び予防査察等がある。防火管理制度とは、多数の人を収容する防火対象物の管理について権限を有する者に防火管理者に決めさせ、一定の防火管理上必要な業務を行わせるべきことを義務づけた制度である。防火対象物定期点検報告制度とは、一定の用途、構造等を有する防火対象物の管理権原者に対して、火災の予防に関して専門的知識を有する者（防火対象物点検資格者）による点検及び点検結果の消防長又は消防署長への報告を義務付けているものである。管理を開始してから3年間以上継続している防火対象物で、管理権原者の申請で消防機関が実施した検査により、消防法令の基準の遵守状況が優良と認定された場合には、3年間点検・報告の義務が免除される。また防火対象物が、防火対象物点検資格者によって点検基準に適合していると認められた場合は「防火基準点検済証」を、消防機関から消防法令の基準の遵守状況が優良なものとして認定された場合は「防火優良認定証」をそれぞれ表示することができる。本制度は、2002年の消防法改正で、防火基準適合表示制度（いわゆる適マーク制度）に代わって導入されたもので

ある。防災管理制度は、2007年6月の消防法改正により制度化されたものである。大規模・高層建築物等の管理権原者は、地震災害等に対応した防災管理に関する消防計画を作成しなければならない。また地震発生時に特有な被害事象の応急対応や避難訓練の実施等を行う防災管理者を選任し、火災その他の災害による被害を軽減するために必要な業務等を行う自衛消防組織の設置が義務付けられた。消防同意とは、消防が建築物の火災予防について、設計の過程から関与し、建築の安全性を高めようという制度である。ただし留意すべきは消防同意があくまで設計図上で判断するという制度であり、立ち入り検査等をするというものとは違うという点である。それに対し、火災予防のために必要のある時防火対象物に立ち入って査察が出来るという制度が予防査察である。消防法では、査察で違反が発見された場合、指示や警告、命令などの改善指導を行い、命令に従わない場合は刑事告発もできると定めている。

12　北村喜宣（1995）「執行裁量権の選択的行使と規定要因」『自治研究』. 第71巻8号〜12号

13　この火災原因調査の消防、警察での目的の相違から、時として裁判の証拠として消防の火災原因調査の資料を用いたい警察と、渡したくない消防との間で駆け引きが生じる場合がある。

14　総務省消防庁（2022）『令和4年度 消防白書』. 日経印刷, p.132.

15　救急自動車の現場到着時間の各消防本部のデータを、消防庁は公表していない。よって、規模別分析が出来なかった。

16　総務省消防庁（2008）「平成19年救急・救助の概要」. 総務省消防庁, p.37.

17　玉井文洋(2008)「二次救急医療施設から見た救急医療/体制の危機」『プレホスピタル・ケア』84号. 東京法令出版. pp.36-41.

18　救急要請の増加に対し、救急隊を大幅に増やすことは困難な状況である。救急医療の高度化に対応した高規格救急自動車は、1台およそ2000万円もする。仮に救急隊を1隊増やすとなると、8から9人の救急隊員が新たに必要ということになる。また最近は、民間の救急会社も出現し始めた。これら民間の業者が主に行っている業務は、救急搬送ではなく転院搬送（病院から病院への患者の搬送）である。もともと転院搬送は、一部救急、一部個々の病院の車両で実施されていたが、これらの民間業者はそれを代わりに行おうしているのである。よって救急の多少の負担減にはなるが、根本的な解決には繋がらない。すでに東京消防庁は、転院搬送の業務に関しては、すべて民間業者に任せている。もともと転院搬送は厳密な意味で救急事案か疑問が生じるところである。救急医療機関相互間の患者輸送体制が整うまでの行政サービスとして行われているのが現状である。

19　出動回数が増加の一途をたどっている救急のあり方を検討するため、東京消防庁は、2003年11月に「救急需要対策検討委員会」を設置し、病院間の搬送に、民間事業者を利用する必要性などにも踏み込んだ検討を行った。救急の有料化についても、行政機関が検討した最初の取り組みである。検討委員会では救急の有料化については、「救急需要の抑制策として、救急の有料化を図る必要があるのではないかとの意見があった。……（一方、）……等々の法的・社会的背景などから、現状では救急業務の有料化は難しい実態にあるとした否定的な意見が多かった。こうした意見を踏まえ、今後の救急需要の動向等を踏まえつつ、将来的な課題として慎重な検討が望まれる」と、継続的な検討課題とした。

20　総務省消防庁（2022）前掲書, p.132.

21　総務省消防庁（2008）『平成20年度 消防白書』. ぎょうせい, p.331.

22　総務省消防庁（2022）前掲書, p.132.

23　これらの医療機関に関する救急患者の受け入れ態勢は、県単位での救急医療情報システム等により管理され、消防本部の端末で確認できる体制になっており、傷病者の搬送先選別に際して利用可能な体制に一応なっている。

24　救命効果を欧米並みに高める為には、傷病者の付近にいる住民（バイスタンダー）による１次救命
　　処置の普及も重要である。
25　消防庁救急企画室（2008）「救急業務高度化推進検討会報告書の公表」『消防の動き』６月号.
　　消防庁総務課, pp.4-5.
26　兵庫県猪名川町消防本部職員ヒアリング（2011 年 6 月 30 日）

第5章

消防行政における
中央地方関係と上下から
の垂直補完の分析

◇1.
国の消防機関と大都市消防本部の関係

　第4章で見てきたように、保有する消防資源が少ない小規模消防本部が多数存在する中、市町村中心の消防行政においても、国の役割が極めて重要である。では、わが国の消防行政における中央地方関係と垂直補完体制は、どのようになっているのであろうか。消防行政において特徴的なのは、国の保有する資源の少なさである。それが、国の垂直補完の限界にもつながっている。本章では、国レベルの消防組織の保有する消防資源及び、中央地方関係、垂直補完の現状を明らかにしたい。

　戦後、国レベルの消防機関は、官設消防署を失い、大きく保有する組織資源量が後退した状況からの再スタートとなった。またGHQも、地方自治の観点から国の消防機関の権限を制限し制度設計をした。そのため、国の消防機関は、警察行政とは異なり、市町村消防に対する指揮命令権も、災害時のオペレーション機能も持たない、法的資源の少ない組織となった。一方、大都市部の消防本部は、戦前の官設消防の組織資源を受け継ぎ、また自治体消防制度の下で法的資源も強化された状況からの戦後スタートとなった。その結果、消防行政における中央地方関係においては、他行政分野とは異なり、国よりも地方の大都市消防本部の保有する資源の方が勝る状況が生じることとなった。そして、国の消防機関は、法的資源不足と組織資源不足を解消するため、徐々に必要資源を保有する大都市消防本部への資源依存を強めることとなる。また大都市消防本部の中でも、戦前の警視庁消防部の組織資源をすべて受け継いだ東京消防庁は、消防組織間のネットワークの中でパワー優位性を持つこととなり、国の不足した様々な資源を補完する上で、極めて大きな役割を果たすようになる。

　以下で、更に詳細な分析を行いたい。なお、本章では、資源依存アプローチ（Resource Dependency Approach）の知見も一部用いながら、Rhodesが分類した組織が必要とする5つの資源、①法的資源、②財政的資源、③政治的資源、④情報資源、⑤組織資源に、可能な範囲で当て嵌めて分析を行う。また消防庁の人的資源（組織資源の一つ）の分析には、内政関係者名簿（1973年〜2003年）、自治省職員録（1961年〜2003年）、全国消防長会会報（1961年〜2003年）、北海道消防関係職員録（1994年〜2004年）に掲載された各年度人事データを、データベース化し分析を行った。

◇2.
消防庁の保有する資源不足

(1) 消防庁の法的資源

　まず国の消防機関が保有する資源不足を、法的資源の側面から見てきたい。戦後、わが国の中央レベルの消防機関は、国家消防庁、国家消防本部、自治省消防庁、総務省消防庁と変わってきているが、消防組織法は市町村消防に対する、国の消防機関の指揮命令権を一貫して認めていない。国の消防機関は助言や指導、調整等のみを行う指導機関にとどまる。

　戦前まで消防行政を行っていた警察行政と比較すると、警察行政が都道府県警察ではあるものの国家警察的色彩が強く、都道府県警察本部に対する指揮命令権を都道府県公安委員会ではなく警察庁が持つのとは対照的である。また国の消防機関は、実働部隊も保有せず、災害時のオペレーション機能も無い。企画・立案、各種法令・基準の策定のみを行う政策官庁である。長年、政策実施官庁ではなかった[1]。この状況は、1960年自治庁が省に昇格し、自治省の外局として消防庁が位置付けられ、地方行政の一環として消防行政が行われるようになってからも変わらない。

(2) 消防庁の財政的資源

　第二に、財政的資源であるが、市町村消防本部と同時に、1947年に国レベルの消防機関が発足した当初は、保有する財政的資源は少なく、市町村消防本

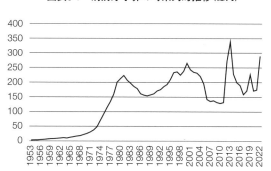

図表5-1　消防庁予算の時系列的推移(億円)

〔出典〕自治省消防庁・総務省消防庁（各年度）『消防白書』の統計データより著者作成

部への補助金制度が消防組織法に定めらたにも関わらず、国は補助金の財源確保にも苦労する状況であった。法律制定後、数年は補助金の交付は皆無であった[2]。1950年度版『消防年鑑』によると、「現在のところ遺憾^{なが}ら国庫からは、消防に対し補助金はほとんどない状況である[3]。」と述べている。**図表5-1**は国家レベルの消防機関（国家消防庁、国家消防本部、自治省消防庁、総務省消防庁）の予算と、その国の一般会計予算に対する割合を時系列的に見たものである。消防庁予算は、1970年代末までは右肩上がりで増加しているが、その後減少に転じ、また阪神・淡路大震災（1995年）後に増やされるが数年でまた減少傾向となり、東日本大震災の直前には、1970年代前半並みにまで減らされていた。また国家予算総額に占める割合も、1970年代末に0.5%だったのを最高に、東日本大震災（2011年）前には0.1%前後にまで下がっている。その後東日本大震災の影響でまた増加に転じ、2013年度の予算総額は約338億円と史上最大の予算規模となっている。しかし、その後再び減少傾向に転じ、2022年の予算総額は約129.7億円である。ちなみに、警察庁の2022年度の予算は3112億円で、消防庁予算の約24倍近くである。また、東京消防庁の2022年度予算も、2540億円で消防庁の19倍以上の予算規模を持つ。

(3) 消防庁の政治的資源

　第三に、政治的資源であるが、政治的資源とは、第1章でも説明したように、政策決定過程への参加や、政治家を動員しての資源調達能力のことである。目標を実現する上で、政治的側面からの後押しがどれだけ得られるかという資源で、消防庁のために動いてくれる政治家が、主にそれに該当する。

図表5-2　国会審議における「消防」と「警察」の使用頻度（件）

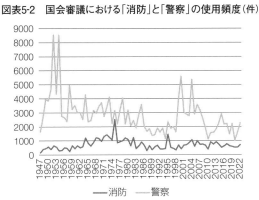

〔出典〕国会会議録検索システムの検索データより著者作成

　これは、前述の財政的資源の獲得能力ともつながってくる資源である。政治的資源を定量的に分析するのは難しいが、**図表5-2** は国会における審議において、「消防」と「警察」というキーワードが、その年度中に何度語られたかを時系列的に見たグラフである。

　これを見ると、圧倒的に「警察」というキーワードの方が、国会の場で多く取り上げられていることが分かる。2022年度は、消防が194件なのに対し、警察は424件である。ただ本省の自治省や総務省自治行政局からは、多くの国会議員や都道府県知事、政令指定都市市長等を輩出しており、その中には消防庁への在籍経験者も存在する（**図表5-3**）。**図表5-3** は、過去に31年間（1973年〜2003年）に消防庁に在籍経験がある自治官僚・総務官僚の国会議員へのリクルート状況（各年の在籍数を平成元年から15年の間で集計した）を見たものである。内政関係者名簿（1973年〜2003年）の人事データより分析を行った。これを見ると、消防庁在籍経験者の国会議員が最も多い年で8人、最少の年でも3人と、それなりの人数の政治家を常時輩出していることが分かる。

図表5-3　消防庁に過去に在籍した官僚の国会議員へのリクルート状況（人数）

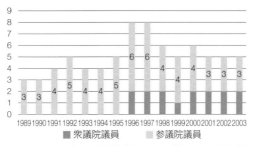

〔出典〕国会会議録検索システムの検索データより著者作成

図表5-4　日本消防協会歴代会長の政治家キャリア

代	会長名	政治家キャリア	消防庁キャリア
1	高橋龍太郎	参議院議員	
2	岡本愛祐	参議院議員	
3	大野伴睦	衆議院議員	
4	青木正	衆議院議員	
5	川島正次郎	衆議院議員	
6	赤城宗徳	衆議院議員	
7	笹川良一	衆議院議員	
8	徳田正明		
9	片山虎之助	参議院議員	1987年消防庁次長
10	高木繁光	北海道議会議員	
11	秋本敏文		1995年消防庁長官

〔出典〕日本消防協会HP（http://www.nissho.or.jp/）、地方財務協会（1988〜1996）「内政関係者名簿」の人事データより著者作成

　特に、全国の消防団は、政治家にとって大きな票田ということもあり、有力国会議員が消防団の上部団体である日本消防協会の会長を務めることが、比較的近年までは慣習化してきた（**図表5-4**）。

　日本消防協会は、戦前は日本帝国消防協会といい、消防行政における組織関係の調整を行う組織間調整機構であった。そして、組織間の調整のみならずロビー活動も行っていた。戦後は市町村消防となり、常備化が進展する中で、全国消防長会が消防行政における組織間調整機構としての主な役割を引き継いでいるが、未だに政治的資源は保持している。歴代の日本消防協会の会長経験者のうち、総務大臣等を歴任した片山虎之助は、消防庁の在籍経験者である。ただこれらの政治資源は、直接組織票へとつながる消防団の政治資源とはなるが、消防庁の政治的資源としては必ずしもまだ十分には活用されていないように思われる[4]。

(4) 消防庁の情報資源

　第四に情報資源であるが、企画・立案、各種法令・基準の策定等の中央レベルの情報資源に関しては、消防庁が唯一潤沢に持っている資源である。一方、現場の情報資源は市町村消防本部が勝る。そして、この現場の情報資源無くしては、適切な政策立案、各種法令案の策定は出来ない。

　中央レベルの情報資源と、市町村消防の保有する現場の情報資源の交換のため、消防庁は大都市消防本部から出向組・研修組を長年受け入れてきた。消防庁は政策立案、災害対応等のため市町村消防が保有する現場の情報資源を必要とする。他に代替的供給源が無かったからである。一方、出向組・研修組を消防庁に派遣する市町村消防の側も、中央レベルの情報を自らの組織の出向職員や研修職員を通して得ることにより、消防行政の将来的動向等を予めある程度予測することが出来るメリットは大きい。

　ちなみに、警察行政の場合は、警察庁の警察官僚が、警視庁や道府県警察本部へ出向して、本部長や幹部として中枢を掌握する。また、地方警務官制度（警察法）の下、都道府県で採用された警察官（地方警察官）が警視正以上の階級になると、地方公務員から国家公務員の身分へと切替わり、地方警務官となり国の人的資源に組み込まれる仕組みとなっている。よって、都道府県警察の上層部をすべて国家公務員が占めることとなるので、現場の情報資源不足に警察庁が陥ることもない。消防庁の現場情報資源の不足は、警察行政と異なり消防

行政においては、国と地方レベルの消防機関が完全に別組織として分離していることで生じる現象である。

(5) 消防庁の組織資源

　第五に、組織資源であるが、例えば人的資源で見れば、消防庁の定員が160名（本庁123名、消防大学校37名）なのに対し、警察庁の定員は7,736人と50分の1程度にすぎない。また、消防庁は一部の技官（以前は消防研究所、現在は消防大学校消防研究センターの研究者）を除いては独自の採用を行っておらず、消防庁の職員は本省（旧自治省、総務省自治行政局）から旧自治官僚や総務官僚が異動して来て、2、3年で帰るポストとなっている。要するに、消防庁プロパーの職員は、少数の技官（彼らも身分は消防技官では無く、総務技官）以外いないのである。無論、本課題は総務省消防庁も認識していると思われ、技官を従来の技官関係のポスト(消防研究センター等)のみならず、事務関係のポストや都道府県、市町村、町村消防本部へ出向させて、ゼネラリスト的能力の向上、強化に務めているが、そのような消防行政に精通した人的資源は消防行政の重要性から考えるにまだ不十分であるように思われる。

　その結果、人員数が少ないという人的資源の量的問題もあるが、消防行政に精通し的確な政策決定を行える人材が少ないという、人的資源の質的問題も生じる。前項の、国の現場情報資源の不足とも絡む問題である。現場の情報資源のみならず、消防の専門的知識や経験を持った人的資源の獲得という視点から、消防庁が大都市消防本部からの出向組・研修組の受け入れを行っている側面もある。

　また、消防庁は、災害対応の実働部隊や装備を持たない。このことも消防庁の災害時のオペレーション機能を大きく制約する要因となっていた。阪神・淡路大震災では、消防庁が現場での被災者救援等のオペレーション活動を行えないことに対する批判があった。そこで消防庁は、緊急消防援助隊制度を作り、市町村消防が災害時に被災地に派遣可能な部隊を事前登録させ、災害発生時に消防庁長官の出動指示の下、都道府県ごとに部隊を編成して出動する緊急消防援助隊の制度を作った。緊急消防援助隊は、事実上の消防庁の実働部隊であるが、自ら実働部隊を持たない消防庁が、市町村消防の組織資源（装備や人的資源）を災害時のオペレーション活動に用いるための、消防庁による市町村消防本部に対する組織資源依存の仕組みともいえる。

◇3.
消防庁の資源不足が中央地方関係に与える影響

(1) ナショナルミニマムよりローカルオプティマムが優先された消防行政

　戦後、大都市消防本部に資源のほとんどを奪われ、再スタートすることとなった国の消防機関は、更に消防組織法で助言・指導、調整等のみ行う指導機関とされて、法的資源を限定された。加えて、財政的資源の制約から、市町村消防本部を政策誘導するための、財政的インセンティブにも限界がある。このように、消防行政においては、国が必ずしもパワー優位性を持たないため、ナショナルミニマム（国の保障する最低水準）よりローカルオプティマム（地域が選ぶ最適水準）が優先される傾向が強い。

　それを象徴的に表していたのが、国が市町村消防に対し示す最低限度の整備基準であった「消防力の基準（1961年消防庁告示第2号）」の充足率である。消防力の基準は、典型的なナショナルミニマム（国が保証する公共サービスの最低水準）政策で、消防庁が全国の市町村消防に対し、市町村の人口規模により最低限度整備するべき職員数や消防署所数、消防ポンプ自動車数等の基準を示したものである。ところが、例えば1993年度の消防ポンプ自動車の整備目標は、92%の消防本部が充足していないという状況であった[5]。**図表5-5**は、消防力の基準（消防ポンプ）充足状況の度数分布を見たものであるが、ほとんどの消防本部が基準を充足していない状況が見えてくる。

　市町村が、国の基準を守らなかった背景としては、よく「わが国の実情に合

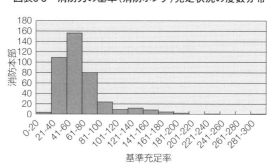

図表5-5　消防力の基準（消防ポンプ）充足状況の度数分布

〔出典〕自治省消防庁（1993）「1993年度消防年報」の統計データ6著者作成

わなかったから」という説明がなされる。ただ現実には、国の財政措置を伴わなかったことと、国が改善指導しか出せなかったことが、大きな要因の一つであるように思われる。消防庁の保有する財政的資源の不足から、基準充足のための財政的インセンティブまで伴うことが出来なかった。また、法的資源の制約から、法的ペナルティーを伴わない改善指導しか消防庁が行えなかったことで、消防力の基準に従う市町村消防は極めて少なかった。前章でも見てきたように、小規模消防本部の保有する消防資源は少ない傾向にある。その背景には、大都市部の消防と異なり、戦後ゼロから整備を開始しなければならなかったという歴史的経緯がある。それに加えて、国の基準が守られず、各市町村の判断で消防力整備が推進されたことも要因として大きい。消防力の基準が守られなかったのは、消防に配分する財政的資源が不足していたといった市町村側の事情や、消防力の基準自体が、実際には消防の現場で広く行われていた兼務体制を考慮していないことで、厳しすぎた基準であった側面もある。

(2) 人的資源の市町村消防からの獲得

① 消防行政に精通した人的資源不足が生じた背景

　前述した通り、国の消防機関の情報資源、組織資源（特に人的資源）不足は、市町村消防からの出向者・研修生でそれを補おうという、国の市町村消防に対する人的資源の依存へとつながった。何故、中央における人的資源不足が生じたのか見ていきたい。

　本省である、旧自治省や総務省自治行政局は、消防庁のプロパー職員の採用を行わず、更に消防行政の専門性を持った事務官の育成も行わない[6]ので、外局である消防庁は本省からの出向組が比較的短期間在籍して、また異動するポストとなっている。

　消防庁は、定員160名と小規模な組織である。人事ローテーション等を考えると、プロパー職員の採用や長期間の在籍は、確かにキャリア組官僚にとっては、いくつか支障がある。何故ならば、わが国ではキャリア組官僚はジェネラリストとして素養が求められ、短期間で複数の部署を異動し、総合的な視野で政策立案が可能となるような育成人事が行われるからである。一方、ノンキャリア組官僚は、特定の行政分野に秀でたスペシャリトとしての能力が求められ、省内の育成人事でも一度特定の部署に配属されると、長期間在籍させる育成人事が一般的である。そのような視点からいえば、ノンキャリア組官僚を長期間

消防庁に在籍させれば、消防行政に精通した人的資源不足は生じない。ところが、消防庁においては、ノンキャリア組官僚もその多くが比較的短期で本省に戻ってしまうため人的資源不足が生じることとなる。

　図表5-6、5-7は、過去43年間に消防庁に在籍した全職員の人事データを、データベース化して、何年在籍した職員がどれだけいるかを、キャリア職員、ノンキャリア職員に分け分析を行ったものである。本データベースは、「内政関係者名簿（1973年～2003年）」よりキャリア職員の人事データを、また「自治省職員録（1962年～2003年）」よりノンキャリア職員の人事データをすべて抽出し、43年間に消防庁に在籍したすべての職員の本期間中の各年のポストをデータベース化したものである。

　これを見ると、キャリア組もノンキャリア組も、消防庁への在籍年数が3年以内の職員が7割前後を占める。消防庁の場合は、キャリア組官僚＝ジェネラリスト、ノンキャリア組官僚＝スペシャリストという一般的構図が、必ずしも当てはまらない。キャリア組官僚もノンキャリア組官僚も、その多くが2年から3年ほどの短期間で本省に戻ってしまう。つまり、ノンキャリア組のキャリアパターンが、消防庁の場合特異である。消防庁に長年在籍し、消防行政のスペシャリストとなったノンキャリア組が、ほとんど存在しないのである。自治省も総務省も、消防行政に精通した事務官をほとんど育成しておらず、結果国レベルに消防行政の精通した人的資源が不足するという状況が生じる。このような状況が生じた背景としては、消防行政が消防庁の本省である自治省や総務

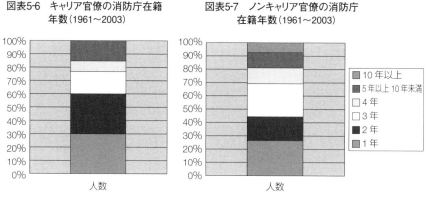

図表5-6　キャリア官僚の消防庁在籍
　　　　 年数（1961～2003）

図表5-7　ノンキャリア官僚の消防庁
　　　　 在籍年数（1961～2003）

凡例：
- 10年以上
- 5年以上10年未満
- 4年
- 3年
- 2年
- 1年

〔出典〕上記2点とも、全国消防長会『全国消防長会会報（1961～2003）』、「内政関係者名簿（1973
　　　　 ～2003）」及び、「自治省職員録（1962～2003）」の人事データより著者作成

省の行う、地方行政の中でも特殊性が高く、一方プロパー職員を育成し人事ローテーションを回していくには、消防庁の組織規模が小さいことがあると思われる。

② 市町村消防への人的資源の依存

おそらく、組織規模的に専従職員を増やすと人事ローテーションが回らなくなるという事情もあり、消防庁が長年にわたって消防行政専従の事務官の育成を行ってこなかった結果、国に消防行政に精通した人的資源が不足するという事態が生じた。またそれに伴い現場の情報資源の不足も生じる。その資源不足を補うため、消防庁は長年市町村消防から人的資源を出向や研修という人事交流の形態で受け入れ、不足した資源の獲得を行ってきた。

図表5-8は、市町村消防から消防庁への出向者・研修生数の時系列的推移を、内政関係者名簿（1973年～2004年）、自治省職員録（1961年～2004年）、全国消防長会会報（1961年～2003年）各年度人事データより割り出し作成したものである。わが国の中央地方間の人事交流は、地方分権改革までは中央から地方への出向人事はあっても、地方から中央への人事交流は研修に限定されていた。わが国の中央地方関係の有力学説である垂直的行政統制モデルにおいても、それがわが国の中央地方関係が中央集権的である根拠の一つだとされてきた。ところが、本グラフを見ると分かるように、消防行政においては、地方からの

図表5-8　市町村消防からの出向者・研修生の時系列的推移（人）

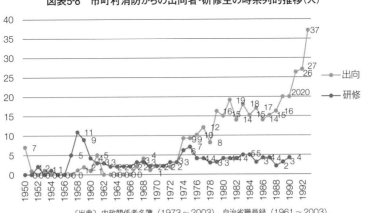

〔出典〕内政関係者名簿（1973～2003）、自治省職員録（1961～2003）、
全国消防長会会報（1961～2003）の人事データより著者作成

118

図表5-9　消防庁への人員の派遣についての初期の記事

> 　昨年（1960年）4月、消防庁では仕事（消防法施行令の作成）の内容の複雑さから、その推進に相当困難を極めることを予想して、本会（全国都市消防長連絡協議会）会員都市の職員による協力方を依頼してほしい旨申入れがあったのであるが、……六大都市の協力により全消連の名において職員を派遣することになったのである。
> 　派遣された人々は、東京より二人、五大市（大阪、京都、名古屋、横浜、神戸）より夫々一人、計七人であって何れも当該都市の中堅幹部として枢要の地位にあった優秀な人達で、これらの人達によって第一線の事情を加味した充分な各種基礎調査が行なわれ、政令の文案作成が開始されたのであるが、夫々の分担に従って内容の検討や関係各庁との折衝等にあたり、消防庁係員の間に互して成立のために尽力してきたのである。……全国自治体消防の立場からの意見を披露してその調整を図りつねに自治体の意図するところを反映せしめるべく努力し、更には政令成立の陰の力となって尽力して来た、これら人達のあったことを忘れてはならない。」

〔出典〕全国消防長会（1962）『全国都市消防長連絡協議会会報』4月20日号より引用

　出向者・研修生が長期間にわたり数多く存在することが分かる。このような他行政分野に見られない異例な中央地方間の人事交流が行われた背景には、国が保有しない現場の情報資源を地方からの出向者・研修生を通して獲得するという目的があった（下からの垂直補完）。正しい現場の情報資源なしには、的確な政策形成は行えないからである。

　この市町村消防から国への人員の派遣は、「全国消防長会会報」の記述にもある通り、1953年より国側の要請で開始されたものである。「消防庁に対する自治体からの業務応援は、1953年以来、消防庁から関係都市に対して、直接の要請、或は本会を通じての要請に基づいて、それぞれ必要な職員を自治体から派遣し協力をつづけている[7]。」市町村消防本部からのこれら出向組・研修組に期待される役割は、消防行政に関わる一般的専門知及び「現場の知」（現場の実態情報、経験知、暗黙知等）の国への提供と、（専門知を十分に持っていない）国が現場の実態とかけ離れた政策形成を行わないよう監視することであったことが、上記の**図表5-9**の記事からも見てとれる。

　ちなみに、第3章でも指摘したように、戦前も国の消防行政を担当してきた内務省警保局は、局内で消防係を育成せず、人的資源を警視庁消防部や地方官署から獲得した。消防行政特有の国による人的資源の市町村消防組織からの獲得方式の源流は、戦前の内務省警保局の、地方官署からの人的資源の獲得方式が源流であるように思われる。

(3) 市町村消防の人的資源の天上がり

① 出向者の出身組織

　では、市町村消防本部からの出向組や研修組は、どこの消防本部から来て、中央ではどのようなポストを与えられているのであろうか。本項では、その実態を見ていきたい。まず、地方から総務省消防庁及び旧自治省消防庁への、出向者の出身地方自治体を見たい。分析には、『全国消防長会会報』（1961年〜2003年）に掲載された、旧自治省消防庁及び、総務省消防庁の全職員の人事データより、出向者の出身組織を摘出した。

　図表5-10は、1961年から2003年までの43年間で、市町村消防から国へ出向した職員の出身組織一覧表である。これを見ると分かるように、市町村消防からの出向者は、原則、東京消防以外は政令指定都市クラスの大都市消防本部から受け入れるのが、慣習となっている。

　唯一、大阪府堺市だけが、当時は政令指定都市ではないのに、出向者を国に送り込んでいる。ただし、その直後に自治省のノンキャリア官僚が、堺市に出向人事で派遣されている。それを見越した、見返り人事だった可能性が高い。堺市と自治省消防庁の人事交流は、1度きりで、その後継続しなかった。例外的な事例と言えよう。当時、堺市市長は、自治省出身者であった。

図表5-10　出身自治体一覧
（1961年〜2003年）

出身組織
札幌市
仙台市
東京消防庁
横浜市
川崎市
京都市
大阪市
堺市

〔出典〕全国消防長会（1961〜2003）『全国消防長会会報』の人事データより著者作成

　本分析からは、消防の実働部隊での勤務経験を持っている、東京消防庁をはじめとした、大都市消防本部からの出向者を、国が積極的に受け入れている実態が伺える。なお東京消防庁も、市町村消防本部である。東京消防庁は、よく都消防と間違われるが、東京都の消防本部ではない。消防組織法上、都道府県消防という組織形態は認められていない。よって東京特別区（23区）を一つの市と見做し、その消防本部として東京消防庁が設置されている[8]。これらの消防本部の内、最も多く人的資源を消防庁に提供しているのは東京消防庁である。続いて、横浜市消防局、川崎市消防局の順である。

120

② 出向ポスト

次に、出向者が配属されたポスト[9]を見たい。やはり『全国消防長会会報』
に掲載された、1961年から2003年までの、過去43年間の時系列的全出向人事
データより分析を行った（**図表5-11**）。

図表5-11を見ると、消防課や危険物規制課への課長補佐での出向者が多い。
それらの分野での政策決定において、出向組が果す役割が大きいことを示して
いる。また、出向者の部局別総数で見ると、危険物規制課や防災課、予防課等
が多い。反対に、管理部門である総務課は、出向者出身の課長はいない。出向
者総数も少ない。

網掛けしているところは、総務省消防庁及び旧自治省消防庁の、課長級以上
のポストである。通常ではキャリア官僚が就くか、ノンキャリア官僚の特進組
が就くのが一般的である。特に、消防大学校の副校長は、市町村消防本部から
の出向ポストとしては最上位のポストで、課長級のポストである。このような、
国の幹部級ポストに、消防行政においては市町村消防からの出向者が、長年に
わたって就いてきたというのは、わが国中央地方関係における、人事交流の実
態から考えても、異例なことである。

また、国の政策決定において、課長級と共に中心的役割を果すのは、実は、
課長補佐級である。消防課や危険物規制課に、課長補佐での出向者が多いとい
うのは、それらの分野での政策決定において、出向組が果す役割が大きいこと
を示している。また、出向者の部局別総数で見ると、危険物規制課や防災課、
予防課等が多く、やはり現場からの情報資源をこれらの部局が、必要としてい

図表5-11　出向ポストの分類（出向者の出向部局と階級）

出向先の部局	係長未満	係長	課長補佐	課長	大学副校長	計
総務課	3	6	2	0	0	11
消防課	0	0	10	1	0	11
予防課	5	13	4	0	0	22
防災課	4	26	5	0	0	35
救急救助課	0	11	4	1	0	16
危険物規制課	5	22	11	1	0	39
消防大学校	0	0	0	2	11	13
その他	0	0	2	3	0	5
計	17	78	38	8	11	152

〔出典〕全国消防長会（1961～2003）『全国消防長会会報』の人事データより著者作成

ることが分かる。

　反対に、管理部門である総務課は、出向者出身の課長は、未だ居らず、出向
者総数も少ない。組織の中核である管理部局だけは、国の人間で押さえておこ
うという、組織管理上の国の意図が見える。なお、特に課長級以上の出向ポス
トでは、出向前の市町村消防での階級よりも、一つ上の階級に出向するケース
（天上がり出向）が、比較的見られる。これも、消防行政独特の人事交流の形態で、
国と市町村消防とのパワー関係を示すものといえる[10]。他行政分野においては、
一般的に地方（それも多くは都道府県）からの出向の場合、階級は一つ下げら
れるか、同格のケースが多い。

③ 出向経験者のキャリアパス

　市町村消防から国へ出向した、出向者のキャリアパスを見てみたい。**図表
5-12**は、東京消防庁から自治省消防庁へと、出向した人物のキャリアを見たも
のである。前述の『全国消防長会会報』の時系列的全人事データから、特に特
徴的な天上がりポストである消防大学校副校長経験者14名を抽出し、それら
の人物の出向前・出向後のキャリアパスを『職員録　下巻』（1956年〜2003年）
で調べた。そして更に、消防大学副校長経験者の内、出向後、東京消防庁のト
ップである総監になった者から、より典型的なケースをキャリアパス図にまと
めたものである。

　図表5-12のキャリアパス図を見ると、この出向者は、東京消防庁の消防署長
から、消防大学校副校長へと出向している。消防署長ポストは、東京消防庁で
は課長級ポストである。対して、消防大学副校長は前述の通り、課長級の比較
的上級ポストである。以前、自治官僚が務めていた時代には、都道府県の総務
部長（出向ポスト）を前職とするクラスが、着任していたポストである。自治
省では、課長補佐から課長になった後、課長級の任期が長い。同じ課長でも上
から下まである[11]。よってこの出向は、同格出向ではなく、一つ上のポストへ

図表5-12　消防総監経験者のケース

防災部設計管理係長→消防科学研究所第二研究室長→総務部情報処理課長→多摩消防署長
→（自治省消防庁へ出向）→消防大学校副校長・調査研究部長事務取扱→（辞職）
→参事警防課長→装備部部長→救急部部長→人事部部長→次長→消防総監

〔出典〕全国消防長会（1961〜2003）『全国消防長会会報』及び、大蔵省印刷局、
財務省印刷局（1956〜2002）「職員録」の人事データより著者作成

の出向、つまり天上がり出向であると言える。

　ここ数十年、消防大学校副校長のポストは、東京消防庁からの出向先ポストとして定着している。**図表5-13**は、1977年から2003年までの27年間における消防大学校副校長のポストにあったものの出身組織等を、表にまとめたものである。全国消防長会会報（各年度）に掲載された人事データより作成した。1980年代に入ると、本ポストが本省キャリアのポスト（課長級の上）から、東京消防庁の消防署長経験者が1年間か、2年間ほどの期間で出向して務めるポストに変化していることが分かる。そして東京消防庁のポストになってからは、継続的に消防庁出身者が本ポストを務めている。出向者の出向前ポストは、みな消防署長である。よってこのポストへの出向の全てが、天上がり出向である。

　この消防大学副校長というポストは、過去にノンキャリア官僚組でこのポストに就いている者は居ない。そのように、キャリア官僚やノンキャリア官僚、国や地方、地方でも都道府県と市町村という暗黙の序列が存在するわが国の行政組織の中で、市町村消防からの出向者が、このポストを務めるということは、異例中の異例と言える。

図表5-13　歴代消防大学校副校長の出身組織、前歴等

年	在任期間	前職	出身	備考
S54	⇕	京都府総務部長	自治省	キャリア
S55				
S56	⇕	自治省官房付兼参事官	自治省	キャリア
S57	⇕	東京消防庁消防署長	東京消防庁	
S58	⇕	東京消防庁消防署長	東京消防庁	
S59				
S60	⇕	東京消防庁消防署長	東京消防庁	
S61				
S62	⇕	東京消防庁消防署長	東京消防庁	
S63				
h1	⇕	東京消防庁消防署長	東京消防庁	
h2				
h3	⇕	東京消防庁消防署長	東京消防庁	
h4				
h5	⇕	東京消防庁消防署長	東京消防庁	
h6	⇕	東京消防庁消防署長	東京消防庁	
h7	⇕	東京消防庁消防署長	東京消防庁	
h8	⇕	東京消防庁消防署長	東京消防庁	
h9				
h10	⇕	東京消防庁消防署長	東京消防庁	
h11				
h12	⇕	東京消防庁消防署長	東京消防庁	
h13				
h14	⇕	東京消防庁消防署長	東京消防庁	
h15	⇕	東京消防庁消防署長	東京消防庁	

〔出典〕全国消防長会（各年度）『全国消防長会会報』の人事データより著者作成

　このように、消防大学副校長のポストは、市町村消防のみならず、東京消防庁からの出向ポストとしても、最上級のポストである。ところが、消防大学副校長への出向組11人のうち、東京消防庁消防総監になった者は2人のみである[12]。東京消防庁が、国への出向経験を、その後の昇進において、最重要視していないことが分かる[13]。

　また、**図表5-12**の出向経験者のキャリアパスを見ると、出向前に現場のみならず、防災部や研究所、総務部と様々な部署をまわらせている。消防という狭い分野でのジェネラリスト育成が、東京消防庁においては、出向前までに行われていることが分かる。これは、東京消防庁のみならず、その他の政令都市レベルの大規模消防本部でも、組織規模の大きいところでは、同様の育成人事が見られる。対して、中核市レベルの消防本部では、比較的早期に総務課に研修予備軍を集め、その組織規模の範囲内で、可能な限りの広い視野を持ったジェネラリスト育成が行われているようである。

④ 研修経験者のキャリアパス

　では、研修生経験者のキャリアパスはどのようになっているのか、見てみたい。**図表5-14**は、全国消防長会『全国消防長会会報（1961年～2003年）』及び、北海道広報社『北海道消防関係職員録（1994年～2004年）』より、札幌市消防局から消防庁に研修生として送り出していた職員を抽出し、消防局長までなった、研修経験者のキャリアパスを見たものである。

　これを見ると、札幌市消防局は係長級まで行かない、比較的若手を消防庁に研修生として派遣させていることが分かる。札幌市消防局からの他の研修生も同様で、消防局で係長になる前の、消防司令補クラスが研修生として、消防庁に送り込まれている。一方で、**図表5-15**のように、課長クラスを研修生として消防庁に派遣しているケースもある。

図表5-14
消防局長経験者のケース①

管理部　管理課 消防士長	総務部管理課 課長（消防司令長）
↓	↓
管理部　管理課 消防司令補	総務部総務課 課長（消防司令長）
↓自治省消防庁 へ研修で異動	
危険物規制課	白石消防署署長 （消防監）
↓	↓
管理部　教養係 消防司令補	警防部部長 （消防正監）
↓	↓
予防部指導課 指導1係係長 （消防司令）	消防局長

〔出典〕全国消防長会（1961～2003）
『全国消防長会会報』及び、北海道広報
社（1994～2004）『北海道消防関係
職員録』の人事データより著者作成

124

若手で、消防庁に研修生として派遣された場合は、研修部局が危険物規制課や予防救急課（後の救急救助課と予防課）が多いのに対し、課長級が派遣される場合は、防災課に配属されるという傾向が、札幌市消防局からの研修生の場合見られる。

東京消防庁の場合は少なかったが、札幌市消防局の場合、消防局長経験者における、消防庁研修経験者の比率が高まる。研修生の場合出向者と異なり、消防庁においても、所属は出身消防本部で、給料も出身消防本部から支払われる。人的資源を無給で消防庁に提供する代わり、中央レベルの情報資源の獲得や、総合的視野を持った人材育成、中央との太いネットワークを持った幹部育成を目的として、消防本部側も研修生を派遣していることが分かる。消防庁と大都市消防本部の間でも研修

人事を通し、一定の資源交換が行われているのである。

**図表5-15
消防局長経験者のケース②**

豊平消防署 予防係　係長 （消防司令）	西消防署署長 （消防監）
↓	↓
西消防署 予防課　予防係 係長（消防司令）	予防部部長 （消防正監）
↓	↓
中央消防署 庶務係　係長 （消防司令）	消防局長
↓	
中央消防署 予防課　課長 （消防司令長）	
↓自治省消防庁 へ研修で異動	
防災課	
↓	

〔出典〕全国消防長会（1961〜2003）『全国消防長会会報』及び、北海道広報社（1994〜2004）『北海道消防関係職員録』の人事データより著者作成

◇4.
東京消防庁のパワー優位性

(1) 消防行政における中央地方関係での東京消防庁の役割

「我々（消防関係者）は、東京消防庁は自治体消防では無く、国の組織のようなものだと思っているから[14]」という市町村消防本部職員の言葉に象徴されるように、職員数1万8661人（2021年4月時点）を擁する、わが国最大の消防本部である東京消防庁の存在感は、わが国の消防機関の中でも際立っている。**図表5-16**の通り、全国で職員数が2番目に多い大阪市消防局の職員数が3573人（2021年4月時点）なので、実にその5倍以上の組織規模を東京消防庁は誇っている。

2001年11月に全国約900（当時）の消防本部を対象に実施したアンケート調査（回収率69％）でも、消防行政において総務省消防庁と東京消防庁のどち

図表5-16　職員数1,000人以上の大規模消防本部の職員数の比較（2013年時点）

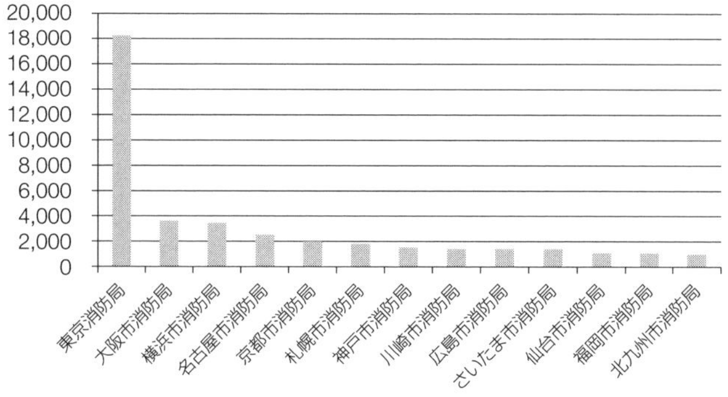

〔出典〕全国消防長会（各年度）『全国消防長会会報』の人事データより著者作成

らがリーダーシップを発揮していると思うかという質問に対し、34％の消防本部が、消防庁よりも東京消防庁の方がリーダーシップを発揮していると回答している（**図表5-17**）

　これは長年、保有する資源でまさる東京消防庁に、国の消防機関（国家消防庁、国家消防本部、自治省消防庁、総務省消防庁〔現在〕）が、大きく資源依存してきたからである。**第2章**でも見てきたように、戦後、国の消防機関は、それまで消防資源を集中させてきた地方の出先機関である警視庁消防部や、地方官署を失った。一方、その警視庁消防部の資源をすべて受け継いだのが、東京消防庁であった。

　戦後スタートの段階から、消防庁と東京消防庁の間には、保有する資源の圧倒的格差が存在し、国は、東京消防庁に、資源依存せざるを得ない状況が生じた。また国家消防庁の設置の段階から、旧内務省警保局関係者が排除される一方で、東京消防庁の前身である旧警視庁消防部の関係者が多数、国家消防庁職員として、国レベルの消防行政の中枢に関わることとなる（**第2章**；**図表2-9、2-10、2-11、2-12**）。国の消防機関における、旧警視庁消防部関係者の役割が、その後身組織である、東京消防庁に受け継がれた。ただ

図表5-17　総務省消防庁と東京消防庁の
どちらがリーダーシップを発揮していると思うか
（n=630）

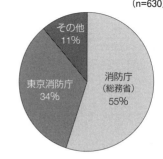

その他
11%

東京消防庁
34%

消防庁
（総務省）
55%

〔出典〕2001年11月に全国消防本部に対して行ったアンケート調査（回収率69％）結果より著者作成

東京消防庁は、国の地方出先機関であった警視庁消防部時代とは異なり、戦後は国とは異なる別人格の地方公共団体の一組織である。

そのような地方公共団体の一組織が、国の消防機関に資源を提供（下からの垂直補完）するインセンティブは何なのか、次に考えたい。

(2) 東京消防庁が資源提供（下からの垂直補完）を行うインセンティブ

東京消防庁が、資源提供（下からの垂直補完）を行うインセンティブは何かを考える上で、まず押さえておかねばならないのが、両組織が保有する資源の差である。ほとんどの資源において、国より自らが勝っている状況下で、東京消防庁が国に資源提供するメリットは果たしてあるのかという点である。

おそらく、唯一のインセンティブは、長年にわたる国の消防機関への人的資源の提供で培われた、インフォーマルな組織間関係である。消防庁の東京消防庁に対するポストの提供は、全国消防長会会報（1961 〜 2003年）に掲載された人事データより調べると、前述の消防大学校副校長ポストのみならず、複数で多岐にわたる。過去に東京消防庁の出向者が在籍したポストは、消防大学校部長、教養課長、総務課課長補佐、消防課課長補佐、防災課課長補佐、救急救助課課長補佐、予防課課長補佐、防災課係長、救急・救助課係長、予防課係長等々、消防庁のほとんど部局を網羅する。

これらのポストで、国との強いパイプを築き、中央の情報資源をリアルタイムで獲得する一方で、人的資源と現場の情報資源を国に提供するという、中央地方間の資源交換が成り立っているのである。また**図表5-9**の記事からも分かるように、出向者を通して消防庁の政策形成に深く関わることで、自組織に有利な政策を実施させる方向に誘導するメリットや、市町村消防本部の側を代表して、現場の要望を国の政策に反映させることが出来るというメリットが東京消防庁の側にはある。

また、国の消防機関と、別人格の地方の組織である東京消防庁との関係が、ここまで密接になることを可能としているのは、消防組織法上の東京消防庁の位置付けが極めて曖昧にされていることに起因している。消防組織法上、東京消防庁は、東京特別区（23区）を管轄区域とした実在しない一つの市の消防本部とされている。よって東京消防庁は、名目上東京都知事の管轄下にあるとされているものの、実態上は東京都からも特別区からも一定の距離感を置く組織となっている。そのことが東京消防庁の自由裁量権の度合いを増し、東京都

や特別区との関係よりも、国との関係の方に関心を向かわせる制度的背景となっている。

　この消防庁と東京消防庁の中央地方関係は、警察行政において警視庁が都の管轄下にあっても、警察庁が制度的に警視庁の財政的資源と組織資源（幹部の人事権等）の多くを押さえ、中央集権的に中央と地方の一体性を保っているのとは大きく異なる。

◆5. まとめ

　以上、消防行政における中央地方関係について、分析を行ってきた。最後にまとめたい。戦後、地方の出先機関である、警視庁消防部及び地方官署を失ったことにより、国の消防機関は、極めて乏しい消防資源からの再スタートを強いられることとなった。また、GHQが国の消防機関の法的資源を制限したことも、その状況に拍車を掛けた。

　更に、旧自治省消防庁や総務省消防庁には、プロパー職員が居ない。消防庁は、本省の総務官僚や旧自治官僚が、短期間在籍してまた異動するポストである。それは、キャリア組官僚のみならず、本来長期配属先に在籍し、特定分野に精通することが求められるノンキャリア組官僚も、同様である。消防庁にはプロパー職員が居ないので、その結果中央における消防行政に精通した人的資源の不足及び、現場の情報資源の不足が顕著となった。

　また消防庁は、東京消防庁をはじめとした大都市消防本部から人的資源を、出向及び研修という形態で獲得するという、人事交流の方式を採ってきた。地方からの出向を受け入れるという中央地方間の人事交流の方式は、他行政分野では地方分権改革まで見られない現象であった。その方式で、不足した人的資源および情報資源を補えるので、今まで消防行政に精通したプロパー職員の養成をしてこなかったという側面もある。

　特に、消防庁の東京消防庁に対する資源依存は著しい。その背景にあるのは、東京消防庁が戦前の警視庁消防部の資源を受け継ぎ、消防庁を含め保有する資源量で他の消防組織を圧倒し、消防組織間のネットワークにおいてパワー優位性を持っているからである。また戦後、国家消防庁発足時から、旧警視庁消防部関係者が多数在籍し、それが後身組織である東京消防庁に引き継がれたとい

128

う経緯がある。東京消防庁が、自発的に消防庁に保有する資源の提供（下から
の垂直補完）をしているのは、消防庁における出向ポストを幅広く複数提供さ
れ、そのポストを通し中央の情報資源を獲得すると同時に、消防庁の政策を希
望する方向に誘導するためである。

　では、この消防行政における中央地方関係のあり方が、大規模自然災害時や
大規模事故時の対応にどのような影響を及ぼすのか、次章で見ていきたい。

[注]

1　ただし 2004 年に緊急消防援助隊への指示権の確立と共に、緊急消防援助隊を事実上国の実働部
　　隊として運用することによって、被災地でのオペレーション活動を行う政策実施官庁としての性格を
　　持つ組織になってきている。

2　藤口透吾、小鯖英一（1968）『消防 100 年史』. 創思社, p.251.

3　日本消防協会（1950）『消防年鑑 1950 年度版』. 日本消防協会 , p.150.

4　象徴的事例が、2001 年の消防研究所の独立法人化である。貴重な組織資源が失われるのを受け
　　入れざるを得なかったのは、消防庁の政治的資源の少なさを示す事例である。ただしその後、消防
　　庁は保有する政治的資源を動員して、消防研究所を取り戻している。よって保有している政治的資
　　源を、うまく活用出来なかった事例ともいえる。うまく活用できなかった背景には、消防研究所が一
　　定の独立性を持った技官のポストだったということがある。旧自治系官僚にとっては、自らのポスト減
　　に直接繋がらない事態だったので、政治的資源の活用に積極的でなかったことが推測される。

5　「消防力の基準」は、その後「消防力の整備指針」に改正され、基準も引下げられ、地域が選ぶ
　　最適水準（ローカルオプティマム）が優先されるようになった。よって、充足率の算定には、変更前
　　の年度のデータを用いた。

6　例外として、技官を総務技官として少人数採用し、消防庁に配属させている。主に、消防庁予防課、
　　消防研究所、消防大学校等の研究機関・養育機関の要員であったが、近年は国民保護室や国民保
　　護運営室等も技官のポストとなってきている。

7　全国消防長会（1964）「全国消防長会会報」1964年3月10日

8　都知事は 23 区については、消防責任があるが、管理の主体は 23 区を実在しない1つ市と見做し
　　その消防本部として設置された消防庁にある。「消防責任」と「管理責任」の主体が異なることが、
　　事態を複雑にしている。広域行政の所為で、23 区の区長の消防責任も曖昧となるので、東京消防
　　庁に口出しが出来ない。東京都からも 23 区からも、一定の独立性を保持した組織である。

9　いくつかの部局は名称変更しているが、担当業務の内容で同じ部局とみなして分析を行った。

10　永田尚三（2004）「わが国の消防行政－分権化された行政分野における政府間関係－」『日本公共政策学会 2004 年度研究大会報告論文集』. 日本公共政策学会, pp.145 - 157.

11　課長級の上のキャリア自治官僚は、同時に大臣官房審議官を務め、名刺に併記している場合もある。

12　東京消防庁からの出向組で、後に東京消防庁総監になった者は、比較的若手の内に、出向したケースで、他にも 1 名いる。

13　東京消防庁と国の微妙な力関係が現れている。また、国に出向職員を送る市町村消防の側には、負担に感じている市町村消防も少なくない。

14　仙台市消防局職員ヒアリング（2011年9月1日）

第6章

地方防災行政、
消防防災行政における
上からの垂直補完

◆1.
地方防災行政、消防防災行政における垂直補完

　第5章では、消防行政における、平常時の中央地方関係及び垂直補完について、特に国の消防機関が保有する資源という点に着目して分析を行った。この国レベルの消防行政の中でも、消火や救急といった平常時の消防活動とは異なり、災害対応（防災）に関わる行政分野が、地方防災行政[1]及び消防防災行政[2]である。消防行政と防災行政は、互いに固有の行政分野であるが、両分野が交わる部分である。特に、1995年の阪神・淡路大震災の後、総務省消防庁が実施する消防行政の中でも、その位置付けが変化してきた行政分野である。

　地方防災行政は、総務省消防庁による、国と地方公共団体間、地方公共団体相互間の防災上の連絡調整や、地方公共団体の地域防災計画への助言等の業務分野を指す。地方防災行政の下、消防庁は長年にわたり、地方公共団体の防災行政に対する国の窓口としての役割を果たしてきた。しかしながら阪神・淡路大震災後に、防災行政担当省庁（阪神・淡路大震災当時は国土庁、2001年の中央省庁再編以降は内閣府）の総合調整機能や、災害時の統括指揮機能が強化される中、防災行政担当省庁も地方公共団体と連絡を取りながら職務を行うことが年々増えており、消防庁の業務と一部住み分けに不明確な部分が生じている。そして、そのような状況下、消防庁が堅持しようと努力してきた行政分野である。

　一方、消防防災行政は、消防庁の業務の中でも、阪神・淡路大震災後、年々拡大、強化されている分野である。元々消防庁の災害対応業務は、地方公共団体の防災担当部署との連絡構成や、防災体制への助言といった地方防災行政の部分が中心であった。実働部隊も、地方公共団体への指揮権も持たない消防庁に出来ることには限界があった。つまり、組織資源や制度的（法的）資源上の制約があったのである。ところが、阪神・淡路大震災後、災害時における事実上の消防庁の実働部隊である緊急消防援助隊が創設されたことにより、消防庁は新たに組織資源や法的資源を確保することが出来た。そして、それまで不可能であった災害対応のオペレーション活動が可能となり、以前はほとんど実効性を持たなかった国レベルの消防防災行政の分野が、消防庁の消防行政の中でも、重要な位置付けを占めるようになり、今や消防庁の消防行政は、消防防災行政を抜きに語ることは不可能である。

　これら、地方防災行政や消防防災行政は、平常時や大規模災害、大規模事故発生時の、消防庁による地方公共団体に対する上からの垂直補完の部分と言える。本章では、消防庁が実施する地方防災行政、消防防災行政に関して、阪神・淡路大震災以降に、消防行政の中での位置付けがどのように変化したのかを見ていく中で、地方防災行政、消防防災行政における、消防庁の垂直補完の現状について考察したい。

◇2
地方防災行政とは

　まず、地方防災行政とはどのような行政分野か、見ていきたい。地方防災行政は、消防庁が管轄する消防行政と、現在内閣府が管轄する防災行政との間の関係を理解する上からも重要である。わが国では、防災行政の担当省庁は内閣府（それ以降は国土庁）である。内閣府は、2001年の中央省庁再編によって新設され、防災に関して行政各部の施策の統一を図る特命担当大臣として防災担当大臣が置かれ、局長級である政策統括官（防災担当）の下で、内閣府（防災担当）が災害予防，災害応急対策，災害復旧及び災害からの復興といった防災に関する基本的な政策に関する事項や、大規模災害時の対処等の防災に関する事項について、企画立案や総合調整する事務を担っている。一方、消防庁は、前述の地方防災行政として、地域防災計画の策定や広域防災応援協定の締結、災害に強い安全なまちづくり等、消防を含む地方公共団体の防災・災害対策に関する助言、指導、支援等を行うと共に、地方公共団体の防災行政に対する国の窓口として、平常時及び災害時の連絡調整を行ってきた。

　つまり、地方公共団体の防災行政に関することは消防庁、それ以外は内閣府というのが、両者の住み分けとなる。無論、防災、災害対応業務に関しては、内閣府の防災行政の方が、フェーズも復興期までカバーしており、消防庁の地方防災行政よりもはるかに所管範囲は広い。ただ、実際の災害対応を行う地方公共団体の防災行政に関わる連絡調整は、内閣府も消防庁を通して原則行わなければならない。そのため、内閣府が地方公共団体に対し連絡等を行う際は、消防庁との連名で行われる場合が多い。

　地方公共団体の側でも、以前は消防庁からの連絡調整を前提として、消防防災課等の名称で防災行政担当部局と消防行政担当部局を一緒にして設置する傾

　向が強かった。しかし近年は、内閣府が直接、地方公共団体と連絡を取りなが
ら職務を行う事案も年々増えてきている。また災害発生時に災害対策本部とし
て内閣府が事務局になっている場合は、地方との連絡は内閣府によっても行わ
れる。地方公共団体も、消防防災課を廃止するケースが増えている。

　そもそも、消火や救急活動を中心とした消防行政と、災害対策活動を中心と
した防災行政は、全く異なる行政分野である。その交わる部分が、消防行政に
おける地方防災行政である。地方防災行政は、消防庁によって長年実施されて
きたが、内閣府（防災担当）が担当する防災行政の機能強化が年々進められる
中で、消防庁の地方防災行政との関係も変化し始めている。それでも、消防庁
がなんとか堅持しようとしている分野である。

　地方防災行政を消防庁が長年担当してきた主な理由は、地方行政を担当する
総務省の外局で、市町村消防も監督しており、地方公共団体との強いネットワー
クを持っているからである。そのため、災害対策基本法が策定される過程に
おいては、消防庁が防災行政の主務官庁となることで話が進んでいた。しかし
他省庁の反対で土壇場で変更となった経緯がある。もし実現していれば、消防
庁は大きな法的資源や財政的資源、組織的資源を獲得することが出来たはずで
あるが、その獲得には失敗した。だが、そのような状況下においても、消防庁
は地方防災行政を堅持してきた。

　地方防災行政の現状を理解する上から、その歴史を振り返ると、事の発端
は、1959年の伊勢湾台風を契機に、災害対策基本法の策定が始まったことで
あった。当初内閣審議室が法案を作成していたが、自民党が内閣審議室案を却
下し自治省に作らせた法案を採用した。そして、自治省消防庁は、防災行政の
主務官庁とされた。ところが、災害対策基本法制定後の施行令の作成段階になっ
て「各省の反対が強くおこり」、結果的には総理府に中央防災会議が置かれ、
総理府総務庁長官が事務局長を担当することとなった[3]。そして1974年に国土
庁が発足すると、中央防災会議の運営、災害対策等に関する関係行政機関の事
務の調整等に関する業務は、国土庁長官官房に災害対策室が設置され、引き継
ぐこととなった。また併せて、震災対策に関する企画・立案等の事務も、同時
に所掌することとなった。そして、中央防災会議の事務局長も、国土政務次官
のポストとなった。それに対し、旧自治省が国土庁に対し申入れを行い、その
後1984年に、国土庁に防災局を設置する際に、国土庁と自治省との間で、地
方公共団体と国のパイプ役となるのは自治省及び消防庁であるとの覚書が交わ

され、省庁間の内々の約束事項として、防災に関し地方公共団体に対する国の窓口は、消防庁が所管することで、現在に至っている[4]。

　2001年の中央省庁再編では、そういった法律に基づかない各省庁間の覚書は無効であるという合意が行われたが、地方公共団体との防災行政に関わる連絡調整の国側の窓口をどうするかの整理が行われることはなかった[5]。中央省庁再編から約3か月後に出された消防庁防災課（当時）のレポートでも、「消防庁は、防災に関し地方公共団体に対する国の窓口となっている」[6]と書かれている。

◇3.
消防防災行政とは

　阪神・淡路大震災以降、それまで市町村中心であった防災、災害対応が見直され、防災行政においても、国の垂直補完が強化される傾向にある。そして、防災行政が年々強化されていく中で、前述の通り、消防庁が所管する地方防災行政はやや守勢気味である。それとは対照的に、消防行政の中で拡大、増強されている行政分野が、消防防災行政（消防庁の災害時の応急対応の部分）である。消防行政においても防災行政同様、阪神・淡路大震災までは、市町村中心の災害対応を前提に制度設計がなされ、発災時の被災者救助等の応急対応は、被災地の消防本部か、消防本部間で締結された相互応援協定で行っていた。消防庁は、市町村消防本部の指揮命令権も、災害対応の実働部隊も持たぬため、被災者救助のオペレーション活動に関わる余地は、極めて少なかった。

　それを大きく変えたのが、阪神・淡路大震災であった。大規模災害に、被災地の消防本部のみでは対応できず、また相互協定による他消防本部の広域応援も、消防庁による全体調整の仕組みは無かったため、応援消防本部が互いに連絡も取れず、装備の互換性もなく、課題があることが明らかになった。つまり、市町村消防本部中心の災害対応の限界が明らかになったのである。そして、消防庁の垂直補完体制の強化が求められることとなった。そのような状況下、創設されたのが緊急消防援助隊である。緊急消防援助隊は、元々は全国消防本部の消防長で構成された組織である全国消防長会の発案で作られた組織で、参加消防本部が災害時派遣可能な部隊を消防庁に事前登録しておき、いざ災害が発生した場合に都道府県ごとに部隊を編成し広域応援を行う。当初は法的根拠が

なかったが、2004年の消防組織法改正で制度化され、消防庁長官の緊急消防援助隊に対する出動指示権も認められた。これにより、緊急消防援助隊が消防庁の実働部隊という性質を持ちはじめ、消防庁が被災地における住民救出等のオペレーション活動においても、積極的な関与が出来るようになった。消防庁が、それまで出番のなかった災害時の垂直補完において、新たな活動領域を獲得したのである。そして、この時期を契機に、消防防災行政の重要度は、消防庁の消防行政の中でも増し、年々増強される方向にある。災害時の消防庁職員の被災地派遣も、積極的に行われるようになった。

◇4. 阪神・淡路大震災時の消防庁の垂直補完

(1) 阪神・淡路大震災での消防庁の垂直補完

　1995年1月17日に発生した阪神・淡路大震災では、消防庁のみならず政府の対応が後手に回り、わが国の災害対策の様々な課題が浮き彫りとなった。特に、垂直補完の体制整備が重要な課題となった。それまでわが国の災害対策は、防災行政にせよ、消防行政にせよ、市町村中心で国による大規模災害時の垂直補完体制整備が手薄であった。阪神・淡路大震災以前の災害対策基本法や消防組織法は、市町村の一次的責任の原則および市町村消防の原則を重視し、被災市町村の役割を強調する一方、国、都道府県の役割が不明確だった。

　そのような状況下、①国の情報収集体制や、②自衛隊の災害派遣体制等の不備が明らかになった。当時、国の防災行政を担当していた国土庁は独自に情報収集手段を持たず（消防庁は地方防災行政の情報ネットワークを持っていた）、また関係省庁からの情報の集約を十分に行えなかった。その結果、官邸への情報伝達が遅れ、当時の村山首相は、震災発生をテレビ報道で知るという事態が発生した[7]。また、当時自衛隊の災害派遣は、被災地都道府県知事からの要請が要件となっており、兵庫県からの要請が遅れたため、自衛隊の災害派遣も遅れるという事態も生じた[8]。

　消防行政においても阪神・淡路大震災では、消防庁の資源不足が明らかになった。前章で見てきたように、消防庁は消防組織法により、法的資源が制約されている。市町村消防本部への指揮命令権を持たず、また手足となって動く実働部隊（組織資源）を持たないので、被災地における被災者救援等のオペレー

ション活動も行えなかった。

　消防組織法では、被災地に相互応援協定で駆け付けた応援部隊は、被災地の消防本部の指揮命令下に入ることになっているが、阪神・淡路大震災では、神戸市消防局等の被災地消防本部は対応に追われ、応援部隊の指揮命令どころではなく、応援部隊は個々の判断で災害救助活動を行わなければならない状況が生じた[9]。またそのような状況に対し、消防庁は法的資源及び組織資源の制約から、全く無力であることが明らかとなった。つまり、阪神・淡路大震災において、消防庁の消防防災行政上の垂直補完が機能する余地は、極めて少なかった。

(2) 地下鉄サリン事件での垂直補完

① 経緯

　また同年（1995年）に発生した、オウム真理教による地下鉄サリン事件での垂直補完においても、消防防災行政上の混乱が見られた。本事件は、わが国のCBRNE災害（化学・生物・放射性物質・核・爆発物による特殊災害）対応強化のきっかけとなった事件である。1995年3月20日午前8時頃、東京都内の営団地下鉄丸ノ内線、日比谷線、千代田線の地下鉄車内で、化学兵器として使用される神経ガス「サリン」が散布され、乗客や駅員ら13人が死亡、約6300人が負傷する事件が発生した。東京消防庁は、救急隊、特別救助隊（レスキュー部隊）、化学機動中隊（HAZ-MAT）等、延べ340隊（内131隊が救急隊）、1364人が出動して傷病者の救出・救護ならびに有毒ガスの分析、液体の洗浄活動に従事した。しかし、原因物質はサリンである可能性が高いことが判明したのは、事件発生後およそ3時間経過してからのことであったため、消防職員135人が被災するという惨事となった[10]。

② 消防庁救急救助課の通達

　本事件対応では、消防庁の現場情報資源の不足が明らかとなった。消防庁救急救助課は、消防職員が有毒ガスにより被災した事態を受け、「以後同様の事件が発生した場合において、消防職員の被災を防止することを目的として、都道府県の消防主管部局を通し市町村に対し、事件発生時に消防職員が、安全管理上留意すべき事項について通知した（**図表6-1**）。」

　この消防救第43号（1995年4月6日）の内容としては、（身を守るために）汚染物質を濾過する機能を持った呼吸保護器具、又は空気呼吸器、酸素呼吸器

138

図表6-1　消防庁救急救助課長発信都道府県消防主管部長宛：消防救第43号(1995年4月6日)

毒性ガス発生事件における救助救急活動の安全確保について

　去る3月20日、東京都内の地下鉄車内で発生した毒性ガス発生事件において、救急活動等のため出場した消防職員の内135名が毒性ガスにより受傷するに至ったところである。

　日頃から消防職員の安全管理については、十分留意いただいているところであるが、今後、類似事件が発生した場合における活動の安全確保について下記の点に留意の上、一層の安全管理に努めるよう貴管下市町村(消防の事務を処理する一部事務組合を含む。)を指導されたい。

記

　毒性物質は、呼吸器はもとより皮膚・粘膜等からも吸収されるので、<u>安全確保のためには、汚染物質を濾過する機能を持った呼吸保護器具又は空気呼吸器、酸素 呼吸器により、呼吸の安全を確保するのみならず皮膚・粘膜等を露出しないよう衣服・ゴム手袋等を確実に着装する</u>必要があること。
　119番通報の内容や現場の状況から、毒性物質による影響があると判断した場合は、ただちに上記の安全確保措置を講じた隊等が対応することとし、その他の隊は不用意に近づかない等細心の注意を払うこと。また、<u>陽圧式の毒劇物防護衣を保有する隊を積極的に活用する</u>とともに、時機を失することなく自衛隊等の専門家の派遣を要請すること。
　毒性物質に汚染された防護衣は、活動のつど大量の水で洗い流すこと。
　また、衣服等については、ポリエチレン製のごみ袋に分別して持ち帰り、中性洗剤により洗浄した後、大量の水で洗い流すこと。

　<u>既存の防護用資機材の整備状況に応じ</u>、毒劇物防護衣、呼吸保護器具等安全確保用装備を緊急に充実することについても配慮すること。

〔出典〕プレホスピタルケア（1995）8:3 17号 pp. 85-90. より引用

で安全確保を行い、また毒劇物防護服を保有する隊を積極的に活用すること。そして、防護用資機材を更に充実させることというものであった。つまり、これは全国の消防本部が既にそれらの装備の保有をしていることを前提にした通達であった。

③ 通達による混乱

　<u>ところが、当時全国の消防本部で、これらの装備を保有していたのは、東京消防庁、横浜市消防局、大阪市消防局の3本部のみだった。</u>よって、この通達内容は、その他の全国ほとんど（当時900－3）の消防本部にとっては、毒劇物防護服なしにサリンに立ち向かえという話になった。当然、全国の消防本部

図表6-2　消防庁救急救助課長発信都道府県消防主管部長宛消防救第52号関係個所抜粋
（1995年4月21日）

サリン等による人身被害の防止に関する法律の施行について

記

関係行政機関への協力依頼に関する事項(第4条第2項関係)第4条第1項に定める措置に関し、関係行政機関又は関係のある公私の団体に対し、技術的知識の提供、装備資機材の貸与その他必要な協力を求める場合は直ちに当直に報告されたいこと。

〔出典〕プレホスピタルケア（1995）8:3 17号 pp. 85-90. より引用

から問い合わせが殺到した。状況にやっと気付いた消防庁は、技術的知識の提供、装備資機材の貸与を関係行政機関に求められるとの内容を、1995年4月21日に公布され即日施行された「サリン等による人身被害の防止に関する法律」の中に盛り込んだ。

「4条2項　警視総監若しくは道府県警察本部長又は管区海上保安本部長は前項の規定による措置又はこの法律に規定する犯罪の捜査に関し、消防長又は消防署長は同項の規定による措置に関し、それぞれ、関係行政機関又は関係のある公私の団体に対し、技術的知識の提供、装備資機材の貸与その他必要な協力を求めることができる。」また通達を出し、同種の事件が発生した場合、調整役を消防庁が行なうとした（図表6-2）。

ところが当時、化学防護服を多く所有していたのは自衛隊だったが、武器科物品（武器科物品にはＷのマーク〔 🏵 〕が刻印されるが、このＷはWeaponの頭文字である）で戦闘装備品扱いとなり、警察は借りられた（上九一色村の強制調査、地下鉄サリン事件時も迷彩仕様の化学防護服を貸与）が、消防は貸与のハードルが高かった（当時は購入も出来なかった。後に可能となる[11]）。

またその後、幸運にも防護服の貸与を求める状況は生じなかったが、何かあったら消防庁に連絡をせよ以上の具体的な対応マニュアルは示されなかったので、現場は苦慮する結果となった。Ａ消防本部は、法律施行後検討を行い、組織の性質上最も早く現場に到着するのは消防であるが、仮に貸与を受けるにしても、自衛隊が到着するまでの間（短くても30分から1時間）どうするかで議論が起こった。通常通り現場には出動するが何も出来ないので、消防はいるのに何をやっているのかという住民からの批判が出ないよう、サイレンを鳴らさずに駆けつけることに決定するといった事態も生じた[12]。

④ 大規模消防本部への人的資源依存による問題

何故、このような通達が当時出されたのか。本件に見られた混乱は、第一に、わが国初のCBRNE災害（特殊災害）で、前例も過去から積み重ねてきた行政上のノウハウも無い中での対応で、やむを得なかった部分がある。一方、前章から見てきた消防庁における消防行政に精通した人的資源・現場の情報資源不足と市町村消防への資源依存という、消防行政特有の中央地方関係が関わっている側面もある。市町村消防本部から消防庁への出向組・研修組は、そのほとんどが大規模消防本部出身者である。大規模消防本部出身の出向者や研修者は、出身大規模消防本部の現場情報資源には精通しているが、わが国消防本部の多数を占める小規模消防本部の現場情報は持っていない。つまり、小規模消防本部の状況は知らないのである。その結果、消防庁が不足している現場情報資源の補完（下からの垂直補完）を期待される、大規模消防本部の出向組・研修組がもたらす現場情報資源が、必ずしも全国的には一般的ではない状況が生じる場合がある。わが国消防本部間の保有する組織資源の地域間格差が、極めて大きいことも、その状況に拍車をかけている。あまりに大規模消防本部と小規模消防本部で、保有する組織資源と、それに伴い発生する現場状況が違い過ぎるのである。

ところが、消防庁への出向組・研修組は、大都市消防本部のみに限定されている。その結果、出向組・研修組がもたらす、全国消防本部の一般的状況からはかけ離れた現場の情報資源に基づき、全国的状況からはかけ離れた消防庁の政策形成や地方防災行政上の指示、通達等が出されるケースが特に当時は時々見られた。

東京消防庁では、地下鉄サリン事件の5年前の1990年には、既に化学機動中隊（HAZ-MAT）が管内に9隊整備され、対CBRNE災害対応のための装備を保有していた。つまり当時東京消防庁では、それらの装備を持っていることが、当たり前だったわけである。

当時、本通達を出した消防庁の救急救助課には、地下鉄サリン事件が発生した年（1995年）3人の東京消防庁からの出向者が在籍し、事件発生時少なくとも2人（課長補佐、係長）がいた（**図表6-3**）。またB救急救助課長補佐（当時）の出向直前の職場である東村山消防署は、化学機動中隊（HAZ-MAT）が配備されている東京消防庁管内の9つの消防署の1つであった。

図表6-3　消防庁救急救助課への東京消防庁からの出向者（1995年、地下鉄サリン事件発生時）

	H4	H5	H6	H7	H8	H9
A	東京消防庁町田消防署予防課危険物係長	東京消防庁町田消防署予防課危険物係長	東京消防庁町田消防署予防課危険物係長	消防庁救急救助課救急企画係長	消防庁救急救助課救急企画係長	消防庁救急救助課救急企画係長
B	東京消防庁**東村山消防署**警防課長	東京消防庁**東村山消防署**警防課長	消防庁救急救助課課長補佐	消防庁救急救助課課長補佐	消防庁救急救助課課長補佐	東京消防庁救急部副参事（救急救命担当）
C	世田谷消防署警防課救急係長	消防庁救急救助課救急企画係長	消防庁救急救助課救急企画係長	消防庁救急救助課救急企画係長	東京消防庁救急部救急調整担当係長	東京消防庁救急部救急調整担当係長

〔出典〕地方財務協会（1992～2003）『自治省職員録』、全国消防長会（1992～2003）『全国消防長会会報』、大蔵省印刷局、財務省印刷局、独立行政法人国立印刷局（1992～2003）『職員録』の人事データより著者作成。網掛け部分が消防庁への出向時のポスト

図表6-4　消防庁救急救助課における役付き職員及びキャリア職員
（1995年地下鉄サリン事件発生時、表6-1の東京消防庁からの出向組以外）

	前職	消防庁		備考
		在籍年数	在籍回数	
A 救急救助課長	福井県総務部長	2年未満	1回	キャリア
B 救急救助課長補佐	自治省管理課課長補佐	2年未満	1回	キャリア
C 課長補佐	自治大臣官房総務課課長補佐	2年未満	1回	キャリア
D 主幹	自治省交付税第一係長	1年未満	1回	
E 係長	厚生省医事課試験免許室主査	2年未満	1回	
F 事務官	沖縄県総務部地方課	2年未満	1回	キャリア

〔出典〕全国消防長会（1961～2003）「全国消防長会会報」、地方財務協会（1973～2003）「内政関係者名簿」、（1962～2003）「自治省職員録」の人事データより著者作成

　また、本省から消防庁へ来た旧自治官僚・総務官僚も、消防行政に関し市町村消防本部からの出向組・研修組ほどの専門知を持ち合わせていないので、その誤りを見過ごすこととなった（**図表6-4**）。**図表6-4**を見ると分かるように、この当時も救急救助課の役職及びキャリアは、消防庁への在籍期間が皆短く、消防行政の専門知に精通していない職員で占められていた。このような場合、何十年も消防行政に現場で従事し、経験知をもった出向組・研修組の判断に、国のキャリア組といえども反論しにくい。

◇5.
阪神・淡路大震災以降の防災行政・消防防災行政における垂直補完

(1) 阪神・淡路大震災後の国による垂直補完の制度的変化

　このように1995年は、わが国の従来の危機管理体制が試された年であったが、そこから明らかになったのは、市町村中心の大規模災害、事故対応の限界と、それを補うべき国の垂直補完体制の不十分さであった。特に阪神・淡路大震災を契機に、防災行政、消防防災行政における国の権限強化が図られ、垂直補完体制も制度的に強化されることとなる。防災行政においては、災害対策基本法の大規模な改正が行われ、国の権限強化が図られた。消防防災行政においても、災害応急対応における消防庁のオペレーション機能の強化につながった。

　前述の通り、消防行政は平常時の消防・救急等の活動以外に、大規模災害や事故が発生した際の応急対応においても、ファーストレスポンダーとしての被災者の救出を行うという重要な任務を担う。ただ、災害や事故の規模が大きな場合、被災地の市町村消防本部のみでは対応出来ない場合が生じる。その場合、国による垂直補完か、市町村消防本部間の水平補完（詳細は**第7章**で見る）のいずれかの広域応援が必要となる。災害応急対応における、国の垂直補完が強化され始めたのは、わが国では1995年の阪神・淡路大震災後のことである。まずは、防災行政における制度的変化を振り返りたい。

　わが国の災害対応の根幹をなす法律が、災害対策基本法（以下、災対法）である。災対法では、災害対応の一次的責任主体は、被災地の市町村長とされており、これを国や都道府県が垂直補完するという基本的枠組みがとられている。国の責任は、災対法第3条によれば、国土並びに国民の生命、身体及び財産を災害から保護するという使命があり、この使命を果たすために、組織及び機能の全てを挙げて防災に関し、万全の措置を講ずる責務があると規定している[13]。ただ、災対法は、現在まで一貫して、経済的合理性から、「発生頻度の高い中規模一過性の災害を主として想定して構築されている[14]」。幸いにして、阪神・淡路大震災までは、災対法が想定していた風水害を中心とした中規模一過性の災害が多く、市町村の一次的責任の原則の限界が表面化することは無かった。そして、市町村の補完体制の強化といった考え方が、取り立てて議論されることも無かった。ところが、前述したように、阪神・淡路大震災では、はじめて市町村中心の災害対応（地域公助）の限界が明確になった。被災地の行政機関

も被災する中で、大規模災害に地域公助のみで対応するのは、困難であることが明らかになったのである。

　そのため、衆議院災害対策特別委員会及び参議院災害対策特別委員会において、非常災害時の政府の体制等国の危機管理体制の在り方について、抜本的な検討を加えること等が附帯決議され、更に防災問題懇談会の提言を経て、災害対策基本法の改正（22回目）が行われ、内閣総理大臣を本部長とする緊急災害対策本部を設置出来ること（第28条の2）、緊急災害対策本部長が指定行政機関の長等に指示することが出来ること（第28条の6）、非常災害対策本部及び緊急災害対策本部に現地災害対策本部を置くことが出来る（第25条、第28条の3）等の、国の垂直補完体制の強化が図られることとなった。

(2) 北海道有珠山噴火災害での防災行政における垂直補完
① 阪神・淡路大震災後の防災行政における垂直補完の変容

　では、垂直補完体制の制度的強化で、阪神・淡路大震災後の防災行政、消防防災行政はどのように変わったのであろうか。まず、この大震災以降の防災行政における垂直補完の変容を、北海道有珠山噴火災害の事例から見ていきたい。

　2000年3月に起こった北海道南西部、有珠山の噴火災害は、阪神・淡路大震災後、最初に発生した大規模災害であった。よって、阪神・淡路大震災の教訓に基づき、わが国が強化してきた垂直補完体制を試す場となった。結果、国は阪神・淡路大震災後の災対法改正で設置が可能となった、現地災害対策本部を中心に、初めて主導的な災害対応を実施した。被災地市町村との調整体制に、課題等は見られたものの、極めて迅速な対応であった。では、どのような垂直補完の課題が見られたのであろうか。わが国の防災行政の分岐点となった、重要な災害事例について見ていきたい。

　噴火災害は、継続監視し、データが蓄積している山については、ある程度現在の技術で予知できるということもあり、政府の災害対応は噴火前に既に始まっていた。3月27日に火山性の地震が急増し、28日には北海道大学教授の岡田弘を中心とする予知連が、今後噴火する可能性があり、警戒が必要であるとする見解を発表した。国も噴火前の29日には、先見チームを13時30分に派遣。15時30分には、内閣安全保障・緊急危機管理室及び国土庁の審議官が現地に向けて出発した。そして、31日に有珠山が噴火をするが、噴火地点は予想よりも西側であることが判明した。

　結果的に最も大きな被害を被った虻田町（現・洞爺湖町）では、噴火に先立ち27日に役場内に災害対策本部を設置し、一部の地域に自主避難の呼びかけをすると同時に、事態の推移と共に避難勧告および避難指示の地域を徐々に広げていっていた。しかしながら全域での避難勧告は、状況により判断するという体制を取っていた。ところが31日、窓の外を見ると住民が避難を始めている。なぜかと現状を把握しているところに、今度は警察が踏み込んできて、早く避難しろと町長に言う。災害対策基本法で避難の指示権を認められている町長が、避難を勧告されるという皮肉な事態となってしまった[15]。真相は、国の非常災害現地対策本部が、虻田町災害対策本部が知らないうちに、避難対象区域を勝手に広げてしまったからであった[16]。従来の法解釈では、住民の避難指示は、国には認められていない権限であった。結果、避難指示の権限は自分達にあると当然考えていた被災地の行政及び住民の間で混乱を生じさせる結果となった。虻田町の町長が、伊達市の非常災害現地対策本部に呼び出され、避難指示を勧告されたのは、事後のことであった。また、避難住民の一時帰宅を、非常災害現地対策本部が気象を理由に中止を決定し、それが虻田町や住民に伝わらず、噴火したという誤情報が伝わるといった、連絡調整の失敗も見受けられた。本来は、一時帰宅の実施や中止の決定も、被災地市町村長の権限である。

　災害対策基本法によると、住民への避難指示は、被災地市町村の自治事務であり、固有の権限である。しかし、噴火が起こり、国の現地災害対策本部の本部長が必要と認めたので、国の指示を優先させた結果、このような事態が起こったのである。当時の内閣安全保障・危機管理室審議官の関[17]は後に、北海道新聞の取材に対し、「とにかく、危険地区から住民を避難させることを考えた。そのために手厚い手段を用意した。もし、無駄になっても批判は甘んじて受けるつもりだった[18]」と述べている。それ以後の災害では、現地災害対策本部から各市町村に連絡・調整職員が派遣されるリエゾン体制が強化されるきっかけとなった。

② 国の法解釈の変更による制度的資源の強化

　このような、垂直補完体制において混乱が見られた背景には、運用上のノウハウがまだ積み重ねられていなかったこともあるが、国が法的資源の強化を法改正による権限強化のみならず、法解釈の変化によって更に強化しようとしたことにあった。

　阪神・淡路大震災後、最も大きな課題が、従来の被災地市町村中心の災害対応を改め、垂直補完体制の強化を如何に行うかであった。震災の直後に設置された防災問題懇談会は、同年9月に、「国は都道府県、市町村との役割分担を尊重しつつも、国が積極的に応急対策に乗り出すべきである[19]」とする答申を内閣総理大臣に提出した。それを受けて、災害対策基本法が2度にわたって大幅に改正され、国の調整権限の強化や、現地対策本部の法制化が図られた。

　災害対策基本法は、阪神・淡路大震災後の10年間に1997年、2002年に大幅改正が行われたが、垂直補完という視点からこの災害対策基本法に対する国のスタンスの変化を見ていくと、条文上の変化以上に、国の法解釈が大きく変わったことがわかる。**図表6-5**は、災害対策基本法について、消防庁防災課が編集を行っている逐条解説の、中央地方関係に関わる部分の記述の、時系列的な変化を表にまとめたものである。これを見ると、阪神・淡路大震災直前から直後にかけての1994年版、1997年改訂版においては、市町村の一次的責任の大原則を逐条解説は明記して前面に押し出していた。市町村の一次的責任というのは、災害が起きた際にその災害の責任を一次的に負うのは、その被災地の市町村であるとするものである。戦後わが国の防災行政の大原則であり、その大原則に基づいて、制度の運用がなされてきた。

図表6-5　災害対策基本法逐条解説の変化

	阪神・淡路大震災以前 1994年版	阪神・淡路大震災後 1997年改訂版	2002年改訂版
市町村の責務	一次的責任を負う。	一次的責任を負う。	
非常災害対策本部長の権限	限られた範囲で一定の権限を付与している。	限られた範囲で一定の権限を付与している。また権限の一部を非常災害現地対策本部長に委任できる。	限られた範囲で一定の権限を付与している。また権限の一部を非常災害現地対策本部長に委任できる。
	本部長の指示は、**関係者又は関係機関の本来の事務に係る指揮監督と競合した場合、それを侵すことは出来ない。**	本部長の指示は、**関係者又は関係機関の本来の事務に係る指揮監督と競合した場合、それを侵すことは出来ない。**	本部長の指示は、「指揮監督」とは異なる。**しかし事実上の遵守義務を伴う。**
		災害応急対策に関し、地方公共団体の固有事務に対して、指示を与えることは、地方自治の本旨に反しない。	地方自治法二百四十五条の三第六項の例外で、**市町村の自治事務でも国又は都道府県は指示することが出来る。**

〔出典〕防災行政研究会編（1994）「解説災害対策基本法」、（1997）「解説災害対策基本法（改訂版）」、（2002）「解説災害対策基本法（第二次改訂版）」の人事データより著者作成

　しかしながら、2002年改訂版においては、この市町村の一次的責任の大原則に関しての説明が消えている。否定まではしていないが、消極的な取扱いとなった。

　次に、国の非常災害対策本部長の権限についての説明を見てみたい。阪神・淡路大震災以前、国の法解釈は国の権限と、被災地市町村の権限が競合した場合は、国は被災地方公共団体の固有の権限（一次的責任）を侵すことが出来ないとするものであった。しかし、この規定が1997年改訂版では、災害応急対応に関し、地方公共団体の固有事務に対して、国が指示を与えることは地方自治の本旨に反しないという形でぼやかされ、更に2002年改訂版においては、地方公共団体は国の指示に対して、事実上の遵守義務を伴うということになった。地方自治法第245条第1号は、原則として自治事務の処理に関しては、「普通地方公共団体が国または都道府県の指示に従わなければならないこととすることの無いようにしなくてはならない」とされている。しかし例外として、「国民の生命、身体、または財産の保護のために緊急に自治事務の的確な処理を確保する場合など」は、非常災害対策本部長および非常災害現地本部長が「特に必要と認めるときは」、指示することができるというのが2002年改訂版以降の国の見解である。

　その根拠となるのが、1995年11月10日参議院災害対策特別委員会における、岩井國臣議員からの質問に対する政府答弁である。この時、「非常災害対策本部長の権限について法的拘束力というのはどうなっているのですか」という質問が岩井議員から行われた。それに対し、政府委員である当時の国土庁防災局長の村瀬興一は、緊急災害対策本部長は、関係行政機関に対し総合調整しか現行法では出来ないということを認めつつ、ここでいう総合調整というのが助言要請、或いは勧告等によって双方向の意思表示を経て調整を行う手法であるとしている。よって指揮監督のような法的拘束力を有するものではなく、相手方の自発的な遵守というものを期待するというものであるとしながらも、しかしながら各機関一体となった災害応急対応実施のためには、本部長の指示が重視されるということがあるべき姿であるとし、そのような意味においても事実上の遵守義務が伴うものであると考えると答弁している。この答弁が2002年改正版においては、条文解釈の根拠とされたわけである。つまり、強制はしないが、従うことが求められるということになる。

　この2002年改訂版の条文解釈において着目すべきは、国の非常災害対策本

部長および非常災害現地対策本部長が、地方公共団体に対して指示できるとする「特に必要と認めるときは」という要件が、はたして如何なるときなのかという、その判断基準が一切明確にされていない点である。つまり事実上、災害時どの様な状況下でも、国が必要と認めさえすれば、地方公共団体はその指示を遵守しなければならない状況になったということを意味している。このように制度上の視点から分析を行うと、国の法律に対する見解というものが変化する中で、防災行政における国と地方との関係が、従来型の「市町村の一次的責任の原則」という立場から、「いざ非常時には国が表に出る」という方向へ、大きく変化してきていることが見えてくる。防災行政における、国の垂直補完の強化が進められ、中規模一過性の災害のみならず、大規模災害においても、国が積極的に役割を果たす方向性が明確になった。

　しかし、有珠山の噴火災害の発生は2000年であり、これは2002年の条文解釈の変更が、逐条解説書により明らかにされるより以前の出来事である。当時の国の法解釈は、国の指示が、市町村の指示と競合した場合、それを侵すことは出来ないとするものであった。よって、違法行為すれすれの判断を、当時国の現地対策本部は、運用でもって行ったということになる。そのような裁量の余地を許したのが、1997年改訂版で追加された、「災害応急対策に関し、地方公共団体の固有事務に対して、指示を与えることは、地方自治の本旨に反しない。」という一文であった。だが、国と市町村の権限がぶつかった場合、市町村の権限が優先する言いつつ、その一方で国が市町村に対し指示することは、憲法が保障する地方自治の大原則に反しないというのは、矛盾したことを同時に述べた苦しい解釈である。そのことが、2002年改訂版での法解釈の180度の転換へとつながったものと思われる。

　このように、北海道有珠山噴火災害は、阪神・淡路大震災以降の国の法的資源の強化が、法改正のみならず、法解釈を伴って行われたことを示す事例である。国の法的資源の強化と共に、国の災害時の垂直補完における権限が強化され、防災行政における中央地方関係にも変化が生じた。

(3)　新潟県中越地震での垂直補完
①　阪神・淡路大震災後の消防行政における垂直補完の変容
　このように防災行政における、災害時の垂直補完体制が強化される中、消防行政の下位行政分野である消防防災行政における垂直補完にも変化が生じ

た。どのような変化が生じたか、次に見ていきたい。阪神・淡路大震災後の消防行政における、垂直補完体制を考える上で最も重要な制度が、前述したとおり、震災後に創設された緊急消防援助隊である。本制度は、事前登録制で市町村消防の災害時派遣可能な部隊を消防庁に登録しておき、いざ大規模災害が起きたときに、都道府県単位で部隊を編成し被災地に救援に向かうという、広域応援の制度で、本来垂直補完ではなく水平補完の制度である。ただし、本部隊は、災害時に事実上消防庁の実働部隊としての役割を果たすことが期待されており、そのような意味では垂直補完の制度としての性質も持っている。つまり本制度は、市町村消防の組織資源を災害時消防庁が事実上国の組織資源として用いようとする、垂直補完と水平補完両方の側面を併せ持つ「融合型補完」の制度なのである。

　2004年10月23日に発生した新潟県中越地震では、緊急消防援助隊の垂直補完の制度としての側面がより明確になった。その詳細について見ていきたい。新潟県中越地震では、緊急消防援助隊が消防庁長官の指示で出動すると、被災地市町村消防本部の権限が従来より制約されることが明らかになった。この事態に対する消防庁の見解としては、通常の災害は地域に密着した市町村消防が行い、大規模災害といった緊急事態発動時は国家的対処をというものである[20]。もし仮に市町村消防の原則を重視すると、緊急消防援助隊は、被災地消防本部の指揮下に入らないといけない。例えば、個々の消防本部が独自の判断で被災地に救援に向かう、消防応援協定の制度では、応援部隊は被災地の消防本部の指揮下に入る。

　となると、新潟県中越地震の際に野営地の白山（はくさん）運動公園に集結した緊急援助隊は、地元消防本部の指示下に入らないといけないこととなる。しかし、10月28日に白山運動場の取材を行った、「ラジオライフ」1月号の記事によると、青森県医療チームが、緊急消防援助隊の車輌を一台回して欲しいと要求したのに対し、現場管理をしていた小千谷（おぢや）地域消防本部隊員が、自分達には指揮権が無いから対応できないと答えていたとのことである。また、傍受していた消防無線では、小千谷地域消防本部ではなく、仙台市消防局が指揮をしていたという[21]。これは、総務省消防庁が、関係行政機関に対し28日付けで発信した、指揮体制に関する内部資料の内容と符合するものである。当時の指揮支援部隊長は、仙台市消防局員であった。

　このことから分かるように、新潟県中越地震では、被災地市町村消防の権限

（指揮権）は、名目だけで機能していなかった。また各県から派遣された緊急消防援助隊は、緊急消防援助本部の指揮、ひいては運用実態上国の指示に従い、部隊の独立性を維持して、救助活動を基本的には行っていたのである。これは緊急援助消防隊が出動する場合は、特に複数地方公共団体に被害が及ぶ大規模災害の場合には、被災地都道府県の災害対策本部に緊急消防援助隊の指揮、支援、調整本部が設置され、指揮は指揮支援部隊長に集約されたからである。つまり、緊急消防援助隊は、従来のような被災地市町村の指揮命令下には入らず、独自の指揮命令の下で行動を行う部隊なのである。

　また、指揮支援部隊本部は、被災地消防本部に設置される場合が多いが、新潟県中越地震の場合、現地消防本部である長岡市や小千谷市ではなく被災地代表消防本部である新潟市が務めている。そして、緊急消防援助隊の指揮は、新潟県中越地震においては、上記の通り前半は仙台市、後半は千葉市が、とっていた。ハイパーレスキューの名前が有名になった皆川雄太くん（当時2歳）救出の際には、消防庁長官でも、指揮支援部隊長でもなく、国の現地支援対策室室長が指示を行った[22]。そして、撤収命令だけは長岡市長に出させ、最後のみ被災地の権限をたてた。

② 消防庁の制度的資源及び組織資源強化の動き

　消防防災行政の垂直補完体制の強化において、極めて重要な意味を持つのが前述の通り、緊急消防援助隊の創設である。次に、緊急消防援助隊に関わる、消防庁の法的資源及び組織資源強化の動きについて見ていきたい。

　特筆すべきは、2002年12月24日の消防審議会による「消防防災、救急体制の充実に関する答申」を受けて、2004年4月1日施行の消防組織法の改正により、緊急消防援助隊が制度化されると共に、緊急消防援助隊に対する、消防庁長官の指示権が認められたことである。緊急消防援助隊は、1995年の阪神・淡路大震災での教訓を踏まえ、震災後創設された部隊であるが、2004年4月の消防組織法の改正までは、緊急消防援助隊は制度上の規定がなく、派遣に要する経費も市町村の自前であった。それが制度化されることにより、派遣に要する予算及び必要な装備を整備するための予算といったものが国から支出されるようになったのである。

　それと同時に、消防庁長官に部隊の出動を指示するという権限[23]が認められた。従来、消防庁は地方公共団体に対して指示権も人事権も持たず、また、

実働部隊も持たない企画と立案のみを行う政策庁であった[24]。しかし、今回の消防組織法の改正で、災害対応のオペレーション業務も行う、政策実施庁となり地方公共団体への指示権も確立した。消防庁に出動指示権が認められたことにより、緊急消防援助隊は事実上の国の実働部隊としての性格を持つようになった。

　消防組織法第20条の規定は、消防庁長官の都道府県及び市町村への助言、勧告、指導を定めたものである。消防庁の見解としては、指示権創設以前は、災害発生時の消防活動における消防庁長官発意の関与が出来なかったが、指示権創出により市町村消防の原則は当然の原則としつつも、国家としての責任が明確に位置付けられたことにより、災害現場における実践的かつ具体的な助言、勧告、指導が出来るようになったとするものである。

　ここで問題となるのは、戦後一貫して実施されてきた市町村消防の大原則との関係である。わが国の消防行政は、戦後市町村消防の大原則ということで、市町村の固有事務として市町村が中心となって、整備、運営が進められてきた。市町村消防の大原則を否定することは、災害対策基本法での法解釈の問題と同じように、憲法が定める地方自治の大原則を否定することにもつながりかねない。この部分に関し、消防庁の見解は、「市町村消防の原則と国の指示権はいわば相互補完的な関係にあり、親和的なもの[25]」であり、決して矛盾しないとするものである。

　このように、災害時の垂直補完体制（消防防災行政）強化のため、消防庁の法的資源の強化が行われる一方、緊急消防援助隊を事実上災害時における国の実働部隊と、運用面で位置付けたことにより、組織資源の強化も行われることとなった。更に無視できない動きとしては、同時期に、消防庁においては、幹部クラスの人的資源の強化も行われた。どのように行われたかを見ていきたい。前章でも見てきたように、元来消防庁の幹部は、消防行政の経験が少ない旧自治省及び総務省のキャリア組官僚が主に務め、かつ消防庁への在籍期間も比較的短期の場合が多かった。ところが、2004年4月1日施行の消防組織法改正の前後、数少ない消防行政経験が豊富な旧自治省のキャリア組官僚が、消防庁幹部に登用され、消防防災行政面での法的資源の強化策等を矢継ぎ早に出すようになった。

　図表6-6は、2005年6月段階での、総務省消防庁の幹部のリストである。「内政関係者名簿」に記載された、1973年から2004年まで、31年間に渡る旧自治

図表6-6　消防庁幹部の消防庁への在籍年数と在籍回数(2005年時点)

役職	在籍回数	平均在籍回数	在籍年数	平均在籍年数	備考
消防庁長官	1回	1.1回	1年	1.9年	上がりポスト
消防庁次長	4回	1.56回	9年	2.67年	過去最長
審議官	1回	2.04回	2年	3.8年	省内交流人事ポスト
総務課長	1回	2.11回	2年	3.78年	
消防課長	4回	2回	7年	3.48年	過去最長
予防課長	4回	2.24回	21年	4.86年	過去最長、技官
防災課長	3回	1.69回	4年	2.77年	
救急救助課長	1回	1.67回	2年	3年	
消防大学校長	4回	1.4回	5年	2.08年	歴代2位

〔出典〕地方財務協会（1973～2003）『内政関係者名簿』、(1961～2003)『自治省職員録』、2004年、2005年の人事データに関しては、独立行政法人国立印刷局『職員録』の人事データを用い著者作成

省及び総務省の全官僚の全キャリアを、データベース化し分析を行ったものである。2005年6月段階の、総務省消防庁幹部の過去のキャリアにおいて、何回消防庁に在籍していたかの回数が在籍回数、そして平均在籍回数は、過去31年間でそのポストに就任した官僚の消防庁への在籍回数の平均である。また在籍年数は、その官僚の消防庁に在籍した年数の合計、平均在籍年数は、過去31年間でそのポストにいた官僚の在籍年数の平均である。

　これを見ると、過去のそのポストに就いた官僚よりも、2005年時の幹部の方が、平均在籍数も平均在籍年数も多い人間が増えていることが分かる。つまり、2004年4月の消防組織法改正前後、消防庁への在籍回数も在籍年数も平均よりも多い、消防行政に精通した数少ない人材が消防庁幹部に登用され、消防庁の人的資源の強化が行われていた。なお、無論いくつか例外的なポストというのはある。例えば、消防庁長官は上がりのポストである。本省の次官レースで敗れた人材が、就任するポストである。よって他のポストとは、異なった力学が働くので、人事上の変化が他の幹部ポストで起っても、あまり変化が生じない。また消防庁審議官は、近年総務省の省内人事交流のポストとなり、近年は旧自治省以外の官僚（特に旧総務庁出身者）がなるポストとなっている。それらのポストを除外すると、消防庁幹部のほとんどが、消防行政の経験が多いキャリア組官僚で占められていることが分かる。このような形で、この時期総務省も従来以上に消防行政に力を入れつつあったことが、人事上の変化からも見えてくるのである。

③ 消防庁の法的資源及び組織資源強化の動きの背景

　ただ、これらの法的資源及び組織資源強化の動きの背景には、災害時の垂直補完（消防防災行政）体制強化以外の要因もあった。当時、消防庁は外部環境にいくつかの大きな変化が生じ、それらへの早急な対応を迫られていた。それは有事法制の制定と組織防衛上の理由である。

　一つは、有事法制の整備が急ピッチで進められ、2004年6月14日に国民保護法をはじめとする有事法制関連法が国会で可決され成立した。敵国の侵略を受けた場合の国民保護は消防庁の担当とされ、国の消防行政に新たに国民保護行政が加わった。新たな担当業務を与えられたことは、総務省の旧自治省系グループにとっては、資源獲得のチャンスと捉えられた。そのため、外部に積極的行政運営をし、消防庁の存在感のアピールをする必要があった。実際その後、消防庁は旧総務庁系の統計課をスクラップする代わりに、国民保護室を新設（ビルト）することが出来た。新たな組織資源の獲得にも成功したのである。

　ただ当時、消防庁を取り巻く外部環境は、消防庁にとっては厳しい要因の方が多かった。それが、危機管理庁設立の議論や、消防研究所の独立法人化の問題、消防防災行政確保の問題である。阪神・淡路大震災後、アメリカ合衆国連邦緊急事態管理庁（FEMA）を参考に、わが国も危機管理部門の一元化を図るべきだとする議論が生じた。おりしも、阪神・淡路大震災の前年（1994年）に発生したノースリッジ地震でのFEMAの対応が、高い評価を得ていた。わが国でも、危機管理庁創設の検討が始まったが、危機管理庁が創設された場合、消防庁は総務省から切り離され危機管理庁に吸収される可能性が高かった。ここで最も問題となるのが、旧自治省系の中央におけるポストの少なさであった。定員管理が厳しくなるより前に、多くの省庁は中央におけるポストを増やしたが、旧自治省は、比較的その動きに消極的であった。地方の出向ポストが、他省庁に比べ豊富にあったからである。その結果、中央でのポストが旧自治省系は他省庁と比べ少なくなった。つまり、旧自治官僚にとって、消防庁は貴重な中央でのポスト（組織資源）なのである。そのポストを手放すというのは、総務省の旧自治省系グループにとって受け入れがたいことであった。

　また、当時行政改革の流れで、2001年に附属機関である消防研究所が独立法人化され、消防庁から切り離されたことも、元々組織資源の少ない消防庁にとって、大きなダメージであった。消防庁には、事務官のプロパー職員がいないが、技官の消防庁に長期在籍する職員がいる。消防研究所や消防庁予防課に

ごくわずか在籍していた。彼らは、国の消防行政に精通した貴重な人的資源であるが、消防庁は消防研究所の独立法人化と共にその人的資源も失ってしまったのである。独立法人化は政治主導で行われ、消防庁は政治資源不足からそれを受け入れざるを得ず、消防庁の政治資源不足を露呈するかたちとなった。これは、消防研究所が一定の独立性を持った技官ポストで、本省の旧自治省グループにとっては自分達のポスト減に直接つながらず、当事者意識も稀薄であったことも、独立法人化がすんなり進んでしまった原因の一つであったように思われる。

　更に、2001年の省庁再編時、省庁間での文書化されていない申入れ事項等は白紙に戻そうということになったが、そこに絡むのが、1974年の国土庁と旧自治省の地方防災行政についての申入れであった。地方自治体に関連する防災行政については、消防庁が窓口となるというものである。2001年の省庁再編時のルールに基づけば、消防庁はそれを新たに防災行政の管轄省庁となった内閣府に渡さねばならなくなるが、無論消防庁にとっては受け入れがたい話である。そのため、消防庁は消防防災行政を手放さなかった。

　このように当時消防庁は、組織防衛上の観点からも、幹部の人的資源の強化を図り、積極的な行政運営（法的資源及び組織資源の強化等）を行うことで、消防庁の必要性を中央でアピールする必要性に迫られていたのである。

　その後、危機管理庁の創設は、自民党と当時の民主党が合意し、2005年8月に法案の国会提出まで行くが、「郵政解散」で廃案となる。また2006年4月に、独立行政法人消防研究所が廃止され、総務省消防庁消防大学校に消防研究センターを創設しその業務を移管した。消防庁が、一旦手放した研究所を取り戻したのである。そして地方防災行政も、未だ消防庁の業務として維持されている。

◆6 まとめ

　以上のように、阪神・淡路大震災で明らかになった、国の垂直補完体制の脆弱さに対する反省から、防災行政や消防防災行政における国の権限強化が進むこととなった。そして、消防行政では、消防防災行政において、組織防衛上の理由から、大震災後に管轄省庁である消防庁の法的資源及び組織資源が強化されることとなった。

　特に注目すべき、消防庁が保有する資源強化を図る過程での、消防防災行政の拡大と変質である。前述の通り、企画・立案、各種法令・基準の策定など行う政策官庁であった消防庁は、実働部隊という組織資源を持たず、防災や災害対応において出来ることは、地方公共団体の連絡調整（地方防災行政）にほぼ限定されていた。また、消防防災行政で特に大規模災害発生時に出来ることには、制度的資源上大きな制約があった。それが2004年4月の消防組織法の改正により、指揮命令権まで行かぬまでも緊急消防援助隊の出動指示権まで確立したことにより、事実上消防庁の実働部隊として緊急消防援助隊を用い大規模災害時のオペレーション活動が可能となるまで、消防防災行政の範囲を拡大させることが出来た。

　消防行政の中でも、消防防災行政における消防庁の権限強化は際立っている。逆に言えば、消防防災行政以外の消防行政分野においては、市町村消防が実働部隊といった組織資源を保有し、情報資源においても勝っており、法的資源の制約から消防庁の関与できる範囲は限定されている。しかし、市町村消防本部のみでは対応できない、大規模災害時の消防防災行政に、消防庁は新たな存在意義を見出したといえる。市町村消防という制度の下、消防庁の最も重要な役割は、市町村消防本部が出来ない部分を、垂直補完で補うことである。そのような意味からいえば、災害対応における消防庁の垂直補完体制の強化を図ろうとする、消防防災行政の拡大、強化は、正しい方向性である。

　ただ、現在は内閣府が行う防災行政と、消防庁が行う消防防災行政が併存する形態は、国の災害対応の一体性という視点から見れば課題も多い。大規模災害時の統括指揮は、内閣危機管理監や、首相官邸に設置される対策室や、内閣に設置させる災害対策本部などが行うこととなっており、消防庁の消防防災行政もその指揮下に入ることとなるはずであるが、消防庁が独自性を持って動く部分や重複部分も多々あり、グレーゾーンの部分がある。今後、そのような不明確な部分の整理をしていく必要がある。

　このように、消防防災行政においては、消防庁が保有する資源の拡大を続けているが、それ以外の消防行政の分野の多くにおいては、消防庁と大都市消防本部の保有する資源の圧倒的な格差が存在する。そのため、消防庁資源不足を、大都市消防本部の資源に依存（下からの垂直補完）することで克服してきた。出向組・研修組への人的資源の依存然り、緊急消防援助隊然りである。この大都市消防本部への資源の集中は、市町村消防本部間の水平補完体制にも大

きな影響を及ぼしている。消防行政では、水平関係の中で、大都市消防本部の
垂直補完が見られる。次章では、消防庁が資源依存する市町村消防本部間の関
係及び、水平補完体制の現状について分析を行いたい。

[注]
1　災害時の国と地方公共団体間の連絡調整を、消防庁が窓口となって行う行政分野のことである。

2　消防防災行政は、総務省消防庁による大規模災害や大規模事故への対応等の業務分野を指す。

3　消防庁防災課（1995）『 逐条解説災害対策基本法』. ぎょうせい, p.7.

4　元内閣府政策統括官（防災担当）付参事官（総括担当）よりヒアリング（2016 年 12 月 16 日）

5　同上

6　総務省消防庁防災課(2001)『中央省庁等後の国の防災体制について』近代消防. 近代 消防社,p.21

7　麻生幾（2001)『情報、官邸に達せず』新潮社

8　第 36 普通科連隊のみは、自衛隊法第八十三条三項に基づき阪急伊丹駅への近傍派遣（災害派遣）
　　を行った。普段から付き合いのある地元地域への災害派遣は、都道府県知事の許可が無くとも出来
　　ることになっていた。

9　元神戸市消防局職員へのヒアリング 2013 年 10 月 6 日

10　自治省消防庁救急救助課（1995）「地下鉄サリン事件後の消防庁の対応」『プレホスピタルケア』8:
　　3 17 号. pp.85-90.

11　よって現在、自衛隊と同じ型の戦闘用化学防護服の購入が可能であるが、ほとんど導入例はない。
　　戦闘を目的とした自衛隊の化学防護服はフィルター型であるが、危険区域（ホットゾーン）での一定
　　時間にわたる活動が必要となる可能性がある消防では、ボンベ型の陽圧防護服が、現在では一般的
　　となっている（生物、化学物質による災害の場合）。核による災害の場合、ホットゾーンの最高レベ
　　ル 3 の場合、放射能防護服を着なければならない。また準危険区域（ウォームゾーン）や、火災警
　　戒区域、消防警戒区域（コールドゾーン）では簡易防護服といった NBC 災害の程度による使い分
　　けが想定されている。

12　兵庫県内消防局職員ヒアリング（2010 年 5 月 10 日）

13　防災行政研究会（2016）『逐条解説　災害対策基本法　第三次改訂版』. ぎょうせい、p. 230.

14　生田長人（2013）『防災法』. 信山社、p. 53.

15　北本蛭田町議会議員ヒアリング（2000 年 11 月 8 日）

16　蛭田町議会会議議事録

17　関克己審議官

18　北海道新聞 2000 年 6 月 7 日

19　防災問題懇談会（1995）「防災問題懇談会提言（1995 年 9 月 11 日）」

20　山口祥義（2005）「2005 年度消防庁組織体制の充実強化概要」『消防防災行政』. 東京法令出版、
　　p. 30.

21　『ラジオライフ 1 月号（2005）』三才ブックス、p.11.

22　毎日新聞 2004 年 10 月 29 日

23　指示権は国の指示に従わなくとも法的ペナルティーは無い、対して指揮命令権は従わなかった場合、
　　法的ペナルティーが発生する。更に、消防組織法が認めるのは、緊急消防援助隊の出動に関する
　　指示権のみで、災害時の緊急消防援助隊のオペレーション活動に対する指示権までは厳密には認め
　　ていない。

24　山口祥義（2005）前掲書、p.30.

25　同上、p.33.

第7章

消防行政における
市町村消防本部間関係
と水平補完の分析

◇1.
消防行政における市町村消防本部間関係と水平補完

　第4章の分析からは、わが国で多数を占める小規模消防本部において、消防資源も少ない傾向が見られる。これは、戦後に官設消防（国営消防）の資源を受け継いだ大都市消防本部と異なり、戦後新設の消防本部では、ゼロから消防資源を整備していかねばならなかったからである。また、これら後発で消防の常備化を行った地域は、規模も小さく、財政的資源も少ない市町村が多く、小規模消防本部が多数生じることとなった。国は、市町村合併で消防本部の運営主体である市町村の広域再編や、国の整備基準を示すことによる平準化の試みを過去に何度も行ってきた。ただ、それぞれの地域が抱える問題も多様で、大きな改善にはつながっていない。

　そのような状況下、小規模消防本部に不足している資源を如何に補完するかが重要な課題となる。本来であれば垂直補完で、国が不足資源の提供を行うべきであるが、**第3、5、6章**でも見てきたように、国の消防機関も保有する消防資源も必ずしも大きくない。その結果、災害時のみならず平常時に至るまで、国の消防機関による小規模消防本部に対する垂直補完は長年十分には機能してこなかった側面がある。一方、消防行政においては、市町村消防本部間における水平補完の体制が、市町村消防側からの発意によって、災害時のみならず平常時に至るまで長年インフォーマルに整備されてきた。2011年の東日本大震災後、他行政分野でも災害時の地方公共団体間での水平補完による広域応援が行われ、消防行政はその先行事例として注目されたが、消防行政においては垂直補完が十分に機能しない部分を補うため、水平補完体制が発達したという側面もある。

　特に、この市町村消防間の水平補完のネットワークにおいて、国の消防機関に代わり、大きな影響力を持つのが戦前の警視庁消防部の資源をすべて引き継いで、圧倒的な資源を保有する東京消防庁である。東京消防庁は、消防組織間の資源交換のネットワークの中において、資源優位性を持つ組織である。消防行政特有の現象であるが、東京消防庁が水平的関係の中で垂直補完を行う側面がある。では、消防本部間関係及び、水平補完の資源交換のネットワークの実態はどのようになっているのであろうか。本章で見ていきたい。

◇2.
垂直補完における模索

(1) 情報資源の中央地方間の補完システム

　全国消防本部の中でも多数を占める小規模消防本部の資源不足に、自らの保有する資源も不足している国の消防機関は、長年十分な対応をとることが出来なかった側面がある。消防庁は、中央レベルの情報資源（今後、どのような政策決定が行われるか等の情報）は当然保有しているが、現場活動に役に立つ情報資源はわずかにしか保有していないからである。一方、大規模消防本部とは異なり、小規模消防本部に国の政策にまで関心を持つ余裕はない。小規模消防本部が最も欲しているのは、現場活動で役立つ情報資源である。そこに情報資源をめぐる中央地方関係における需要と供給のミスマッチが生じている。

　無論、戦後市町村消防制度が導入された時から、この事態はある程度予測できた。そのため市町村消防制度を創ったGHQのAngell（**第1章 → p.4**）は、小規模消防本部に不足する情報資源（専門知、専門技術等、特に現場活動で必要となる情報資源）に関しては、国が垂直補完で補うシステムが機能することを期待していた。

　「都市の大小を問わず、消防部の長は進歩的であって、この方面の発達に常に追従し、遅れないようにしなくてはならない。最近の研究にかかる、機械的及び化学的泡による消火、噴霧筒口、浸潤水、炭酸ガスによる消火、最新型のポンプ車の構造等について、十分な知識を持っていなくてはならない。このような新しい知識は、国家消防庁を通じて得ることが出来る[1]。」

　「昭和23年3月、国家公安委員会によって、国家消防庁が創設されたときには、同庁の事務を遂行し得る資格を有する者は殆んどいなかった。また消防研究所の所員を求めるに当っても同様の困難を感じた。何故ならば、日本の技術者で火災の予防及び消防に興味を持っている者は殆んど無かったからである。そこで、法律家、技術者、前警察官及び消防官を各自分担する職務について訓練を行い、或は、講習所の教員又は全国消防の技術に関する助言者として仕事をする者等に、あらゆる援助を与えて、今日では、国家消防庁及び消防研究所は、近代の火災予防及び消防に関する種々の分野に於いて、日本で最良の知識を有する者の集団となった。全国の消防本部、火災保険会社、工場及び個人等で、この方面の助言を必要とするものは、国家消防庁或は消防研究所に相談す

べきである²。」

このように、Angellは他分野から専門家を国に集め教育し、自ら現場で求められる情報資源・専門技術の生産、再生産が出来ない消防本部には、国が垂直補完で現場活動に関わる情報資源を開発し提供する体制を構築しようとしたのである。

(2) 現場で求められる情報資源の専門性の高度化

では現場の情報資源とはどのようなものか、1978年時に消防庁次長を務めた鹿児島重治は、消防行政の現場情報資源について以下のように述べている。

「端的にいって、消防行政、とくに伝統的かつ固有の事務である警防（消火）活動は、かつて単純な業務に属するものであったといってよいであろう。もちろん、すべての仕事がそうであるように、消防活動にもノウハウが豊富にあることは間違いないが、木造家屋の火災に一刻も早く駆けつけて、統制のある指揮の下、破壊や注水によってすみやかに鎮火させることでその使命を達成することができた。しかし、今日の消火活動ははるかに複雑であり専門的である。密集した市街地の中を現地に赴き、水利の利用や火がかりを効率的に行い、有毒ガスの発生に対処し、火災原因の調査を行うなど完全にプロフェッショナルな仕事になっている。イギリスで消防職員がストライキを行った際に、代わって警防活動を行った軍隊が必ずしも十分な活動を行いえなかったといわれているのは、このような事情に基づくものであると考えられる。また、戦後、消防行政の拡大に伴ってあらたにその事務となった予防行政や救急行政の専門性については、改めて述べるまでもないであろう。都市構造がきわめて複雑となった今日、予防査察には高度の知識が必要であり、地下街や高層ビルのような特殊建築、石油タンクなどの危険物施設の災害予防には高度の専門性が求められている。救急にしても単なる搬送から応急手当の実施、あるいは傷病者を観察しての適切な病院への送致など、その専門性は高まる一方であって、今後、アメリカのパラメディックの域に到達するには医師に近い知識、経験が必要とされることとなる³。」

鹿児島の予想通り、現在では救急救命士制度の導入により、救急行政の専門性は、消防行政の中でも特化してきている。1982年度以降135時間の講習(救急Ⅰ課程)が義務づけられていたが、1991年115時間（救急Ⅱ課程）追加され合計250時間（救急標準課程）になった。そして更に1992年の救急救命士制度

の創設で、5年または2000時間以上の救急乗務従事経験者が救急救命士養成所での6か月の教育を経て国家試験に合格することが求められるようになった。

　また近年では、CBRNE災害（化学・生物・放射性物質・核・爆発物による特殊災害）対応や、武力攻撃災害への対応も消防の仕事となり、消防に求められる専門性は更に高まっている。火災原因調査においても、その専門性が認められ消防職員が作成した実況見分調書や質問調書も、法廷で証拠価値がある証拠として採用される判例が増えている。更に、予防消防の対応マニュアル作成においては、法律の専門知識が不可欠である。このように消防行政の従事者は、これらの専門性に精通した専門知が求められる。もはや消防行政における現場情報資源の専門性は高度化し、短期間で習得できるようなものではなくなってきているのである。

　また消防は、科学イノベーションの影響を極めて強く受ける行政分野である。科学イノベーションによる消防装備の進化は、それを使いこなす新しいノウハウのみならず、消防戦術等にも大きな変化をもたらす。消防の現場では、常にそのような最新の情報資源の獲得、更新が大きな命題となっている。大規模消防本部の中には、研究開発部門を持っている本部や、民間企業と共同で科学技術開発を行っている本部も存在する。ただ科学イノベーションを反映した最新技術の開発等は小規模・中規模消防本部では財政資源の制約からほぼ不可能である。そのような情報資源の補完は、本来国が垂直補完（上からの垂直補完）で行うべきものである。

(3) 消防研究所

　そのような問題意識に基づき、Angellは最新科学技術等の情報資源を国が研究開発し、小規模、中規模消防本部へと伝達する機関として、消防研究所の役割を重視していた。国の機関として研究所と管理局からなるNational firedefense board構想を主張して[4]、最終的に国家消防庁を設立し、その内部部局として、管理局と同格の消防研究所を設置した（管理部門と研究部門が対等）。

　ただ、国が現場の求める情報資源を開発し、垂直補完で消防本部に提供するという当初の目的は、必ずしも十分には成功しなかった。一つには、第2章でも見てきたように、旧官設消防の人的資源が、現場の情報資源と共に戦後警視庁消防部や地方官署から東京消防庁等の大都市消防本部に流れてしまったことが挙げられる。1948年2月18日に国家消防庁設立準備事務局長から都道府県

162

知事及び警視総監へ向けて発令された通達（内務局第一局消防発甲第二号）によると、「官設消防職員は現在その官設消防管区の市町村に配置された定員の現在の都道府県にある定員の範囲内でその地に配分し当該市町村の消防とするを原則とする」とある。その人的資源の中には、消防、火災関連技術の情報資源に精通した技術系の人材も含まれていた。例えば、警視庁消防部は戦前機械課を保有していたが、その課に所属していた技師は東京消防庁の機械課等へ引き継がれた。その後、東京消防庁機械課は1950年から独自に消防装備・資機材の開発を開始し[5]、1961年からは東京消防庁消防科学研究所を設置し、科学技術のイノベーションを即時に反映させ現場活動に役立つ最新消防技術の独自開発能力を強化している。一方、国家消防庁は、消防研究所を新設する際、研究者のほとんどを消防機関以外から獲得せざるを得なかった。

また第二に、国の消防機関は財政的資源の制約から、研究開発への組織資源の継続的投入、それによる研究部門の維持、拡大を行わなかった。徐々に、限定された財政的資源及び組織資源は、管理部門の方に重点的に振り分けられるようになった。国家消防本部への改組時に、管理局は廃止され（国家消防本部への事実上の昇格）、消防研究所は本部の附属機関へと降格され、更に2001年には一旦独立法人化して消防庁から分離された。その後、2006年に改めて消防庁へと統合されたが、附属機関である消防大学校の内部組織「消防研究センター」へと格下げになった（附属組織の内部組織へと更に降格）。このようにAngellが構想した現場で求められる情報資源を消防研究所で開発し垂直補完しようとするシステムは徐々に弱体化されていった。一方、国家消防本部の方は、1960年の自治庁の省昇格時に、自治省の外局となった[6]。

(4) 消防大学校

市町村消防本部への情報資源の垂直補完で、旧消防研究所よりも機能しているのが、東京都三鷹市に設置された消防大学校である。全国の消防本部から幹部候補生を集め、消防行政に関わる専門的教育を実施している[7]。

ただ消防大学校は、第5章でも見てきたように、東京消防庁に資源依存してはじめて成り立つ機関である。国の現場情報資源は不足しているので、副校長をはじめとした教授陣は、ほとんどが東京消防庁からの出向組である。情報資源の教育面での垂直補完においても、国の垂直補完というよりは厳密には東京消防庁の保有する人的資源、情報資源等を活用した融合的補完である。

◇3.
市町村消防本部間の組織資源、情報資源の水平補完

(1) 東京消防庁、代表(大都市)消防本部の影響力

① 東京消防庁の水平補完における役割(水平補完関係内の垂直補完)

　このように国の消防機関による、不足資源の垂直補完が必ずしも十分ではなかったことから、消防行政では消防本部間で足りない資源を補い合う水平補完が以前から盛んに行われてきた。そして消防行政における水平補完では、保有する組織資源や情報資源・財政的資源が豊富な大都市消防本部が大きな役割を果たす。垂直補完で国の消防機関が補いきれない資源(特に現場が必要とする情報資源)を、代わりに水平補完で小規模消防本部に提供してきたのである。

　特に東京消防庁は、**第5章**でも見てきたように保有する圧倒的な資源量で、消防組織間におけるパワー優位性を保ってきた。それは市町村消防本部間の水平補完においても同様である。**図表7-1**は、前出の2001年に、全国約900(当時)の消防本部に対して実施したアンケート調査で、消防組織間関係において総務省消防庁と東京消防庁のどちらがリーダーシップを発揮しているかという質問に対する回答を集計したものである。これを見ると、34%の消防本部が消防庁よりも東京消防庁の方がリーダーシップを発揮していると回答している。消防組織法上は一市町村消防本部に過ぎない東京消防庁の方が、国よりもリーダーシップを発揮していると認識する消防本部が34%も存在するというのは、東京消防庁の存在の大きさ故である。

　東京消防庁は、保有する組織資源や現場の情報資源、財政資源で、消防庁を含めた他の消防組織すべてを上回る巨大消防組織である。更に、独自の研究所である消防技術安全所を保有し、現場の情報資源の研究開発も行っている。東京消防庁が開発し先行的に運用された情報資源や最新装備、設備等の組織資源は、その後消防庁によって採用され全国に普及されるケースが多い

図表7-1　どちらが消防行政でリーダーシップを発揮していると思うか(n=630)

〔出典〕2001年11月実施の全国消防本部へのアンケート調査(回収率69%)より著者作成

164

（水平補完内の垂直補完）。東京消防庁が保有する予防や、火災原因調査等に関わる情報資源も、同様である。

② 代表（大都市）消防本部の水平補完における役割

このように東京消防庁は、消防組織間で唯一の全国的パワー優位性を持つ組織であるが、それぞれの地域においては、地域内で他消防本部に強い影響力を持つ地域限定のパワー優位性を持つ消防本部が存在する。それが地域の代表（大都市）消防本部である。

代表消防（**別図表7-1 →p.178**）という用語は、元々は地域で影響力を持った消防本部を指すインフォーマルな業界用語であったが、緊急消防援助隊の法制化と共に、各都道府県隊の指揮をする本部を指す用語として制度化された。長年、東京消防庁と共に、小規模消防本部に対して不足資源を水平補完してきた。政令指定都市・中核市の消防本部や、県庁所在市の消防本部が主に該当する。特に、旧官設消防の資源を引き継いだ大都市消防本部の、周辺消防本部に対する影響力は大きい。なお代表消防本部の中でも、保有する組織資源・財政的資源・情報資源の大小があり、影響力を持つ範囲の広さも異なる。

ただ、代表消防本部は、東京消防庁のように全面的にすべての資源を保有している訳ではないので、どの分野の保有資源量が多いかで得意分野も限定される。例えば、大規模な代表消防は、研究部門を持ち科学技術の開発も行う（**図表7-2**）。中規模な代表消防も、火災原因の究明、消防装備・資機材等の開発・改良等を業務担当部門で行っている。

図表7-2　消防機関の研究部門
（2013年度）

消防本部名	定員
札幌市消防局	4
東京消防庁	43
川崎市消防局	3
横浜市消防局	5
名古屋市消防局	6
京都市消防局	6
大阪市消防局	10
神戸市消防局	3
北九州市消防局	3
消防研究センター	26

〔出典〕消防庁（2013）「平成25年度消防白書」p.256.より引用

(2) 全国消防長会

また、消防組織間の不足資源の水平補完において、東京消防庁や代表消防本部共々重要な役割を果たすのが、全国消防長会である。全国消防長会とはどのような組織なのであろうか。前身の全国都市消防長連絡協議会は1949年に設立された、1961年名称を現在の全国消防長会に変更した。全国の消防本部の

消防長で構成された団体である。全国消防長の融和協調、情報交換、消防制度・技術等の総合的研究を目的としている。市町村消防側の意向を実現するための、消防庁への働きかけも行っている。つまり、市町村消防本部間の情報資源の水平補完と、不足資源の垂直補完（上からの垂直補完）体制強化のために国への政策提言や、自民党等の政党へのロビー活動を行っている。組織間調整機構に該当する組織である。

　会長は常に東京消防庁消防総監、副会長は大都市消防（旧官設消防設置市）の消防長が務めることとなっている。そして東京消防庁や消防本部も個々にではなく、本組織を通し全国消防長会の会長、副会長の身分で、水平補完や垂直補完の国への働きかけを推進する場合が多い。会長及び副会長が指定席となっているのは、これら消防本部が、その他中規模・小規模消防本部と比較し、圧倒的な資源を保有しているためである。また、水平的関係が建前の消防本部の消防長間にも、実は縦の序列が制度的に存在するからである。これら大都市消防本部に対し、国は依存する部分があるため、市町村消防本部側の意向を通しやすい。これは東京消防庁や、大都市消防本部にとって、パワー優位性を維持するための、制度的資源ともなっている。

　図表7-3のように、1962年5月23日消防庁より告示された第六号「消防吏員の階級の基準」により、市町村消防本部の消防長は、管轄人口規模と職員数により、消防吏員としての階級が異なる。消防吏員の最も上の階級である消防総監は、特別区の消防長である東京消防庁の消防長しかなることが出来ない。次に高位の消防司監も、人口50万以上の大都市消防本部の消防長でなければなることが出来ない。

図表7-3　消防長の階級

階級	消防長の階級
消防総監	特別区の消防長（東京消防庁）
消防司監	人口50万以上の市の消防長
消防正監	消防吏員の数が200人以上又は人口30万以上の市町村の消防長
消防監	消防吏員の数が100人以上又は人口10万以上の市町村の消防長
消防司令長	人口10万人以下の市町村の消防長

〔出典〕1962年5月23日消防庁告示第六号「消防吏員の階級の基準」、消防組織法より引用

(3) 代表消防と周辺消防本部の人的つながり

　これら代表消防本部は、小規模消防本部を何故助けるのか。その背景に、インフォーマルな組織的ネットワーク・人的ネットワークが一つの要因として挙げられる。

図表7-4　新設消防本部数の時系列的変化（人）

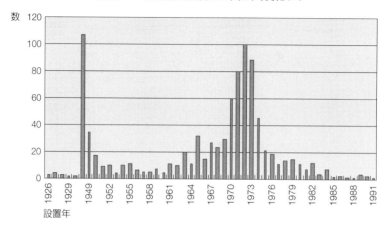

〔出典〕自治省消防庁（1993）「平成5年度消防年報」の統計データより著者作成

　東京消防庁は別格として、代表消防本部が周辺消防本部に対して、このように影響力を持ちはじめたのは、特に「消防本部及び消防署を置かなければならない市町村を定める政令（政令第170号）」が1971年6月1日に出されてからである。それにより本政令に定められた市町村は消防本部・消防署が義務設置となって、新設消防本部が急増した。**図表7-4**でも分かるように、戦後市町村消防制度が導入された直後と、本時期に新設消防本部が急増している。

　当初、これら新設消防本部は、現場活動で求められる情報資源を全く保有していなかった。また、情報資源を持った人的資源も保有していないので、代表消防との人事交流 **(図表7-5)** や、幹部候補として現場の情報資源に精通した代表消防職員を中途採用すること **(図表7-6)** によって、人的資源や情報資源の獲得を行おうとした。Angellは、英国の消防で行われていた都市連合競争選抜（他都市から定評ある人材を採用）を自治体消防導入時より推奨していた[8]。鹿児島も、「発足当初の消防本部など部内に然るべき有識者がない場合には、他の部局（首長部局）から（消防の専門知を持っていない人材を）移入するよりも、大都市の消防局に応援を求める方がはるかに適切[9]」と述べている。

図表7-5　代表消防からの職員派遣のケース

【ケース1】

〔出典〕壱岐市消防本部（2008）『平成20年度壱岐市消防年報』p.4.
　　　　の掲載情報より著者作成

【ケース2】

〔出典〕長崎市総務部人事課（1974）『昭49年度長崎市職員録』p.85.
　　　　の掲載情報より著者作成

図表7-6　代表消防から転出するケース

【ケース1】

〔出典〕大熊町HP（http://www.town.okuma.fukushima.jp/）
　　　　2008年12月9日確認の掲載情報より著者作成

【ケース2】

〔出典〕大泉南市（2007）「平成19年度消防年報」p.5.
　　　　の掲載情報より著者作成

【ケース3】

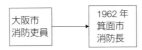

〔出典〕箕面市消防本部（2008）「平20年度消防年報」p.2.
　　　　の掲載情報より著者作成

(4) 暖簾分け方式に近いインフォーマルな水平補完のネットワーク

　この暖簾分け方式に近い、インフォーマルな水平補完のネットワーク（図表7-7）により、人的資源及び情報資源の提供を行った地域の代表消防は、強い影響力を周辺消防本部に対して持ちはじめる。特に、代表消防から転出した職員がいるケースでは、その職員は持っている情報資源ゆえに優遇され、また本部内での出世競争でも有利なのでその後消防長になるケースが多い。代表消防からの派遣職員・転出職員は、出身代表消防本部において獲得した情報資源に倣い新設消防本部の体制整備を進めようとするので、装備の方式（東京消防庁方式、大阪市消防局方式、名古屋市消防局方式、横浜市消防局方式等）・組織の運営方法・部隊の編成・先進的施策・先進的技術の導入等で代表消防を見習うこととなる。そして、代表消防の情報資源は地域内で一般化することとなる。

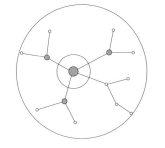

図表7-7　代表消防を中心とした
地域内の周辺消防本部との
インフォーマルな関係のイメージ

　これら代表消防の中で、全国的に影響力を持つのは、東京消防庁のみである。それは東京消防庁にしか開発できない情報資源があるからである。東京消防庁方式は、消防庁がそれを採用することで全国的スタンダードとなる場合がある。これは言うならば、組織固有の情報資源の全国的情報資源への昇格（一般化）である。

(5) 代表消防へのインセンティブ

　このように、代表消防が周辺消防本部の情報資源を水平補完する体制が長期間にわたって続いてきた訳であるが、資源を提供する側のインセンティブは何だったのであろうか。一つは、消防本部が必置規制になって新設消防本部が増えていた時期は、自らの職員に（将来的に）待遇の良いポストを確保できるという直接的メリットがあったものと思われる。代表消防本部の幹部ポストは限られているが、職員の多くを他消防本部の幹部や消防長にまですることができた[10]。

　一方、消防庁も第5章で見てきたように、代表消防への出向ポストの提供をインセンティブとして行なっている。消防長の階級についても、東京消防庁や代表消防本部に制度的資源を与え優遇しているように、消防庁にとっても水平

補完システムが機能することは望ましいことである。何故ならば、消防庁が資源不足で垂直補完が十分に機能しない部分を補ってくれているからである。それにより消防庁は、必要最低限の保有資源で、消防行政の目的を、ある程度のレベルまで十分に達成することが可能となる。

　そのため、消防大学校副校長及び複数の教授ポストは、東京消防庁の出向ポストとして長年固定化している。よって東京消防庁の出向職員は、全国消防本部の幹部候補職員と師弟関係が出来るメリットが生じる。これも、前出の**図表7-1**で、東京消防庁の方が総務省消防庁よりもリーダーシップをとっているという回答がかなり多かった背景の一つといえよう。またそれを、消防庁も後押ししている側面がある[11]。

(6) 消防における資源の水平補完システムの限界

　ただ、この消防における資源（特に情報資源）の水平補完システムにも限界がある。一つは、代表消防本部が保有する情報資源への、他消防本部のアクセスを拒む場合があるからである。よって、小規模・中規模消防本部は欲しい時に、欲しい情報資源を何時でも獲得出来るわけではない。例えば、東京消防庁が開発した壁面昇降ロボット（レスキュークライマー）・遠隔自動制御ポンプ車・危険物判定や確認試験に用いる各種試験機器（大気中の毒ガス検出器等）・濃煙等の不可視環境下でレーザー光を利用して物体を認識できる視覚装置等は、東京消防庁のみが保有している装備で、他消防本部のアクセスは許可していない。

　また、火災原因調査においても、代表消防による情報資源の囲い込みがみられる。火災原因調査は、同様な火災の再発予防を目的とする消防業務である。一般的に、小規模消防本部では不明火（火災原因が特定できない火災）が多い。これは、技術上小規模消防本部では、火災原因が特定できないので不明火として処理される火災が多いからである。火災の原因調査は、火災の再現実験等の研究機材や環境が必要となる。中核市以上の市は、保健所が持てるので、保健所付属の研究所や機材が使える。また大都市消防本部は、前述の通り、独自の研究所を保有している場合もある。それに比べ小規模消防本部の場合、機材や環境といった組織資源が極めて乏しい。

　そして、中核市レベルでも、保健所付属の研究所の研究機材等を使用しても手に負えないようなケースが生じる。そのような場合、近年は民間企業や他の行政機関等に依頼するようになってきている。これは研究所を自前で持ってい

図表7-8　以前の消防研究所の応援体制

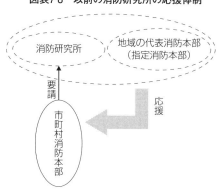

<u>る代表消防本部に頼んでも、「議会に説明できないと」と断られるケースが増</u>
<u>えてきているからである</u> [12]。消防本部も、市の一部局である以上、仮に消防本
部が協力したいと考えても、議会や首長部局の意向に縛られる。自治体経営の
合理化が進んでいる現在、消防本部間の水平補完のシステムが機能しにくくな
って来ている側面があるのである。東京消防庁をはじめとした代表消防本部が、
自らが保有する希少性の高い資源へのアクセスを制限するのは、パワー優位性
の維持という側面以外に、このような地方自治制度の中での制約がある。

　本来そのような時の為に、Angellは消防研究所（現消防研究センター）を
設置したはずである。しかし、独立法人化や規模が縮小されて消防大学に吸収
された後、その垂直補完機能が弱体化している。それでも以前は、要請すると
消防研究所が垂直補完で応援するシステムがあった（**図表7-8**）。厳密には、消防
研究所に要請すると、地域の代表消防の火災原因担当者と、研究所研究員が応
援に駆けつけるというものである。つまり国が、地域の代表消防も巻き込んで、
融合的補完を行うシステムが機能していたのである。しかし、消防研究センタ
ーになった後、そのような機能も一時期弱体化した。（しかし近年は、調査官
の派遣や物品の鑑定を垂直補完で国が行う長官調査や技術支援の制度が整備さ
れ、改めて強化されてきている。）

　警察行政の場合は、警察署の刑事課から、都道府県警察本部の刑事部に設置
された科学捜査研究所へ、それでも判明できない場合は警察庁の附属機関であ
る科学警察研究所へという鑑識鑑定の階層的補完ルートがあり、最終的には国
が犯罪証拠の分析等を行う垂直補完の仕組みが存在するが、消防行政にはその
ような体制が不十分であった。

図表7-9　都道府県別の代表消防機関及び代表消防機関代行の組織規模

都道府県	代表消防機関	代表消防機関代行
北海道	グループ2	グループ3×5本部
青森県	グループ3	グループ3×2本部
岩手県	グループ3	グループ3
宮城県	グループ2	グループ3×3本部
秋田県	グループ3	グループ3
山形県	グループ3	グループ3
福島県	グループ3	グループ3
茨城県	グループ3	グループ3×2本部
栃木県	グループ3	グループ3
群馬県	グループ3	グループ3
埼玉県	グループ2	グループ3
千葉県	グループ2	グループ3
東京都	グループ1	
神奈川県	グループ2	グループ2
新潟県	グループ2	グループ3
富山県	グループ3	グループ3
石川県	グループ3	グループ3
福井県	グループ3	グループ4
山梨県	グループ3	
長野県	グループ3	グループ3×2本部
岐阜県	グループ3	グループ3
静岡県	グループ2	
愛知県	グループ3	グループ3
三重県	グループ3	グループ3
滋賀県	グループ3	グループ3
京都府	グループ3	グループ4
大阪府	グループ2	グループ2
兵庫県	グループ2	グループ3×2本部
奈良県	グループ3	グループ3
和歌山県	グループ3	グループ4
鳥取県	グループ3	グループ3
島根県	グループ3	グループ4
岡山県	グループ2	グループ3×2本部
広島県	グループ2	グループ3
山口県	グループ3	グループ3
徳島県	グループ3	グループ4×2本部
香川県	グループ3	グループ4
愛媛県	グループ3	グループ4
高知県	グループ3	グループ5
福岡県	グループ2	グループ2
佐賀県	グループ3	グループ4
長崎県	グループ3	グループ3
熊本県	グループ2	グループ3
大分県	グループ3	グループ4
宮崎県	グループ3	グループ4
鹿児島県	グループ3	グループ4
沖縄県	グループ3	グループ4

〔出典〕総務省消防庁（2004）「代表消防機関・代表消防機関代行一覧表」及び
全国消防長会（2017）「2017年度統計データ」の統計データより著者作成

172

　更に、地域によっては、代表消防といえども、大規模消防本部ではない地域がある。そのような地域では、このような消防本部間の水平補完のシステムは機能しない。代表消防本部も資源不足で、周辺の消防本部を支援したくともするだけの余裕が無いからである。**図表7-9**は、都道府県別に代表消防機関及び代表消防機関代行の組織規模を見たものである。前述通り、総務省消防庁は緊急消防援助隊の法制化の際に、各都道府県部隊を指揮する本部を代表消防機関、状況に応じて代表消防機関の代行を務める組織を代表消防機関代行と定めた。各都道府県に代表消防機関は1本部、代表消防機関代行は都道府県によって数が異なり、指定していない都道府県がある一方で、北海道のように5本部定めている地域もある。これらの消防本部は、従来から消防業界ではインフォーマルに使われていた、代表消防本部にほぼ該当する。これらの消防本部を、**第4章の図表4-2**「組織規模別の消防本部の分類」に基づき、組織規模別にグループ1から5までに分類したものである。グループ1、2が大規模消防本部、グループ3が中規模消防本部、グループ4が準中規模消防本部、グループ5が小規模消防本部である。代表消防機関は、全都道府県グループ3の中規模消防本部以上であるが、マーカー部分（枠内が濃い箇所）のように、代表消防機関代行はグループ4、5の準中規模消防本部や小規模消防本部の地域もある。

　また、これらのマーカー部分の地域の中には、代表消防機関の組織規模が、グループ3（中規模消防本部）の中でも比較的小さな消防本部が複数存在する。山形市消防本部（258人）、福島市消防本部（258人）、松江市消防本部（260人）、徳島市消防本部（248人）は、消防職員数が300人未満である。全国消防本部の職員数の平均が224人なので、それよりは多いものの、平常時から周辺消防本部に対し、水平補完の中核となる組織としては、かなり小規模である。そして、これら代表消防機関の代わりを、場合によっては担うことが期待される、代表消防機関代行の中には、職員数が全国平均以下の消防本部も19団体ある（最少の代表消防機関代行は、高知県の嶺北広域行政事務組合消防本部で42人である）。このように、中核となるべき代表消防本部が小規模な地域においては、水平補完が上手く機能しないことが危惧される。

　更に、掛かった経費も、重要な問題である。原則要請主義（応援を要請した側が経費を負担する）であるが、ケースバイケースである。もめるケースも多い。例えば、D県消防防災航空隊（代表消防は独自にヘリを持っているので、それ以外の消防本部が経費を出し合って警察に委託）は、規定時間オーバーで消火

活動中に途中で帰ってしまったことがある。公平主義が時間まで制約したのである。その後、時間の制約を解除したが、今度は、分担金の会合で頻繁にもめるようになった。山火事等で特定消防本部管内での出動件数が多い場合、他消防本部の不公平感が特に増す[13]。住民からの多額の税金が原資だから、住民の税金を投入して開発した情報資源だからということで、他消防本部のアクセスが困難になる。そこに、水平補完システムの本質的限界がある。

◇4.
大規模自然災害・事故時の水平補完

(1) 消防行政では以前から行われてきた災害・事故時の水平補完

　国の消防機関による情報資源等の垂直補完が十分には機能しなかったことから、消防行政では、必要に迫られて消防本部間で足りない資源を補い合う水平補完が以前から盛んに行われてきた。特に大規模自然災害時は、被災地消防本部のみでの対応には限界がある。ところが阪神・淡路大震災以降まで、消防行政においては災害時の垂直補完の体制整備（消防防災行政）がほとんど行われていなかった。そのため1950年代後半より、消防行政においては市町村消防活動体制の連帯化方式等が検討され始めた。そして大規模自然災害時に近隣消防本部が駆けつける広域応援協定等が行なわれてきた（図表7-10）。

図表7-10　1959年9月26日の伊勢湾台風時における広域応援

消防に国境なし
「都市消防応援隊長駆名古屋市を救援す──自治体消防始めてのケース──」

　今回の伊勢湾台風により、名古屋市を中心とする地域に想像を絶する悲惨な被害が起きたが、その規模と惨禍があまりにも大きく、市当局が総力を挙げても事態の収拾がつかないため、関係機関の協力をもとめ、国をあげての救急活動が行われた。
　中でも消防当局は、事態の容易ならないことを判断し、9月30日関係都市に応援隊の派遣を要請した。要請により、直ちに四大都市並びに近接市町村から、応援隊が派遣せられることになり、消防のモットーとする「消防に国境なし」の精神が如実に、具現される機会となった。9月30日東京、横浜、大阪、京都、豊橋の各都市から消防車両、救助用舟艇、救急車その他照明等の消防機材を積載した応援部隊が続々名古屋市にかけつけ、名古屋市消防局の水防活動を応援し、人命救助、避難、水防作業、被災者の輸送等にあたり、遠く、他都市からの応援は、住民の感謝の的となり、消防に対する信頼をたかめ、消防の使命をいかんなく果して10月11日所属都市に帰った点……。

〔出典〕全国都市消防長連絡協議会（1959）「全国都市消防長連絡協議会会報」11月20日号より引用

　この当初、「市町村消防活動体制の連帯化方式」といわれたものが、その後相互応援協定へと発展していく。そして阪神・淡路大震災までは、消防における災害時の水平的補完は、すべて相互応援協定で対応されることとなった。

(2) 阪神・淡路大震災時で明らかになった水平補完の問題

　ところが、1995年1月17日に発生した阪神・淡路大震災では、長年消防で行われてきた消防本部間の水平補完の問題点が明らかになった。**第6章**で見てきた垂直補完とともに、阪神・淡路大震災では、水平補完の部分でいくつかの問題が生じた。

　第一に、通信上の問題である。現在、消防庁は消防無線のデジタル化を進めているが、当時はすべてアナログ無線であった。相互応援協定で、被災地に駆け付けた消防本部は、互いに消防無線の番号も知らず、その結果統制が取れず混乱状態となった。個々の判断での活動を強いられることとなった。

　第二に、装備等の互換性も問題となった。市町村消防なので、消防においては装備の全国的標準化がされていない。そこに東京消防庁方式や大阪市消防局方式といった、代表消防の影響力が加わることで、当時は特に各消防本部での装備や規格が異なり互換性が低かった。その結果、消火栓の結合金具の規格とホースの規格が合わず、消火活動に支障をきたす事態が発生した。消防ホースの結合金具の規格には、「ねじ込み式」と「町野式（差し込み式）」の2つがあるが、当時東京消防庁はねじ込みを採用していたのに対し、神戸市は町野式であった。そのためホースを消火栓に差し込めず水をとることが出来なかったのである[14]。

　これらの問題は、どちらも応援に駆け付けた消防本部の組織的連携に課題を残すものであった。応援消防本部や受援消防本部の装備規格等に関する情報資源の共有化や、個々にではなくより組織的に救援活動を行う体制整備が求められた。

(3) 水平補完のシステムとしての緊急消防援助隊

　そのような状況下、阪神・淡路大震災後に創設されたのが、緊急消防援助隊である。**第5章**で、本制度は垂直補完と水平補完両方の側面を併せ持つ「融合型補完」の制度であると述べた。本制度は、消防庁がかなりの自由裁量権を持って、市町村消防の資源にアクセスし、コントロールするという意味では、垂

直補完の制度としての側面を持つ。一方、実際広域的な応援活動を行うのが市町村消防本部の部隊（組織資源）という意味では当然、水平補完の制度としての側面も持っている。

　従来緊急援助隊は、阪神・淡路大震災後にFEMA（アメリカ合衆国連邦緊急事態管理庁）の制度を参考に、消防庁が作った制度と言われてきた。だが実際は、全国消防長会で発案され、消防庁に制度創設の提案がボトムアップで行われ作られた制度である（下からの垂直補完）[15]。よって後に、緊急消防援助隊への消防庁長官の出動指示権が消防組織法の改正で認められたが、厳密には、指示権は指揮命令権とは異なり、指示の範囲も部隊の出動に限定される。

　それを運用上、徐々に消防庁は拡大解釈し、被災地のオペレーション活動でも用いようと試みているが、完全に消防庁の自由裁量でコントロールできる実働部隊になっているかと言えば、大規模消防本部の部隊等には自立性は低下してはいるものの残されている。それは、元々国ではなく、市町村消防本部からの発意で作られた制度という経緯があるからである。なお、緊急消防援助隊創設後、災害時の広域応援に必要な体制整備や、情報資源の共有化に関しては以前より進んできている。

　ただ、緊急消防援助隊は、小規模消防本部の負担が大きい制度である。水平補完の制度の側面も持ち、対等な市町村消防本部間の助け合いが大前提の本制度では、日常業務をギリギリの消防資源でまわしている小規模消防本部にとっては、緊急消防援助隊で被災地に部隊を出動させると、本来の管轄地域の消防体制が手薄になるという危険性をはらんでいる。2018年7月に発生した、西日本豪雨災害では、その課題が明確となった。この時、総務省消防庁の出動指示を受けて、徳島県は広島県にヘリ部隊を出動させたが、県内での被害が発覚し、活動7時間で広島県から徳島県に戻らざるを得なくなっている。豪雨災害は、地震災害とは異なり、時間差で発生するため応援調整が難しかったこともあるが、徳島県は小規模消防本部が多く、前述の通り、代表消防本部である徳島市消防本部の組織規模も、決して大きくない。水平補完の側面からの緊急消防援助隊制度の弱点が露呈してしまったケースである。

◇5.
まとめ

　最後に、まとめたい。わが国の消防行政の大きな課題の一つが、小規模消防本部の多さである。小規模消防本部が多いのは、戦後市町村消防制度が導入され、市町村が消防行政主体でなくてはならないという考え方の下、財政力の弱い小規模市町村も、無理をして消防の常備化を進めた所為である。これら小規模消防本部は、特に現場活動で必要となる情報資源を、独自で開発や再生産することが困難である。

　戦後、わが国の市町村消防制度を作ったGHQ主任消防行政官Angellは、小規模消防本部が独自に開発できない現場の情報資源（専門知、専門技術等）に関しては、国が垂直補完するシステムが機能することを期待していた。しかし、国も現場の情報資源が不足している上に財政資源の制約もあり、情報資源の開発及び伝達役を期待された消防研究所も徐々に規模を縮小され、期待通りには垂直補完が上手く機能しなかった。その結果、小規模消防は地域の代表消防に情報資源の伝搬を依存することとなった。これは、独自で情報資源（専門知や専門技術）の開発が出来ない消防本部に、代表消防本部が情報資源を消防庁の代わりに提供するという水平補完のシステムである。

　一見、資源を提供する側にメリットがほとんどないように思われるが、情報資源の水平補完のシステムがある程度機能している背景には、代表消防から新設消防への人的資源の転出によるインフォーマルな組織間ネットワークが構築されていたことが挙げられる。また消防庁も保有する資源不足から、水平補完が機能することを望んでいる。そのため代表消防本部には、情報資源や組織資源、制度的資源を優先的に提供し、代表消防本部が小規模消防本部に情報資源を提供するインセンティブを与えている。

　代表消防から新設消防に移った人的資源を通し、代表消防の情報資源が地域の消防本部へと広がるという、代表消防と周辺消防本部の暖簾分け的な関係が1960年代後半以降形成された。しかし代表消防を中心とした情報資源の水平補完システムも、いつも代表消防が必要な情報資源への周辺消防本部のアクセスを許可するとは限らない。また住民の税金で開発した情報資源を他自治体のために提供するというのは、議会の理解が得にくい等の経費の問題もある。それが、水平補完が潜在的に持つ問題点である。更に、新設時に代表消防から移

った幹部も、そろそろ定年で辞め、人的資源によるインフォーマルなつながり
も徐々に弱まってきている。そして地域によっては、代表消防本部の規模が小
さく、この代表消防本部を中心とした水平補完のシステムそのものが機能しな
い地域もある。

　なお、災害時の水平補完に関しては、消防は1950年代より実施してきたが、
阪神・淡路大震災では組織的連携、情報資源の共有化で課題が見えた。そのた
め創設されたのが緊急消防援助隊である。緊急消防援助隊制度は、垂直補完の
側面と水平補完の側面を併せ持つ制度である。いれば融合的補完の制度と言え
る。ただ、緊急消防援助隊における融合的補完体制は、最終的に国と市町村消
防のどちらの意向が優先されるのかの部分が、意図的に曖昧にされた制度であ
る。制度上、市町村消防の原則との整合性が難しいためである。そのため、東
日本大震災の東京電力福島第一原子力発電所事故のような究極の事態が発生し
た場合に、同じ行政組織とはいえども国とは別組織である市町村の消防本部に、
国が極めて危険な任務を命じることが出来るか等の疑問が生じる。本点に関し
ては**第9章**で、詳しく考察したい。

　以上、ここまで消防行政の公助の部分における垂直補完、水平補完について
見てきた。ただ垂直補完も水平補完も完全なものではない。また複合的・広域
的な大規模災害には、公助の保有する資源を最大限動員しても、十分に対応出
来ない可能性があることは、東日本大震災で明らかになった。そのような場合
に必要となるのが、共助である。次章では、消防における共助組織である消防
団について、市町村消防本部との関係という視点から、その実態を見ていきた
い（なお、補完体制や公助のあるべき姿に関しては、**第11章**で考察したい。）。

178

別図表7-1 代表消防(管轄人口の多い順)

代表消防機関	代表消防機関代行
東京消防庁	横浜市消防局
大阪市消防局	北九州市消防局
名古屋市消防局	堺市高石市消防組合消防本部
札幌市消防局	熊本市消防局
神戸市消防局	姫路市消防局
京都市消防局	船橋市消防局
福岡市消防局	福山地区消防組合消防本部
川崎市消防局	川口市消防本部
広島市消防局	倉敷市消防局
さいたま市消防局	尼崎市消防局
仙台市消防本部	松本広域消防局
千葉市消防局	郡山地方広域消防組合消防本部
新潟市消防局	高崎市等広域消防局
岡山市消防局	旭川市消防本部
静岡市消防本部	八戸地域広域市町村圏事務組合
鹿児島市消防局	佐世保市消防局
那覇市消防本部	沖縄市消防本部
長崎市消防局	津市消防本部
松山市消防局	函館市消防本部
宇都宮市消防本部	長岡市消防本部
盛岡地区広域行政事務組合消防本部	大田地区消防組合消防本部
岐阜市消防本部	鳥取県西部広域行政管理組合消防局
高松市消防局	中和広域消防組合消防局
大分市消防局	大垣消防組合
金沢市消防本部	東近江行政組合消防本部
宮崎市消防局	弘前地区消防事務組合
富山市消防本部	大崎地域広域消防事務組合消防本部
長野市消防局	松江市広域行政組合消防本部
和歌山市消防局	つくば市消防本部
岡崎市消防本部	上田地域広域連合消防本部
奈良市消防局	釧路市消防本部
前橋広域消防本部	日立市消防本部
高知市消防局	都城北諸県広域市町村圏事務組合消防本部
大津市消防局	塩釜地区消防事務組合消防本部
四日市市消防本部	小山市消防本部
秋田市消防本部	高岡市消防本部
青森地域広域消防事務組合	有明広域行政事務組合消防本部
甲府地区広域行政事務組合消防本部	苫小牧市消防本部
佐賀広域消防局	津山圏域消防組合消防本部
下関地区広域行政事務組合消防本部	松任石川広域事務組合消防本部
福島市消防本部	鶴岡地区消防事務組合消防本部
水戸市消防本部	大曲仙北広域市町村圏組合消防本部
山形市消防本部	両磐地区消防組合消防本部
福井地区消防本部	唐津・東松浦広域市町村圏組合消防本部
徳島市消防本部	小樽市消防本部
鳥取県東部広域行政管理組合消防局	周南市消防本部
	新居浜市消防本部
	丸亀市消防本部
	川内地区消防組合消防本部
	田辺市消防本部
	舞鶴市消防本部
	徳島中央広域連合消防本部
	敦賀美方消防組合消防本部
	別府市消防本部
	阿南消防組合消防本部
	浜田広域行政組合浜田地区消防本部
	嶺北広域行政事務組合消防本部

〔出典〕総務省　◎印は県の代表消防機関、無印は代表消防機関代行

[注]

1　Angell.G.W（1950）『日本の消防』. 日光書院, pp.106-107.

2　同上

3　鹿児島重治（1983）『明日の消防』. 全国加除法令出版, p.71.

4　御厨敏彦（1978）「消防研究所発足の頃の思い出」『消防研究所三十年史』. 自治省消防研究所, pp.1 - 3.

5　消防自動車の開発も始めた。

6　昭和35（1960）年自治庁の省昇格時に、国家消防本部（昭和27年に国家消防庁を改組し国家公安委員会に設置）の統合を巡っては、外局にすることに難色を示す意見もあったが、全国都市消防長連絡協議会（現全国消防長会の前身）の強い要請等で外局となる。

7　主に、市町村消防本部の上級幹部を対象とした教育機関で、教育課程としては幹部科、上級幹部科、新任消防長・学校長科、消防団長科、警防科、救助科、救急科、予防科、危険物科、火災調査科、新任教官科等がある。

8　Angell.G.W（1950）前掲書, pp.106-107.

9　鹿児島重治（1983）前掲書, p.75.

10　ただしこれは、消防本部のメリットであって、所属市のメリットではない。市にとっては、むしろ住民の税金で育成した消防のベテランを他市町村に手放すことになる。

11　市町村本部間のインフォーマルなネットワークの形成は、水平補完を円滑に進めることにつながるため、資源不足から水平補完で垂直補完を補いたい消防庁にとっては都合が良い。

12　いくら消防本部間のインフォーマルなネットワークの形成を推進しようとも、それは消防行政の枠内に限定される。市町村や議会の意向には消防本部が逆らえない点に、平常時の水平補完の限界がある。一方、本システムが長年ある程度機能してきたのは、消防本部が一定の独立性と裁量を持っているからである。

13　D県内E市消防局職員ヒアリング（2010年4月22日）

14　これは消防戦術の違いとも関わってくる話で、当時町野式を採用している消防本部は屋外からの注水が基本であるが、ねじ込み式を採用している所では、屋内から消火活動を行う戦術をとるのが基本とされていた。町野式はワンタッチで差し込める方式なので操作は楽であるが、中から消火を行う消防本部の場合、何かに引っかかって消火活動中に結合部が離脱する危険性が高いとされていた。しかし、そのようなケースは無かったため、現在は町野式が主流となってきている。東京消防庁も、当時はねじ込み式であったが、徐々に町野式への入れ替えを進めている。

15　緊急消防援助隊発案時に全国消防長会にD県より出向していたB市消防局OBよりヒアリング（2016年11月1日）

第8章

消防の共助体制
における組織間関係

◇1.
消防の共助体制における組織間関係

　本章では、消防の共助体制について見ていきたい。2011年3月11日に発生した東日本大震災では、被災地の行政機関の多くが消防本部を含め被災し機能不全を起こしたことで、共助の重要性が再認識されるようになった。他地域からの広域応援（垂直補完及び水平補完、総称して圏域外補完）も、発災後到着するまでにはタイムラグが生じる。加えて、市町村公助がシステムダウンを起こした場合は、人々の助け合いで被災者救助を行うしかない。また市町村公助のダメージが少なくとも、大規模自然災害・事故に市町村公助のみで応援到着まで対応するのは不可能である。

　そのため、共助体制の整備が不可欠であるが、わが国の共助体制において重要な役割を果たしてきた組織が消防団である。ただその消防団の保有する資源の減少に、現在歯止めが掛からない。わが国では消防の常備化が進むまでは、多くの地域で消防団は唯一の消防組織として、地域の消防資源を独占する存在であった。ところが市町村消防による常備化が進展すると、常備の市町村消防本部との併存体制が生じ、**第2章**でも見てきたように、今まで消防団が独占してきた地域資源の多くが市町村消防本部に移行したことにより、保有する資源の減少傾向が顕著となっている。

　従来、消防団の衰退現象の原因としては、都市化による地域コミュニティーの崩壊、団員層のサラリーマン化、ライフスタイルの変化等が指摘されてきた。それと同時に、パイが限られた地域の消防資源において、消防団と消防本部はトレードオフの関係にある点も考慮して、消防団の現状分析をする必要があるように思われる。本章では、消防の共助体制における組織間関係について分析を行い、消防団の保有する消防資源減少の背景と、それにより生じる問題について明らかにしたい。

◇2.
消防団の保有する資源の減少

　1948年、市町村消防制度の開始と同時に施行された消防組織法は、第9条で、消防本部、消防署、消防団の全部又は一部を市町村は設けなければならないと

している。つまり消防本部が無くとも、消防団が設置されていれば良いということである。これは当初、消防本部を設置し消防の常備化を実施した市町村がわずかだったからである。まず、消防団の社会的位置付けの変化から見ていきたい。

消防組織法は、多くの地域で唯一の消防力である消防団（非常備消防部）を、市町村の消防本部と共に公助の消防組織と位置付けた。よって1960年代頃までは、消防団しか無い非常備市町村が多く、これらの地域では消防団が地域の消防資源をすべて独占していた。今でも非常備市町村は、中山間地域等にわずかに残っているが、これらの地域では消防団は唯一の消防組織である。

1950年代後半までは、国の消防団政策は消防団を常備化しわが国の常備化率を高めるというものであった。24時間体制の常備消防部を消防団に設置させ、常備消防団員を消防学校で消防本部職員と同等に教育し、専門性を向上させることで消防団の保有する組織資源、情報資源を増やそうとしていた。つまり市町村消防による消防の常備化は都市部のみに限定し、その他の地域は消防団の常備化で対応しようとしたのである。このような政策は、現在でもドイツ等多くの先進国に見られる。

ところが1964年に、救急が消防の業務となったことで、国の大きな政策変容が生じる。高度な専門性を必要とする救急までは消防団に任せられないということで、国は市町村消防本部による全国的常備化に大きく舵をきったのである。1971年に公布された「消防本部及び消防署を置かなければならない市町村を定める政令（政令第170 号）」により、多くの市町村で消防本部の設置が義務化された。これ以降、市町村消防本部による消防の常備化が、全国的に進行することとなる。そして常備の消防本部と非常備の消防団の併存体制が、全国的に一般化した。

本体制下では、構造的に消防本部と消防団は、管轄区域、活動内容、権限、そして財源面等での競合関係が生じる状況に置かれる。地域の消防資源のパイは限定的な中で常備消防と分け合う形となるので、相対的に多くの消防団は保有する消防資源を徐々に減らさざるを得なかった。消防団の常備部があった地域においては、消防団の最も専門性を持った部分であった常備部（現場活動の情報資源を持っていた）が新設消防本部の方に吸収されることとなった。

第7章の**図表7-4**の、新設消防本部数の時系列的変化を見ると、1971年前後に消防本部の新設が急増しているのが分かる。それに伴い、消防団は組織資源と

情報資源の多くを失うこととなった。またライフスタイルの変化で生じた従来消防団員となる層のサラリーマン化や、地域コミュニティーの崩壊等で、近年は消防団員数の減少、団員の高齢化現象が深刻になってきている。このように消防庁の政策変容により、消防本部とのトレードオフの関係の中で、消防団は保有する資源を減らし、更にライフスタイルの変化等の外部要因も加わり、保有する消防資源の減少傾向が著しくなっている。

◇3.
公的消防組織と義勇消防組織の組織間関係

(1) 公的消防組織と義勇消防組織の組織間関係史

　このように消防団は、消防本部とのトレードオフの関係の中で、現在保有する資源の減少傾向が著しくなっているが、公的消防組織と義勇消防組織の消防資源獲得を巡る競争は、戦後になり始まったものではない。その歴史は長い。何故ならば、江戸時代から公的消防組織と義勇消防組織の併存体制が江戸では始まっており、明治以降も官設消防の拡大と共に大都市へと広がっているからである。公的消防組織と義勇消防組織の組織間関係史については、第2章でも多少言及したが、更に詳細に見ていきたい（**図表8-1**）。

　ことの発端は、江戸で大火が多かったことである。江戸期に49回もの大火が江戸では発生したとする記録がある[1]。また武士の公的消防組織が最優先に火災から守るべき江戸城は、江戸期を通し36回もの火災に遭った[2]。特に、明暦3（1657）年1月18日本郷の本妙寺より出火した「明暦の大火」に至っては、20日の午前8時ごろ鎮火されるまでに、江戸城の天守閣、本丸、二の丸を含む江戸中を焼き尽くし、一説には10万人以上の死者を出した[3]。それ以降、江戸城の天守閣は未だ再建されていない。

　当時は武士階級で構成された公的消防組織（定火消等）しか存在せず、それも武家の家屋の消火が目的で民家の消火は対象外であった。しかし、いくら公的消防組織で防火体制を強化しようとも民家からの延焼を防がねば、江戸城や武家の家屋も火災から守れないことが徐々に社会的にも認識されるようになった[4]。だが幕府の保有する武士階級の人的資源だけでは、江戸全域の防火は不可能であった。そこで八代将軍吉宗が1719年に組織させたのが、住民（町人）の義勇消防組織である「店火消」（町火消）であった。それを南町奉行大岡越前守忠相

図表8-1　公的消防組織と義勇消防組織の組織間関係の変遷

時代	江戸	その他の地域		
江戸時代	公的消防組織（定火消等）vs 義勇消防組織（町火消し）	義勇肩防組織（駆け付け消防組織）		

時代	東京	その他の地域		
		大都市部	都市部	農村部
明治	公的消防組織（警視庁消防部）vs 公的義勇消防組織（公設消組）	義勇消防組織（私設消防組）		
大正前期	公的消防組織（警視庁消防部）＆公的義勇消防組織（公設消組）	公的消防組織（官設消防署）vs 公的義勇消防組織（公設消組）	義勇肩防組織（私設消防組）	
大正後半	公的消防組織（警視庁消防部）＆公的義勇消防組織（公設消組）	公的消防組織（官設消防署）vs 公的義勇消防組織（公設消組）	公的義勇消防組（公設消防組）vs 義勇消防組織（私設消防組）	
昭和初期	公的消防組織（警視庁消防部）＆公的義勇消防組織（公設消組）	公的消防組織（官設消防署）vs 公的義勇消防組織（公設消組）	公的義勇消防組（公設消防組）vs 義勇消防組織（私設消防組）	
戦時下	公的消防組織（警視庁消防部）＆警防団	公的消防組織（官設消防署）＆警防団		警防団 vs 私設消防組
戦後〜60年代後半	公的消防組織（東京消防庁）＆公的義勇消防組織（消防団）	公的消防組織（大都市消防本部）＆公的義勇消防組織（消防団）	公的消防組織（市消防本部）vs 公的義勇消防組織（消防団）	公的義勇消防組織（消防団）
60年代後半〜現在	公的消防組織（東京消防庁）＆公的義勇消防組織（消防団）	公的消防組織（大都市消防本部）＆公的義勇消防組織（消防団）	公的消防組織（市消防本部）＆公的義勇消防組織（消防団）／公的消防組織（市町村消防本部）vs 公的義勇消防組織（消防団）	公的義勇消防組織（消防団）

〔出典〕組織間の地域の資源を巡る競争関係の度合いは、vsと&で示した。vsは競争関係にある場合、&は公的消防組織が資源獲得に勝ち、競争が一段落して公的消防組織の圧倒的優位が確立した組織間関係を示す。これら組織間関係は、厳密に見れば地域によって異なる場合がある。本推移表は公的消防組織と義勇消防組織の組織間関係の変遷を一般化し表したものである。

が編成替えして、町火消「いろは四十八組」および、隅田川以東の「本所、深川十六組」が誕生した。そして武士の公的消防組織も、民間の家屋の火災を消火するようになった。定火消は公的消防組織、町火消は義勇消防組織のそれぞれ元祖といわれる。当時は、火災の消火法は、唯一破壊消防だけであった。火災発生時に、周辺の家屋を破壊し延焼を防ぐ消火方法である。よって両組織は、保有する消防技術や装備等の組織資源では拮抗しており大差が無く、競争関係が生じた。火事場で武士による公的消防組織と消防組が消し口の取りあいから衝突する事態も頻繁に発生し、大喧嘩に発展するケースも数多くあった。これが「火事と喧嘩は江戸の華」の語源である。

　これら公的消防組織と義勇消防組織の二重体制による防火体制の整備は、当初江戸に限定された取組みであった。当時、江戸は世界でも有数の大都市5で、都市型の防火体制の整備が早急に求められていた。また幕藩体制の下では地域

内の防火は各藩に任されており、幕府は江戸の消防体制の整備のみ考えれば良かった。全国的な消防体制の整備という発想もそれを行う制度的義務も、幕府にはなかったのである。しかし江戸以外の地域においても、各藩によって城下町には江戸に倣った火消組織（町人階級により編成された義勇消防組織）が、農村部には名主、五人組を中心とした駈付け農民による臨時火消の制（農民階級による編成された義勇消防組織）が整備されていた[6]。一方、武士階級による公的消防組織は、江戸以外の多くの地域では組織的には設置されていなかった。

　明治に入ると、政府は東京の消防を警視庁消防部に任せる。また町火消しも消防組に再編する。よって東京においては明治時代より、公的消防組織と義勇消防組織の併存体制が生じ、両者間で一定の競争関係も生じるが、徐々に警視庁消防部の保有する資源量に消防組は圧倒されていく。大正になると、東京以外の大都市にも官設消防署が設置され、公的消防組織と義勇消防組織の併存体制が大都市にも拡大することとなる。そして官設消防が戦前期を通し、都市部に拡大するのに伴い、公的消防組織と義勇消防組織の併存体制が全国大都市部に広がっていくこととなる。ここまでは、官設消防本部と消防組の関係である。

　もう一つ着目しなければならないのが、地域の義勇消防組織間の関係である。明治以降都市部以外の地域においては、義勇消防組織が地域の消防資源を独占していた。当初義勇消防組織は、市町村の条例によって設置された消防組ないしは、有志によって設置された私設消防組があった。政府は1894年に勅令で「消防組規則」を制定し、公設消防組を新設し、府県知事の所管とした。公設消防組設置の試みは、共助ではなく公助性の強い義勇消防組織を全国に拡大しようとする試みであった。つまり官設消防署が設置されていない地域では、共助組織であった義勇消防組織を公助組織に昇格させようとする取組みであった。ところが公設消防組の予算はすべて市町村が拠出しなければならず、市町村の財政的資源不足が全国的普及の足を引っ張った。

　その結果、多くの私設消防組が公設消防組とはならず、当初公設消防組は私設消防組に圧倒された。またこれにより、義勇消防組織が公助組織と共助組織に分割されることとなり、官設消防未設置地域においても公的義勇消防組織と私的義勇消防組織が併存する状況が生じ、地域の消防資源獲得を巡る競争が公設消防組と私設消防組間でも生じることとなる。ただ伝統的に東京以外の地域では、公的消防組織は存在せず、江戸時代からの長い歴史を持つ義勇消防組織（私設消防組及びその前身）が地域内の消防に関する資源を独占してきたた

め、結果的に、保有する資源量（主に人的資源の動員力）で、新しく作られた
公設消防組を当初圧倒した。

　この背景には、当時は消防技術がまだ前近代的で、財政的資源・装備等の組
織資源・技術等の情報資源の有無よりも、人的資源の動員力の有無が重要であ
ったことがある。財政的資源の制約から市町村が公設消防組を十分に後押しす
ることが出来ず、人的資源は私設消防組を大きく下回ることとなった。

　しかし、大正期後半（1923年、関東大震災）以降、消防の機械化が急速に進
み、消防組も装備等の組織資源の高度化や、そのような装備を入手するための
財政的資源、それを使いこなすための情報資源が求められるようになり、府県
や市町村の行政の後押しがある公設消防組が徐々に増えて行くようになる。そ
のような状況が1930年代半ばまで継続するが、1939年戦時色が強まる中、「警
防団令」が公布されて公設消防組、私設消防組共に廃止され、主に防空活動を
目的に新設された警防団に組入れられることとなる。警防団は、警察および消
防の補助組織であり、従来の競争関係から、公的消防組織への従属的関係に義
勇消防組織の立場が変化する先駆けとなった。

　ただ官設消防未設置地域においては、私設消防組がコミュニティー組織の下
で温存された地域も多数あった。内務省警保局消防係の吉川経俊は、1940年8
月に開催された常備消防講習会で次のように述べている。

　「過去の消防組の時代に於きましては私設消防が相当発達しまして、公設の
消防と時に争を生ずると云ふやうなことがあつたのでありますが、是は新しい
警防団令が出来まして以来、一応は禁止になると云ふことになりまして、私設
の消防と云ふものは、大体其の姿が無くなつたのであります。ただしある地域
に於きましては、或いは火災予防組合と云ふ名称の下に、私設消防組合が在置
することもあり、或いは新しく組織されました家庭防火群の中に、形を変えて
入り込んで居ると云ふやうなことを時々聞いて居るのであります。此の家庭防
火群、火災予防組合と云ふやうなものの指導訓練につきましては、公設の警防
団と、何と申しますか、火災現場で争を起こさないやううまく指導訓練をやつ
ていただく必要があると思ふのでありまして、警防団の受持分野、家庭防火群
の受持分野、火災予防組合の分野と云ふものについては相当府県としては十分
な間隔を置いて訓練をやつていただきたいと思ふのであります[7]。」

　これら組織の役割分担の境界線は、現実には極めて曖昧で、従来同様に組織
間で競争関係が生じることとなった。「私設消防が大火の場合に出掛けて行っ

て公設消防の邪魔をした　それが為に火事が消えなかつたと云ふやうなことも聞くのであります[8]」という事態も発生した。現在でも、地域によると自治会、町内会の下部組織として、自警消防隊等の名称の消防団でも自主防災組織でもない住民消防組織が存在する場合がある。これらは私設消防組の名残である[9]。保有消防資源を減らし、ほとんどは地域コミュニティーのみを活動の場とする小規模住民消防組織となっているが、中には福井県越前市のように、消防団員数が523名なのに対し、自警消防隊員数が4092名もいて消防団を人的資源で圧倒しているような地域も今なお存在する[10]。

　終戦を迎えると、消防組織法の制定に先立ち「消防団令」が勅令をもって公布され、1947年4月より施行された。これにより、警防団は解消され、新たに消防団（勅令消防団）が組織された。さらに1948年3月の消防組織法施行に伴い勅令消防団令は廃止され、政令消防団令が公布され、義務設置であった消防団が、任意設置となった。更に消防組織法の制定により、市町村消防制度が導入される。新たに、公的消防組織としては市町村消防本部、義勇消防組織としては消防団という構図が出来上がった。消防組織法は前述の通り、消防本部、消防署、消防団の全部又は一部を市町村は設けなければならないと定めている。つまりいずれかを設置すればよいので、当初消防本部を設置せず消防団の設置のみで間に合わせようとする市町村が多かった。

　第3章の図表3-1を見ると分かるように、1960年4月1日時点では、消防本部設置市町村は13.2%だった。1960年代半ばにやっと20％を超えるような状況であった。よって多くの大都市部以外の地域では、消防団が地域の唯一の公的消防組織として、地域の消防資源を独占する状態が1960年代後半まで続く。

(2)　消防政策の変容

　ところが1971年に公布された「消防本部及び消防署を置かなければならない市町村を定める政令（政令第170 号）」がきっかけで、消防本部とのトレードオフの関係の中で、消防団の資源が大きく減少することとなる。国の消防団政策の変容を見ていきたい（図表8-2）。

　戦前期、消防に関する国の政策は、明治期は東京一極集中政策、明治期末からは大都市部重点政策が採られ、官設消防の東京から全国の大都市部への拡大が徐々に進められていた。特に戦時下の防空需要の下で、官設消防は急速に増設され、市町村消防発足までには57市町まで増やされる。これらの官設消防

署の新設は、既に常備化していた都市部の公的義勇消防組織を吸収し、更に強化するかたちで行われた。ただ都市部には常備化していない公的義勇消防組織も残されていたので、公的消防組織と義勇消防組織の併存体制はこれら地域でも維持された。

　前出の内務省警保局消防主任であった吉川経俊は、消防常備化のメリットと常備化の進展が公的消防組織と義勇消防組織が併存する消防体制に与える影響について、1941年段階で次のような指摘している。

　「常備化の長所と致します所は出動時間が早い、ポンプをいつも整備して待って居るから出動が迅速である。又消防の作業に致しましても、専門家であり、それを職業に致して居りますから非常に消火能率が良いというような長所を持って居るのであります。しかしながらご承知の通り常備消防（常備化した義勇消防組織）は官設消防と同様に文化消防でありまする関係上、費用がかかる為に費用に制約せられて少数の人数しか集めることが出来ない。……如何に常備消防が立派でありましても、最後の白兵戦に使う所の兵力が不足であるならば勝を制することが出来ないのでありまして、予備消防（非常備の義勇消防組織）の施設はどうしても必要である。従いまして常備消防の高度な発達は予備的な消防組織を退化せしめて行くという点に非常に難点があるのであります。……平素の火災は大体常備消防で消してしまうということから、従って常備的のものは必要でないから、あまり常備消防を主要視しない。（予備消防の）費用を殆ど常備消防に使って、そして予備消防というものを小さくしてしまうというような傾向があって、常備消防を強度に発展させるということは一面に予備消防を退化させるというような結果になるので、私達と致しましては、常備消防は一定の限度に止めて予備消防を発展させる工作を執ると共に常備消防は国なり府県が管理する所の特設消防の制度に替えていかなければならないと思うのであります[11]。」

　本指摘から明確なのは、公的消防組織を強化することにより地域の限られた消防資源を義勇消防組織から奪い、義勇消防組織を衰退へと導く原因となりかねないことに、内務省警保局消防係が既に戦前、気付いていたという点である。また当時、長年の課題であった私設消防組を制度上は廃止したことにより、全国的に公的義勇消防組織（当時は自警団）の常備化が次の大きな課題となっていたことが分かる。前述の通り、既に都市部の公的義勇消防組織の一部は、明治末より常備化し徐々に全国の都市に広がりつつあった。

　更に今後の政策方針として、①公的消防組織（官設消防）と義勇消防組織（常備、非常備）が併存する消防体制の維持と、②公的消防組織の常備化の拡大、③常備化した公的義勇消防組織の公的消防組織（官設消防）への昇格による公的消防組織の全国への更なる拡大を考えていたことが分かる。この点について、吉川は次のようにも述べている。

　「人口の都市への集中、従って家屋の過密、特に化学工業の勃興は必然的に火災の防御に迅速果敢なる活動を要求せられ、消防の機構もまたこれに伴いまして、<u>駆付の警防団から警防団の常備消防へ、更に警防団（義勇消防組織）の常備消防は強度の国家的統制の必要から特設消防へと移行してまいることは当然でありまして、現実の進化もまたさような経路を経て来ておりますることは、前にも度々申し述べました通りであります</u>[12]。」

　当時（1940年時点）、戦時体制の中で消防体制の強化が求められていたという時代的特殊性はあるものの、戦前期に都市化の進展と共に大都市部重点政策から全国の中規模・小規模都市の全国的常備化政策へと国の政策が変容しつつあったことが窺える。そしてその実現のための具体的方策としては、都市部では増えつつあった常備化した公的義勇消防組織の公的消防組織（官設消防）への昇格という方法が考えられていた。

　しかし、全国的常備化政策の流れは、敗戦により戦時体制が終了したこともあり、一旦スピードが弱まる。消防組織法は、市町村の消防本部と義勇消防組織である消防団を、双方とも公助の消防組織と位置付けた。旧官設消防設置地

図表8-2　消防組織における常備化の時系列的進展状況

時代	組織	官設消防設置地域のパターン	その他都市部のパターン	農村地域のパターン
大正	公的消防組織	官設消防署		
	公的義勇消防組織	常備公設消防組		
		非常備公設消防組		
	義勇消防組織		私設消防組	
昭和初期	公的消防組織	官設消防署		
	公的義勇消防組織	常備公設消防組		
		非常備公設消防組		
	義勇消防組織		私設 消防組	
戦時下	公的消防組織	官設消防署		
	公的義勇消防組織	常備警防団		
		非常備警防団		
戦後～60年代後半	公的消防組織	市消防本部		市町村消防本部
	公的義勇消防組織	常備 消防団		常備消防団
		非常備消防団		
60年代～	公的消防組織	市町村消防本部		
	公的義勇消防組織	非常備消防団		
時代	組織	官設消防設置地域のパターン	その他都市部のパターン	農村地域のパターン

域においては、官設消防が市消防本部となることで公的消防組織を引き継いだ。公的義勇消防組織はそのまま消防団となった。その他の地域においては、公的消防組織（市消防本部）を新設し、公的義勇消防組織はやはり消防団が引き継ぐ市町村と、消防団を地域における唯一の消防組織とする市町村に分かれた。また消防団のみの市町村の中には、消防団の中にも常備部を設置して消防団の常備化を進める市町村も現れた。

　これは消防団の常備化による全国的消防常備化政策であったが、そのような方向性を公的消防組織による全国的消防常備化政策へと大きく変容させたのが、1963年の消防法改正による救急業務の法制化と、1971年に消防庁により公布された「消防本部及び消防署を置かなければならない市町村を定める政令（政令第170号）」であった。救急業務の法制化により、市町村消防本部は消防団には法的に出来ない救急業務という制度的資源を獲得した。警防や火災原因調査、予防は、消防団にも法的に実施可能であるが、救急業務は認められていない。消防組織法は消防団と消防本部を対等な関係と定めている。よって本来、制度的資源において大きな差は消防団と消防本部間に無かった。しかし救急業務の法制化に伴い、両組織間で制度的資源に差が生じるようになった。更に救急業務の法制化で、市町村消防本部は消防団に保有不可能な組織資源（救急関連の設備、装備、人的資源等）や、情報資源（救急の現場活動で求められる専門的情報資源）も保有可能となり、消防団で差別化・専門性の高度化が図れることとなった。

　また本政令により、すべての市及び自治大臣が人口、態容、気象条件等を考慮して指定する町村は消防本部を必置しなければならないとされた。公的消防組織による全国的消防常備化政策は戦前も構想されていた。ただし本政策は、パイが決まった地域の消防資源を公的消防組織が大幅に奪うことを国が後押しするもので、義勇消防組織の衰退をある程度是とする政策であった。結果、それまでゆるやかにであった市町村の消防常備化を急速に推進し、1975年には77.7％、そして昭和の末には90％の大台を超える。一方、消防団は、消防の常備化の全国的拡大と共に火災の現場での役割を減少させ、徐々にその保有する資源も減らすこととなった。そして、更に、都市部における地域コミュニティーの崩壊や、本来消防団員になっていた層のサラリーマン化とも相俟って、戦後都市化等により団員数を減らしていた消防団の保有する資源の減少傾向はいよいよ顕著になった。

図表8-3　市町村消防（本部・署）と消防団の財政的資源の割合（%）の時系列的変化

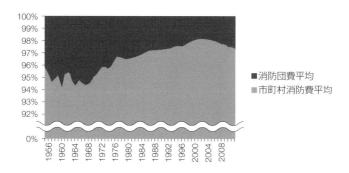

〔出典〕国家消防庁・国家消防本部・自治省消防庁・総務省消防庁（各年度）『消防年報』の統計データより著者作成

　図表8-3は、市町村消防（本部・署）と消防団の財政的資源の割合の時系列的変化を見たものである。市町村消防（本部・署）費と消防団費の全国平均値を求め、その合計を100%とした時のそれぞれの割合を表している。1960年代初め、最大で6%程だった消防団の財政的資源は、最も落ち込んだ時で2%を割り（2002年）、最近は3%程で推移している。

(3) 消防団員の教育訓練

　このように消防庁の政策が市町村消防本部による全国的消防常備化政策へと変容する中、市町村消防本部と消防団の保有する情報資源量に大きな差を生じさせたのが、消防団員の教育訓練であった。消防団員の教育訓練は、一般に各消防本部、消防署や消防団における教育訓練で行われる以外に、国の消防大学校や都道府県、政令指定都市の消防学校において実施されている。

　「消防学校の教育訓練の基準」によると、教育訓練の種類には、消防職員に対する初任教育（6か月間入校で800時間）、専科教育（専科によって教育期間は異なる。警防科70時間、特殊災害科49時間、予防査察科70時間、危険物科35時間、火災調査科70時間、救急科250時間、准救急科92時間、救助科140時間）、幹部教育（初級幹部科及び中級幹部科49時間、上級幹部科21時間）及び特別教育と、消防団員に対する基礎教育（24時間）、専科教育（警防科及び機関科12時間、特殊災害科、予防査察科、危険物科、火災調査科、救急科、准救急科、救助科等の専科は消防団員の場合は無い）、幹部教育（初級幹部科12時間、指揮官部科現場指揮課程14時間、分団指揮課程10時間）及び特別教育があるが、

拘束可能な時間の差からこれら教育訓練内容もその専門性に大きな差が出てくる。ただ消防団の常備化による全国的消防常備化政策を消防庁が採っていた期間は、常備消防団員は消防職員と同様の教育訓練を受けていたが、常備化消防団が姿を消すにつれ、市町村消防本部と消防団の教育訓練の差別化は顕著となり、市町村消防本部の保有する情報資源の優越傾向が決定付けられた。

（4）消防団常備部の市町村消防本部への吸収

　1964年の救急法制化後も、1970年度の消防白書までは、「国としても……地域の実情にそくした常備体制の促進（<u>消防本部・署設置の外、消防団常備部の設置、機関員の常置、季節的常備など</u>）、……対策をより一層進めなければならない[13]。」と、消防庁は消防団の常備化による全国的消防常備化政策の維持・推進の方針を示していた。

　それが一転して、1971年「消防本部及び消防署を置かなければならない市町村を定める政令（政令第170号）」の公布で、市町村消防本部による全国的消防常備化へと政策変容することとなる。それまで消防団常備部を設置していた市町村では、消防団常備部が市町村消防本部に吸収された地域が多く、消防学校を出た常備部の団員が市町村消防本部に移ったことにより、消防団（常備

図表8-4　消防団常備部の団員が新設消防本部に採用された事例

【ケース①　土佐山田町消防団→土佐山田町消防本部（現香美市消防部）】

〔出典〕香美市（2012）『広報かみ』6月号の掲載情報より著者作成

【ケース②　内海町消防団→内海町消防本部（現小豆地区消防本部）】

〔出典〕小豆島町（2008）『しょうどしま』12月号の掲載情報より著者作成

【ケース③　四街道町→四街道市消防本部】

〔出典〕四街道市消防本部（2013）『消防年報』の掲載情報より著者作成

部が無くなっても消防団の非常備部は残るので、消防団自体が無くなるわけではない）は人的資源や現場の情報資源を大幅に失うこととなった。

図表8-4は、消防団常備部の団員が市町村消防職員に採用された事例を、いくつか抽出したものである。例えば②のケースでは、内海町は1962年4月消防団常備部を新設し、常備消防団員3名を採用した。そして1970年3月に内海町消防団常備部を廃止し、内海町消防本部を新設する際、増員して7名になっていた常備消防団員を消防吏員として採用した[14]。

◇4. 消防団の多様性の現状

(1) 地域による多様性

前節まで見てきたように、消防団は限られた地域的消防資源のパイをめぐる、公的消防組織（市町村消防本部）との一得一失の関係の中で資源を徐々に減らし、全国的には衰退傾向にある。しかし地域的に見るとかなり多様性が存在する。例えば、まだ全国には非常備市町村が存在し、これらの地域では消防団が地域唯一の公的消防組織として消防資源を独占している。また市町村消防本部によって常備化された地域でも、小規模消防本部の管轄区域では消防本部が保有する組織資源が少ないことから、初期消火等は消防団が行う場合が多くなり、その分消防団の発言力も大きく、保有する消防資源も多い場合がある。

一方、大都市消防本部が設置されている地域では、平常時はすべて消防本部で対応できるので、消防団の活動は野次馬整理等になり消防団の保有する資源も少ない。更に、20年程前までは、消防団非設置市も存在した。消防団の現状を理解するためには、消防団の地域による位置付けの多様さを理解する必要がある。

(2) 消防団の保有資源が未だ多い地域

① 消防の非常備町村

未だに、地域の消防資源を独占しているのが、消防の非常備町村における消防団である。これらの地域には、町村の消防本部が設置されておらず、圏域内の消防をすべて消防団に依存している。消防本部との競争関係も生じず、すべての消防資源を消防団が獲得することとなる。消防団が依然唯一の公的消防

組織であり、唯一の公助に関わる消防組織となる。非常備町村は、現在29町村（2022年4月時点）で全市町村の1.68％と極めて少数になってきている。非常備町村は消防の全国的常備化の進展と共に減少しつつあるが、中山間地域や離島地域の町村には未だ存在する。

　これらの地域では、町村役場の職員と消防団員の一体性が非常に強い。市町村の首長部局で消防に関わる部署に配置された職員には、消防関係職員という身分が与えられているが、彼らが消防団員の身分も兼務して消防団の管理事務も行っているケースが多い。また消防団は救急事務を行うことが出来ない。そのため非常備町村の救急は周辺市町村本部に事務委託を行うか、あるいは町村の消防関係職員を消防学校に派遣して一般の消防職員と同じ研修を受けさせ救急搬送を行わせる「役場救急」か、病院や診療所が行う「病院（診療所）救急」（以下、病院救急とする）」で、ギリギリの対応を迫られている。

　例えば、宮崎県の非常備消防町村（東臼杵郡美郷町、東臼杵郡諸塚村、東臼杵郡椎葉村、児湯郡西米良村）においては、美郷町北郷地区を除く全ての地域が、救急搬送車（町村によって役場救急や医療所救急等救急形態は異なる）に医療専門職員として公営医療機関の医師や看護師が乗務しているが、人員不足、財政難、職員の高齢化が都市部に比べて顕著な小規模自治体の医療機関にとって、この形態での運用は年々、厳しいものになってきている。実際に美郷町北郷地区では、医療機関側が救急にさける人員を確保できなくなり、突然救急搬送の際に医療専門職員が同乗しない形態に陥ってしまった実例もある。また、美郷町、諸塚村、椎葉村では現体制での救急搬送業務の維持を危惧する声が高まり、消防庁の推進する消防の広域化を検討した経緯があるが、費用面などから断念した。役場救急を行っている地域では、救急搬送を24時間体制で実施しなくてはならないため、役場職員の負担も大きい[15]。

② 小規模消防本部の管轄地域

　また、小規模消防本部の管轄地域も、消防団への依存度が高い。何故ならば、常備消防本部は存在するものの市町村消防本部の保有する消防資源が少ないせいで、火災発生時の初期消火は消防団に依存せざるを得ないケースが非常に多くなるからである。よってこれら地域でも、未だ消防団が火災の消火活動では大きな役割を果たしている場合が多い。特にその傾向は、管轄区域が広くなるほど顕著となる。

　また、非常備町村や小規模消防本部の管轄区域では、消防団は未だ地域コミュニティーの核である。何代も消防団員という家も多い。ただ非常備町村との大きな差は、これら地域でも市町村消防本部が組織資源や情報資源では優位に立ちつつあるということである。また消防団の管理事務も、市町村の単独運営の場合は市町村消防本部が実施し、また広域行政で消防事務の共同処理方式の場合は、多くのケースで個々の構成市町村で行っている。

　一方、小規模消防本部の管轄地域のみならず、すべての地域で消防団が唯一行政機関よりも優越している資源が政治的資源である。何故ならば、消防団長はどの地域でも名誉職で、地域の有力者が就任する場合が多いからである。地方議会の有力者が就任する場合も多い。また消防団は、組織票を持っていることから地方議員への影響力も大きい。小規模消防本部の管轄区域では、この政治的資源に加え組織資源も消防本部に負けていないことから、消防団の公的消防組織としての位置付けは、依然保たれている傾向が強い。

(3) 都市部の消防団

　消防の非常備町村や小規模消防本部の管轄区域と異なり、都市部においては地域の消防資源が早期に消防団から市消防本部に移行し、消防本部の保有する資源の優位が定まっている場合が多い。これら地域では、消防本部が保有している組織資源、財政的資源、情報資源が圧倒的に消防団よりも勝っている。消防団の管理事務は予算要求等も含め消防本部が行い、また火災時の消防団の役割も野次馬の整理等が多くなる。ただ水害等が多い地域では、消防団員が水防団員を兼務しており災害時の活躍の場は増える。

　一方、都市部においても、政治的資源に関してだけは消防団が勝る。以前は消防団を設置していない消防団未設置市が6市存在した。国民保護法によって消防団が避難誘導役となったことにより消防団設置を求められた時、これらのうち大阪市は最後まで消防庁に抵抗し、最終的に消防団に類する団体を創設することで消防団設置とみなされることとなったが、これは、今まですべての資源を消防本部が独占していたところに、政治的資源に勝る消防団が現れることを大阪市消防局が警戒した側面がある[16]。

◇5.
消防団の業務

(1) 市町村との消防団の関係

このように、保有する資源を減らし、衰退傾向に歯止めが掛からない消防団であるが、政治的資源等を用い一定の独立性を、消防本部との間では保っている。

一方、消防団の管理事務を行う市町村とは従属的な関係が生じている場合が多い。消防団の管理事務は、①個々の市町村が行うケースと、②広域行政組織を結成してやはり個々の構成市町村が行うケース、更には、③広域行政組織を結成して消防本部が行うケース、④非常備町村で団員と兼務の役場職員が行うケースの4パターンに分類出来る。以前は、消防団常備部内部で自ら管理事務を行うケースも多かったが、消防団の組織資源が無くなる過程で徐々に姿を消した。現在では、①と②の市町村が消防団の管理事務を行うケースが多い。

①②のケースでは、市町村が消防団予算を握り、市町村長が消防団長の任命権を持ち、更に消防団の管理事務も行う。市町村長の指揮命令下に消防団が完全に入ることとなる。これら地域では、公的消防組織としての位置付けは徐々に共助組織へと変化し、消防活動における役割は減少している一方で、市町村行政から見るとほぼタダで使える都合の良い住民組織として消防団が扱われる傾向が地域によっては見られる。そのような地域では、消防団に本来業務以外の業務が課され、消防団員の負担が増しているケースもある。

(2) 本来業務以外の業務

消防団の本来業務以外の活動としては、①慣例で長年の間行っている活動、②市町村等の思惑で地域限定的にやらされている活動、③大規模自然災害時にやむを得ず行わなければならない活動等が挙げられる。

例えば、慣例で長年行っている活動としては、祭りの見回り業務や犯罪者の山狩り等がある。また東日本大震災の被災地域では、都道府県や市町村の水門管理事務を消防団が長年慣例として請け負っており、その結果津波で水門閉鎖作業中の消防団員の多くが亡くなるという事態が生じた。

問題なのは、前記の消防団管理4パターンのうち、②の一部事務組合を結成し、個々の構成市町村の首長部局が消防団管理を行っているケースである。市

198

町村の首長部局が消防団管理を行って
いるケースでも、①の消防を単独運営
で行っている市町村のケースでは、首
長部局の担当部局に消防本部から消防
職員が出向してきて、消防団管理事務
を行うので問題が無いが、②のケース
では、消防や防災の現場活動に精通し
ていない市町村の一般事務職員が消防
団の管理事務を行っている場合が多い
(図表8-5)。安全管理に精通していない
一般事務職員では、消防団活動が安全
か否かの判断もつかない。また安全確
保のため、どのような装備が必要かも
分からない。東日本大震災で多くの消

図表8-5　広域行政で市町村が消防団
管理を行っているパターンのイメージ

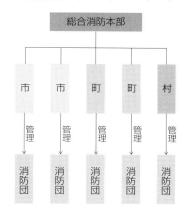

防団員の死傷者を出した地域では、たまたまこの②のパターンの地域が多かっ
た。危険な水門管理事務の委託が長年慣例化し放置されてきた一因として、安
全管理に精通していない市町村の一般事務職員が消防団の管理を行うという消
防団管理体制の問題があった。

　次に、大規模災害時にやむを得ず行わなければならない活動としては、例え
ば、東日本大震災における遺体捜索・遺体の収容作業がこれに該当する。消防
機関の活動の対象は、本来生者か生存可能性のある被災者が対象となる。死
亡者の遺体捜索は、警察の管轄となり、本来はそこで住み分けが、消防と警察
の災害・事故時の活動において存在する。ただ今回は、津波による長期の行方
不明者の数も多く、警察だけの対応は不可能であったこともあり、多くの地域
で消防団員が遺体の捜索活動にも長期間従事しなければならなかった。

◇6
消防団に対する新しい社会的要請

(1) 阪神淡路大震災後の再評価

　1971年の政令を契機に、市町村消防本部による消防の常備化が進展するよ
うになると、消防団は過去の物という認識が社会的に広がって行った。その社

会的認識を大きく変える転換点となったのが、1995年の阪神・淡路大震災であった。淡路において、倒壊した家屋からの被災者の消防団による救命率が高かった。地域住民でもある消防団員は、倒壊した家屋の被災者が普段どこに寝ているかまで知っていたので、ピンポイントで被災者の救助を行うことが出来たのである。これ以降、地域防災における消防団の存在意義の再評価が行われることとなる。

(2) オールハザード時代の社会的要請

　消防団の役割が再評価される中、消防行政以外の行政分野からの消防団に対する期待も高まった。例えば、2004年制定された国民保護法に基づく国民保護行政の下では、消防団は文民保護組織としての役割を期待されている。未だわが国の国民保護体制は実効性を伴っているとは言い難いが、国家的緊急事態発生時の住民避難の誘導、武力攻撃災害の初期消火、被災者の救出等の活動は、制度運用上受け皿となる組織は消防団以外には見当たらない。

　また、住民が車に乗って地域を見回る青色パトロール制度導入時には、警察庁がその活動の受け皿として、当初消防団に期待した部分があった。しかし消防庁が、防犯活動中に団員が死傷した場合、公務災害補償の対象外になると懸念を示したことで、結果的に消防団員による青色パトロール活動は実現しなかった（**詳しくは、第10章**）。

　更に東日本大震災後は、災害対策基本法が改正され、地区防災計画策定の話が防災行政の側面から出てきた。今後、消防団の分団に対し、コミュニティー防災体制の中核としての役割期待が出てきている。

(3) 消防団を中核とした地域防災力の充実強化に関する法律

　「消防団を中核とした地域防災力の充実強化に関する法律」は、当初消防団の再生を如何に実現するかという消防行政上の問題意識が先行されて議論がされていたが、出来上がった物を見ると、前述の地区防災計画との絡みで、消防団にコミュニティー防災の中核としての役割を期待する防災行政上の問題意識が強く盛り込まれたものとなった。

　本制度下では、原則学校区を単位とした地域コミュニティーレベルの共助体制の整備が重要な課題となってくる。地域コミュニティーには、住民防災組織として自主防災組織が存在するが、主に町内会や自治会の比較的高齢な役員を

メンバーとする組織で、専門性や組織力には限界がある。地域コミュニティー
に存在する様々な住民組織をとりまとめて、平常時から訓練等を行い災害に向
けた共助体制整備を行う組織として、今後消防団の下部組織である分団の役割
が重要になってくる。

◇7.
まとめ

　以上、消防団の現状に至る過程と、消防団活動の現状について考察を行った。
本稿で得られた知見は大きく2点である。

　第一に、消防団の保有する資源の減少傾向の背景に、消防本部とのトレード
オフの関係があることを明らかにした。消防団の資源を増やすためには、大き
く2つの方向性が考えられる。市町村消防本部の資源を削って、消防団の方に
回すか、地域の消防資源全体のパイを増やして、消防団の資源を増やすか、で
ある。いずれも現状からは、厳しい選択肢である。

　ただ消防団の衰退状況に対し、有効な対応策が打てない状況下、消防団に対
する役割期待だけは、消防行政の範疇を超えて様々な行政分野から高まってい
る。これが第二の知見である。一部には、「様々な行政分野において消防団へ
の役割期待が高まる中、消防が消防団を手放さないのが問題だ」とする声も聞
こえる。消防団がこのまま衰退していくと、防災行政が期待しているコミュニ
ティー防災での中核という役割も、国民保護行政における文民保護組織として
の役割も、ただの絵に描いた餅となってしまう。また、消防防災行政の視点か
らも、大規模自然災害・事故時に圏域外から緊急消防援助隊が駆け付けるまで
の間、消防団は市町村の公助体制を圏域補完するための無くてはならない組織
である。如何にして、消防団の衰退状況に歯止めをかけるかの取組みが、今ま
で以上に重要になってきている。

[注]

1　魚谷増男（1965）『消防の歴史四百年』. 全国加除法令出版, pp.201 - 202.

2　伊藤渉（2006）「江戸城の火災被害に関する研究」. 東京理科大学, p.1.

3　藤口透吾、小鯖英一（1968）『消防 100 年史』. 創思社, p.56.

4　儒学者荻生徂徠が、江戸の町を大火からまもるために町火消制度導入を幕府に進言した.

5　江戸の人口には諸説あるが、最盛期 100 万から 200 万人の人口は擁していたと見られ、当時世界的にも大都市であった.

6　安藤明、須見俊司（1986）『消防・防災』. ぎょうせい, p.26.

7　吉川經俊（1941）『消防の話』. 財団法人大日本警防協会, p.7.

8　同上.

9　戦後直後は、全国的にかなりの数の地域において、自警消防隊が残っていた。地域によって多少名称は異なるが、町内会・自治会の下部組織として生き残った組織が多い。ただ現在では、そのほとんどが消防団か自主防災組織に組み込まれている.

10　南越消防組合（1989）「自警消防隊育成指導指針」

11　吉川經俊（1941）前掲書, pp.16 - 17.

12　吉川經俊（1941）前掲書, p.35.

13　消防庁（1970）『昭和 45 年版消防白書』. 大蔵省印刷局, pp.58 - 59.

14　小豆地区消防本部（2012）「平成 24 年度版消防年報」

15　美郷町役場職員、諸塚村役場役場職員ヒアリング（2015 年 11 月 30 日）、椎葉村役場、椎葉村国民健康保険病院、国民健康保険西米良診療所職員ヒアリング（2015 年 12 月 1 日）。なお、美郷町北郷地区では、わが国で初めて、2015 年より、民間の救急会社（日本救急システム株式会社）への救急事務の委託を始めた。ただ、非常備町村の財政力にも地域間格差があり、日本救急システムへの委託を同様に検討したが断念した町村も多い.

16　大阪市消防局職員ヒアリング（2014 年 2 月 18 日）

第9章

東日本大震災時の
消防行政における
公助・共助の分析

◇1．
消防行政の課題を浮き彫りにした東日本大震災

　2011年3月11日に発生した東日本大震災は、東京電力福島原子力発電所の事故も併発し、わが国に多大な被害をもたらした。岩手県・宮城県・福島県・青森県・茨城県・栃木県・千葉県・東京都の1都7県のおよそ230の市区町村が、災害救助法の適用を受けた。きわめて広域的な災害であったと言える。特に津波で大きな被害を受けた岩手県・宮城県の多くの市町村では行政も被災をし、消防機関も例外ではなかった。制度上、災害に対し一次的に対応しなければならない地域公助の限界が明らかになったのである。

　また、活動時の危険性が高く前例が少ないことから不確実性の高い原子力災害対応で、国が市町村の消防資源を用い応急対応を行う融合型補完の課題も浮き彫りになった。そして広域的複合災害を想定していなかった緊急消防援助隊による水平補完体制の問題、更には、消防団員が大勢亡くなり、消防団の安全管理といった新しい問題も出てきた。本章では、東日本大震災で消防行政における地域公助・垂直補完・水平補完・共助の体制にどのような課題が生じたのか、見ていきたい。

◇2．
東日本大震災で明らかになった消防庁の組織資源、制度的資源不足に起因する垂直補完の課題

　まず、東日本大震災で明らかになった消防行政における垂直補完の課題から見ていきたい。図表9-1は、2007年に発生した新潟県中越沖地震や、2008年に発生した岩手・宮城内陸地震における、消防庁災害対策本部が設置されてから消防庁職員を被災地に派遣するまでの時間を比較したものである。これを見ると、東日本大震災では、消防庁災害対策本部が14時46分に設置された後、14分後の15時に被災地県（岩手県、宮城県）への職員派遣を決定し、実際に宮城県に派遣されたのが17時30分で2時間44分後（164分）となっており、近年の災害の中では、最も職員の被災地派遣に時間が掛かったケースではある。しかし災害の規模が桁外れに大きかった等を考慮すれば、初動体制の立ち上がりは迅速であったといえよう。

　ただ東日本大震災では、国の組
織資源・法的資源の不足に起因す
るいくつかの課題が明らかになっ
た。消防庁におけるこれら消防資
源の不足が、過去の災害における
消防庁の応急対応能力（上からの
垂直補完・消防防災行政）にもマ

**図表9-1 消防庁に災害対策本部が設置されて
から職員が被災地に派遣されるまでの時間**

発生年	災害名	所要時間（分）
2005年	尼崎列車事故	55
2005年	福岡県西方沖地震	127
2007年	新潟県中越沖地震	155
2008年	岩手・宮城内陸地震	133
2011年	東日本大地震	164

〔出典〕総務省消防庁（各年度）各災害の災害情報より著者作成

イナスの影響を及ぼしてきたことは、**第6章**でも見てきた。東日本大震災では、
阪神・淡路大震災（1995年）時と比較すると、課題は大幅に改善されたものの、
緊急消防援助隊に代表される消防防災行政において、想定外の規模の災害であ
ったが故の、組織資源、制度（法）的資源、情報資源上の課題が生じた。どの
ような問題が生じたのか、以下で見ていきたい。

　まず、消防庁における消防に精通した組織資源・法的資源の不足に起因する
問題から見ていきたい。**第5章**、**6章**、**7章**でも言及したように、大規模自然災
害時・事故時に事実上消防庁の実働部隊として被災地におけるオペレーション
活動を行う緊急消防援助隊は、市町村消防本部の消防資源を国が実態上用いて、
被災地の地域公助を補完する「融合型補完」の制度である。これは保有する消
防資源が少ない消防庁の垂直補完を補完する、非常に考えられた制度であるが、
東日本大震災により生じた福島第一原発事故での注水活動では、国からは一定
の自立性を持った市町村組織に、究極な状況下での危険業務を行わせる、融合
型補完の限界の難しさが明らかになった。福島原発事故において、政府の事故
対応がやっと回り始めるきっかけとなったのが、3月19日より数回にわたって
行われた消防機関の原発に対する注水活動であった。本来、地方公務員である
市町村消防本部の職員が国のために命がけの危険業務を行う義務はない。また、
国にそのような活動を命令する権限もない。どうしてこのような危険業務を市
町村消防機関が行うことになったのか、また消防機関による注水活動はもっと
早い段階で行うことは出来なかったのかを見ていくと、本件が消防庁における
組織資源、法的資源の不足に起因する問題であることが見えてくる。

　消防組織法を見ると第36条に国または都道府県が市町村に対し、「一般的に
指揮監督ないしは権力的な関与を行うことは出来ない」と定めている。ただし
一方で第44条の5は、緊急措置として、非常事態時における緊急消防援助隊の
出動に関する、国の市町村消防に対する指示権を認めている。ここでいう指示

権とは、物理的な強制力までは問わないものの、出動すべき法的拘束力が生じるというのが国の解釈である[1]。つまり制度上は、地方公務員であっても、例外的措置として危険が伴う救援活動に出動指示という形で、国は半強制的に市町村消防職員を動員することが出来るのである。ただし今回、原子力発電事故による消防機関の注水活動においては、その出動について国は各市町村消防に対し、出動指示ではなく出動要請というかたちで要請主義をとっている。これは、東日本大震災関連の消防機関の出動においては、国が出動指示というかたちをとっていたのと対照的である (**図表9-2**)。ここでいう要請とは、一定の行為について相手方に好意的な処理を期待し答えを促すこと。相手側を一定の行為を行うべき立場に立たせるものではない、というのが国の見解である。つまり、断ることも可能であるということである。

　なぜ、今回の原発事故に関しては出動指示ではなく出動要請に留めたのであろうか。おそらく2つの理由があると考えられる。第一に原発事故への対応は、被爆の危険性もあり、通常の救援活動とは異なる。そのような危険性の高い注水作業を国の機関ではなく、別組織である市町村に半強制的に行わせることへの国の躊躇があったものと思われる。

　1986年4月のチェルノブイリ（現在のウクライナ）の原子力発電所事故では、当時のソ連政府は空軍に危険な消火活動業務を行なわせた。現場責任者は、消火任務を行う要員の前で、「諸君の前に立っているのは、ソ連空軍の将官である。私は諸君と共に出動する。もしも、私がたじろいだりしたら、諸君も私に倣って任務を放棄してよい。だが、私が諸君とともにいる限り、諸君は一歩も退いてはならない[2]。」と言ったという。これは、国直属の軍隊だったから言えたことである。憲法に自治が保証された、全く別組織の職員に、命に関わる危険業務をそこまで強制することは難しい。それを配慮してか、菅直人首相（当時）も3月21日に以下のような発言をしている。「消防は国直属の機関ではなく、自治体や消防職員のボランティア精神で応援に駆け付けてくれた。命をかけて日本や国民を救うために努力されたことが、少しずついい方向に進む大きな力になっている[3]。」

　第二に、中央地方関係から生じる問題に配慮した側面がある。地方分権一括法は、「上下・主従の関係」から「対等・協力の関係」に根本的に中央地方関係を転換することを明確化している。先の消防組織法の第44条の5は、その地方分権の流れに逆行するものである。国の見解としては、非常事態における緊

急措置として市町村消防の原則の特例であるとしているが、これは被災者の救助を行うといった通常活動の延長線にある活動を想定したもので原発のように危険度が増すと出しにくい。

図表9-2　震災及び原子力発電所事故における消防庁の市町村消防に対する対応

	日	時間	国	東京消防庁	他自治体
震災対応	3/11	15:40	消防庁長官より緊急消防援助隊に対し出勤指示		
福島原子力発電所事故対応	3/18	0:50	消防庁長官より東京消防庁のハイパーレスキュー隊等の緊急消防援助として派遣を要請する	消防庁長官より東京消防庁のハイパーレスキュー隊等の緊急消防援助として派遣要請するを受ける	
	3/18	20:10	片山総務大臣から大阪市長に対して、福島第一原子力発電所への特殊車両等の派遣を要請する		片山総務大臣から大阪市長に、福島第一原子力発電所への特殊車両等の派遣要請を受け、受諾
	3/19	15:30	片山総務大臣から横浜市長に対して、福島第一原子力発電所への特殊車両等の派遣を要請する		片山総務大臣からよ横浜市長に、福島第一原子力発電所への特殊車両等の派遣要請を受け、受諾
			消防庁長官から横浜市消防局の特殊車両部隊の緊急援助隊としての派遣を要請する		
	3/19	16:30	片山総務大臣から川崎市長に対して、福島第一原子力発電所への特殊車両等の派遣を要請する		片山総務大臣から川崎市長に、福島第一原子力発電所への特殊車両等の派遣要請を受け、受諾
			消防庁長官から横浜市消防局の特殊車両部隊の緊急援助隊としての派遣を要請する		
	3/20	16:00	消防庁長官から福島第一原子力発電所の除染活動を支援する為、新潟消防局及び浜松市消防局の大型除染システム部隊の緊急援助隊の派遣を要請する		
	3/22	13:40	片山総務大臣から名古屋市長に対して、福島第一原子力発電所への特殊車両等の派遣を要請する		片山総務大臣から名古屋市長に、福島第一原子力発電所への特殊車両等の派遣要請を受け、受諾
			消防庁長官から名古屋市消防局の特殊車両部隊の緊急援助隊としての派遣を要請する		
	3/22	13:50	片山総務大臣から京都市長に対して、福島第一原子力発電所への特殊車両等の派遣を要請する		片山総務大臣から京都市長に、福島第一原子力発電所への特殊車両等の派遣要請を受け、受諾
			消防庁長官から京都市消防局の特殊車両部隊の緊急援助隊としての派遣を要請する		
	3/22	14:00	片山総務大臣から神戸市長に対して、福島第一原子力発電所への特殊車両等の派遣を要請する		片山総務大臣から神戸市長に、福島第一原子力発電所への特殊車両等の派遣要請を受け、受諾
			消防庁長官から神戸市消防局の特殊車両部隊の緊急援助隊としての派遣を要請する		

〔出典〕総務省消防庁（2011）東日本大震災の災害情報より著者作成

図表9-3　原子力発電所事故における自衛隊、警察、東京消防庁の注水活動

日	時間	国	東京消防庁	自衛隊・警察
3/17	19:05			自衛隊、福島第一原発の使用済み核燃料プールへ放水開始
3/17	19:05			警視庁機動隊高圧放水車が、福島第一原発において放水
3/18	0:50	消防庁長官より、東京消防庁のハイパーレスキュー隊等の緊急消防援助として派遣を要請する	消防庁長官より、東京消防庁のハイパーレスキュー隊等の緊急消防援助として派遣要請を受ける	
3/18	3:20		東京消防庁から、特殊災害対策車等30隊139人が出場	
3/18	14:00			自衛隊と在日米軍、3号機の使用済み各燃料プールへ放水開始
3/18	17:33		東京消防庁から、特殊災害対策車等30隊139人が福島第一原子力発電所に到着	
3/19	0:30		ハイパーレスキュー隊が、福島第一原子力発電所3号機に対して放水実施（約20分間・約60t）	
3/19	8:20		原子力発電所に対応中の部隊の交代要員として、東京消防庁の14隊102人が常磐道自動車守谷サービスエリア駐車場に集結	
3/19	14:05		ハイパーレスキュー隊が、福島第一原子力発電所3号機に対して2回目の放水実施（約14時間・約2430t）	

〔出典〕総務省消防庁（2011）東日本大震災の災害情報より著者作成

図表9-4　自衛隊、警察、消防が注水に用いた車輌性能の比較

機関	保有装備	通常の使用目的	性能		
			大量放水	継続放水	放水精度
自衛隊	大型破壊機救難消防車	航空基地被災用	○	×	△
警察	高圧放水車	デモ隊への放水用	×	×	×
消防	高所放水車、遠距離多量放水システム	石油コンビナート火災用、大規模災害時の給水用	◎	◎	◎

　つまり本件は、全くの別組織に危険な業務を実施させるものであり、また中央地方関係においても、グレーゾーンの部分で極めてデリケートな問題であったといえる。今回の原発事故対応において、消防よりも先に注水活動を行ったのが自衛隊と警察であった。消防の注水活動に先立つこと2日前の3月17日夜、自衛隊及び警視庁が福島第一原発に対して放水活動を行っている（**図表9-3**）。放水活動を行った自衛隊の大型破壊機救難消防車は、空港や基地における航空機事故に対処するための車両であり、タンクの水を使い切ったら終わりで継続的な放水活動は難しい。また、放水精度も決して高くない。警察の高圧放水車にいたっては、デモ隊への放水が本来の目的なので水平か下に向かってしか放水出来ず、この場合、全く役に立たない。

　ところが、消防は、高所放水車及び遠距離大量送水システム（スーパーポンパー）を保有している。高所放水塔車は、高所より目的を狙って放水が可能なので放水精度が高い。また、多量送水システムは、海水を汲み取り消防車に継続的に補給することが出来る。これにより大量放水及び継続放水が可能となる（**図表9-4**）。また東京消防庁は、原子力防災に対応可能な部隊（3HR）を当時保有していた。

　しかし国は、あまり効果が期待できない自衛隊と警察を先に使ったのである。その背景にあるのは、おそらく2つの要因であったと思われる。1つは、消防の保有する資源が、国にとって極めて高い自由度でアクセスすることは難しかったということがある。自衛隊は国直属の実働部隊で、国の組織資源である。指揮命令権も内閣総理大臣にある。一方、警察は、都道府県警察ではあるが事実上国家警察的色彩が強い[4]。都道府県警察の幹部は全て国家公務員となり国の意向も通しやすい。つまり、上位下達で都道府県警察の資源にアクセスし、かなりの自由度をもって動かせる制度的資源を、国は持っているのである。ところが、消防は完全に市町村の管轄する事務である。国から自立した別組織なのである[5]。今回の放水の順番は、国にとってその組織が保有する資源にアクセスし、使用できる自由度の順番をきれいに示していると思われる。原子力災害のような危険性と不確実性が高い事案における、融合型補完の限界を示す事例である。

　また、原発への注水が必要と判明した後、遠距離大量送水システムを開発・販売している企業が消防庁に使用を提言したが、消防庁はなかなか動かず、「上

210

に話を通すのは時間が掛かる」と言われたという⁶。消防庁は総務省の外局なので、本省の総務大臣を通さなければ、上に話を通すことが出来ない。消防庁の制度的（法）資源の少なさが、放水活動での国の対応を遅らせた側面もある。

◇3.
東日本大震災で明らかになった災害時における市町村公助及び水平補完の課題

　次に、東日本大震災で明らかになった消防行政における市町村公助及び水平補完の課題について見ていきたい。東日本大震災では、津波で被災地の地域公助がシステムダウンを起こしたことから、それを水平補完するため消防行政においても、圏域外の消防本部の消防資源を用いた大規模な広域応援が行われた。まず、経過から概観したい。今回の震災に対する消防の対応としては、3月11日14時46分に震災が発生した後、15時40分に消防庁長官から緊急消防援助隊に対し出動指示が出されている。震災が発生してから4日目の14日午前には、緊急消防援助隊の制度が出来て以来初めてとなる、全都道府県の部隊が出動するという事態になった。東日本大震災にかかる緊急消防援助隊の出動は、6月6日をもって活動終了となったが、88日間に渡り総派遣人員数2万8620人、派遣部隊数7577隊、また延べ派遣人員数は、1万493人、延べ派遣部隊数は2万7544隊にのぼった。福島原子力発電所事故についても国からの要請で655人の消防隊員と134隊の消防隊が5月18日時点で現地に出動した。

　図表9-5は、緊急消防援助隊の出動人員の推移をグラフ化したものである。3

図表9-5　緊急消防援助隊の出動人員の推移

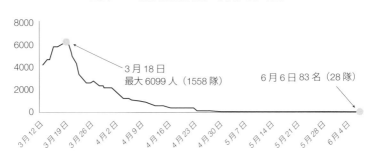

〔出典〕総務省消防庁（2011）「報道資料」6月6日より引用

月18日の時点には、最大時派遣人数の6099名（1558隊）に達し、その後も継続的な派遣が6月6日まで続けられた。また**図表9-6**は、大きな被害を受けた岩手県、宮城県、福島県への全国緊急消防援助隊の派遣状況を表にまとめたものである。

　ただ、全国の消防本部で多数派を占める小規模消防本部にとっては、極めて大きな負担となった。**第4章**でも見てきたように、わが国の市町村消防本部において、小規模消防本部が占める割合は大きい。管轄人口10万人未満の小規模消防本部が、全国の消防本部の59.5%（2017年4月時点）を占める。2018年4月に期限の再延長をし、現在消防庁が推進中の消防の広域再編では、当初目標とされていた管轄人口30万人未満の消防本部に至っては、全国の消防本部の88%（2017年4月時点）を占めている（**第4章；図表4-1**）。

　東日本大震災においては、市町村消防本部間の「災害応援」（消防行政における公助の水平補完の制度。ただし前述の通り制度運用上は垂直補完の要素も

図表9-6　各都道府県の緊急消防援助隊派遣先地域

派遣先地域	出動地域	派遣先地域	出動地域	派遣先地域	出動地域
宮城	北海道	岩手	岩手	福島	茨城
	青森		福島		群馬
	秋田		栃木		埼玉
	山形		静岡		東京
	宮城		石川		千葉
	福島		福井		神奈川
	新潟		滋賀		岐阜
	長野		京都		大阪
	山梨		高知		兵庫
	富山		愛媛		鳥取
	愛知		大分		奈良
	三重		佐賀		
	奈良		長崎		
	和歌山		沖縄		
	岡山				
	島根				
	広島				
	山口				
	香川				
	徳島				
	福岡				
	熊本				
	宮崎				
	鹿児島				

〔出典〕各都道府県（2011）HP等の掲載情報より著者作成

あり、実態上「融合型補完」の制度とも言える）は、緊急消防援助隊の制度を中心に行われた。緊急消防援助隊は阪神淡路大震災後に創設された広域応援の制度で、消防庁長官の出動指示の下、事前登録していた市町村消防本部の部隊が都道府県ごとに部隊（当初は「隊」、現在は「大隊」）を編成し被災地に出動するというシステムである。ただ緊急消防援助隊は、東日本大震災の様な広域災害を想定して作られた制度ではない。被災地近隣の都道府県部隊が、発災後の初動体制において極力早く応援に駆け付け、数日間救出活動を行い次の部隊と交代するという、比較的短距離・短期間での応援活動を前提とした制度である。ところが東日本大震災では、全都道府県の緊急消防援助隊が出動するという制度始まって以来の事態となった。そのため、①長距離移動の体制や、②予備力の無い状況での派遣という側面から、小規模消防本部（大都市部以外の地域の地域公助）の負担が大きくなった。

　まず、長距離移動の体制上の問題としては、東日本大震災では前述の通り制度始まって以来の全都道府県隊の出動という事態になったが、被災地から遠い部隊の移動は遠距離となり、大きな負担を部隊に強いることとなった。例えば、鹿児島県隊は、宮城県に派遣されたがその移動距離は、およそ1200kmにもなる。しかしながら緊急消防援助隊には、長距離移動に適した装備が配備されて

図表9-7　逐条解説における国の負担する経費の詳細

　同項の消防庁長官の指示に基づく地方公共団体の活動に要する経費は、いわば国から委託された事務に準じる経費として、国が全額を負担すべきものといえる。……地方公共団体が、消防庁長官の指示に対応することにより、臨時・追加的に必要とする経費（いわゆる掛かり増し経費）を国の負担の対象としている。

　……国が負担する経費の詳細については、緊急消防援助隊に関する政令第5条に定められており、緊急消防援助隊の活動に要する経費のうち、以下のものは国が全額負担する。

　（1）緊急消防援助隊の隊員の特殊勤務手当、時間外勤務手当、管理職員特別勤務手当、夜間勤務手当、休日勤務手当及び旅費　「旅費」は、地方自治法第204条第1項に規定されている旅費と同様のもの、「旅費」以外の諸手当は同項第2項に規定されている諸手当と同様のものを指す。

　（2）緊急消防援助隊の活動のために使用した当該緊急消防援助隊の施設に係る修繕費及び役務費並びに当該活動のために使用したことにより当該施設が滅失した場合における当該滅失した施設に代わるべきものの購入費

　（3）（1）及び（2）に掲げるもののほか、緊急消防援助隊の活動のために要した燃料費、消耗品費、賃借料その他の物品費、車輌や資機材の使用のため支出される燃料費や消耗品費が中心となろう。

〔出典〕消防基本法制研究会『逐条解説消防組織法（第3版）』pp.504-505. より引用

いなかった。唯一配備されていたマイクロバスと短時間での現場到着前提に設計された消防車両を利用し被災地に向かった消防本部がかなりあったが、極めて体力的に過酷な移動であったと言う。また移動中の拠点地が確保されておらず、タイヤの交換、燃料の補給にも苦労した。

　実は、緊急消防援助隊の応援にかかった費用は、のちに国によって費用弁償されることになっている。消防庁とのパイプの太い大規模消防本部は、移動のバスをチャーターする費用も費用弁償されることを知っていた。よって、神戸市消防局は観光バスをチャーターし、大阪市消防局も交通局のバスをチャーターした。ところが多くの小規模消防本部は、費用弁償が移動手段のチャーターにまで適用されることを知らなかった。緊急消防援助隊の装備として配備される車輌は、四輪駆動でなければならないとするルールがある。四輪駆動のバスは存在しないので、移動手段として多くの消防本部が四輪駆動のマイクロバスを配備しており、それで現地まで移動することとなった。**図表9-7**は、消防組織法の逐条解説における、緊急消防援助隊の出動に要する費用に対する国の財政措置について規定した第49条第1項の解説である。この場合、旅費が該当する。

　その詳細が規定されている地方自治法第204条第1項の一般的な解釈では、「公務のために旅行中必要となる交通費、宿泊費等の経費にあてるため支給される費用でありいわゆる実費弁償の一種」となる。ただここでいう交通費に、被災地に向かうための長距離バスのチャーター料まで含まれるか否かという点に関し、前例も無かったせいで中規模・小規模消防本部の中には、対象外と誤解した消防本部が多かった。東日本大震災前多くの消防本部に、国費によりマイクロバスが配備されていたからである。また**図表9-8**のように、全国の消防

図表9-8　指揮車（I、II、III、IV型）の全国消防本部配備状況

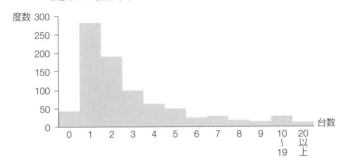

〔出典〕全国消防長会（2010）「2010年度統計データ」の統計データより著者作成用

本部には支援車が配備されている。指揮車には、Ⅰ、Ⅱ、Ⅲ、Ⅳ型の四種類の規格があるが、Ⅲ型は主にマイクロバスが対象となる。20名以上の乗車人員と、車輌後部に資材搬送用のスペースを確保すること、上記の通り四輪駆動車でなければならないことが規定されている[7]。

　次に、緊急消防援助隊は予備力でないという点も、小規模消防本部の負担を増す原因となった。例えば自衛隊は、敵国に侵略された場合の自衛を主な目的とした組織で、普段は有事に備えて訓練などを行っているのみで、市民生活に直接関与しない。いうならば、国家が保有する巨大な予備力である。一方、警察の広域緊急援助隊は、主に各都道府県警の機動隊で構成されている。機動隊も、サミット等の国家的警備、デモやテロ、大事件時に警備実施及び捜査支援として動員される部隊で、普段は剣道などの訓練を行っている。大規模自然災害やデモ、テロの際、機動隊が出動しても、警察の日常業務や市民生活に支障は生じない。やはり、警察組織の中の予備力である。元々、全国に先駆け警視庁に設置されていた機能隊の前身部隊の名称は予備隊である。これらの組織は、多大な維持コストがかかる一方で、いざ災害等の際には、本来業務は維持しつつ、災害対応等広域応援が出来る等のメリットがある。

　ところが、緊急消防援助隊は予備力ではない。2022年時点で、緊急消防援助隊には、全国の全消防本部が参加し、6606隊が登録されている。全国市町村消防本部の多くは、一部の大規模消防本部を除いて慢性的な人員不足に苦しんでいる。これらの部隊は、そのような市町村消防本部においては、日常の消防活動における重要な組織資源である。それを大規模災害発生時、被災地の被災者救助の為割いているのである。

　前述の通り、わが国の消防本部の6割が、管轄人口10万以下の小規模消防本部である。そして、消防職員数の地域間格差も激しい。消防職員数50人未満の消防本部が、88機関も存在し、これは全国消防本部の11％にあたる。また、職員数150人未満の消防本部が509機関もあり、全体の62パーセントを占めている。これらの消防本部にとっては、緊急消防援助隊への参加は、大きな負担である。よって、自衛隊や警察のように長期にわたる大量動員は困難である。特に、日常の消防活動もぎりぎりの組織資源でまわしている小規模消防本部にとっては、緊急消防援助隊に長期間消防資源を割かれる負担は大きく、活動が更に長期化した場合、管轄区域内の平常時の地域公助にも、支障が出る可能性がある。

一方、職員数1万8000人を擁し、わが国の消防組織間においてもパワー優位性を持つ消防本部である東京消防庁の、東日本大震災における活躍は際立った。所有する消防ヘリを飛ばし、被災地の被害状況を独自に把握し、独自の判断で救助活動を行う被災地を決めた。また前述の通り、福島第一原発事故にも部隊を派遣する組織資源面での余裕があった。

ただし、今回重要な役割を果たした消防の遠距離大量送水システムは、もともと阪神淡路大震災において水道管が破裂し消火用の水が確保できなかった教訓から、国が全国の市町村消防に配備したものである。しかし、多量送水システム等の緊急消防援助隊用の装備が活躍するような大規模自然災害・事故は、早々起こるものではない。平常時は、正月の消防の出初式でしか登場の場がない代物である。ところが、大規模災害時の各消防本部が行う応援に必要な装備の購入費は、国が負担するあるいは無料貸与する一方、維持費は各市町村の負担となる。維持費だけがかかるので遠距離大量送水システムが配備されている多くの大都市消防本部（**図表9-9**）においても、大きな負担となっている。

図表9-9 2011年当時の遠距離大量送水システムの全国的配備状況（台数）

	2011年
北海道	2
宮城県	2
東京都	4
神奈川県	5
新潟県	2
静岡県	2
京都府	1
大阪府	3
兵庫県	6
広島県	2
計	29

〔出典〕消防庁資料（2011）「平成23年度緊急消防援助隊登録状況」の統計データより引用

◇4.
東日本大震災で明らかになった消防行政における共助の課題

最後に、東日本大震災で明らかになった消防行政における共助の課題について、見ていきたい。**第8章**でも見てきたように、消防団の保有する資源の減少傾向は、消防行政における共助が抱える深刻な課題の一つである。消防団はまた、市町村消防本部と並び、わが国の消防行政を支える大きな柱の一つである。消防本部が24時間体制で消防・救急活動等を行うのに対し、消防団は火災発生時非常参集で現場に駆けつけ初期消火等の消防活動を行う。東日本大震災では、多くの消防機関が津波で機能不全に陥り、被災者救助に支障をきたした。また、緊急消防援助隊の救援も、到着するまでに一定の時間が必要である。

　そのような状況下では、共助体制による住民間での救助活動が不可避となる。わが国の共助体制において、その中心となるのが消防団である。大規模災害時の消防団の役割に対する社会的期待も、更に大きくなっている。ただ戦後、消防団の衰退傾向は長年続き、様々な取り組み[8]にかかわらずその団員数の減少に歯止めが掛からない。1953年には201万5780人いた団員数が、2022年4月時点では78万3578人まで減少してきている。

　また東日本大震災では、水門の閉鎖作業中に多くの消防団員が津波で亡くなり、消防団の安全管理の課題が明らかになった。東日本大震災では、津波による消防団員の死者・行方不明者数は254名（うち公務災害該当者数198名）にも上るという、あまりにも消防団の人的被害が大きい結果となったことから、公務災害補償でプールしていた資金を補償額の総額が超えてしまうという事態まで生じた。その消防団員の死者・行方不明者の多くが、水門の閉鎖作業を行っていて、津波に襲われたものであり、全般に退避ルールが不徹底で、また津波到達の15分前には必ず避難を行うという15分ルール等を設けていた地域（岩手県宮古市田老地区等）でも、堤防よりも海側に逃げ遅れた被災者がまだ残っている状況下での水門閉鎖は心情的に難しく、その結果津波に巻き込まれ亡くなった消防団員が多数いる。

　「15分ルールが、宮古市田老地区のようになかったので、消防団員は一人でも多くの命を助けようとして、現場に留まり命を落としてしまった。それは消防魂だと思う。今後、どうやって団員にルールを守らせるかが、消防団管理をする側の難しい仕事となると思う。がれき除去、遺体捜索等その後の仕事が出来なくなるから、逃げろというしかない[9]」というような声が、被災地からは聞こえてくる。

　また、危険を知らせるためのトランシーバーや、津波に巻き込まれた場合に団員の命を守るライフジャケットといった装備も無かった。震災後、総務省消防庁は、「東日本大震災を踏まえた大規模災害時における消防団活動のあり方等に関する検討会」を開催し、2012年3月には、津波災害時の消防団員の安全確保対策を中心とした中間報告書を取りまとめた。都道府県を通じ、市町村における津波災害時の消防団活動・安全管理マニュアルの作成や地域ぐるみの津波避難計画の策定などを推進するよう通知した。また同年9月から、災害対応指導者育成支援事業を開催している[10]。消防団員の活動中の安全確保のための装備の整備（トランシーバー、ライフジャケット、投光器）を支援する補助制

度も、創設された。ただし被災地からは、「装備に関しては、ライフジャケット、トランシーバーを配布する。消防団の装備の充実を図るべきとする意見があるが、訓練に来ない錬度の低い団員に与えても、使いこなせないと思う。[11]」という指摘もある。

　そして更に問題なのは、被災地で長年消防団が実施してきた水門の管理事務が、本来は消防組織法等に定められる消防団の事務ではないということである。水門には、①県管理の水門と②市町村管理のものがあるが、県管理の水門の場合、多くは市町村に委託され、更に市町村が消防団（あるいは分団）と海岸水門等管理委託契約書を交わし委託契約を交わしている。市町村管理の水門の場合も多くは、市町村が消防団と同様の契約を交わして水門管理を行わせている。本来、水門の管理責任を持った県及び市町村が直接管理すべきところを、財政難で安上がりの労働力である消防団に丸投げしているのである。

　このような制度上本来業務でもない危険な活動を、長年消防団が行っていた背景には、消防団の管理事務を行う行政機関の安全管理体制の問題がある。今回津波の被害を受けた沿岸部消防本部の多くが、一部事務組合で消防事務を共同処理している。一部事務組合で消防行政を行っている地域は、消防団管理を組合消防本部ではなく、個々の構成市町村で行っている場合が多い。その結果これら地域では、消防団管理事務を安全管理に精通していない一般行政職員が行うこととなる。そのため、市町村によっては、消防団の安全管理のプロセスに現場活動に精通した消防職員が一切関わらない場合も生じる。そして水門閉鎖の危険性が見過ごされ、大きな被害につながった側面がある。

　例えば、宮古地区広域行政組合一部事務組合では、消防団の管理事務に関しては、構成市町村が個々に行うパターンを形式上は採用している。ただ実際は個々の市町村エリアの消防署や分署の職員を併任発令で、市町村の消防担当課職員として、消防職員に消防団管理事務を行わせるという、全国的にも珍しい方式を採用している（**図表9-10**）。この併任方式のメリットは、形式上消防団の管理事務を個々の市町村が行う形態であっても、実際は安全管理や現場活動のプロである消防職員が消防団の安全管理を行える点である。ただ本事務組合の構成市町村のうち、唯一宮古市だけは、消防団の安全管理を宮古市の一般行政職員が行っていた。東日本大震災における消防団の人的被害は、一部事務組合構成市町村中、宮古市が最も多いが、その要因の一つは、素人の一般行政職員が、やはり素人の消防団員を安全管理するという体制にもある。

図表9-10　宮古地区広域行政組合の消防団管理体制

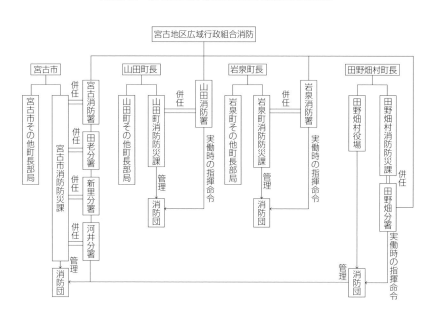

　2013年時点で、全国消防本部の約4割が一部事務組合で消防事務を共同処理しているが、**図表9-11**の通りその69%が消防団事務を共同処理の対象事務に含んでいない。これらの消防一部事務組合では、構成市町村で消防団の安全管理を行っていることとなる。

　なお、2012年8月に全国消防本部に対し実施した郵送アンケート調査（回収率49%）によると、全国組合消防本部の内で宮古地区広域行政組合のように組合消防職員が構成市町村の職員の身分も兼ねる併任辞令を出している消防本部は22%と少数派である（**図表9-12**）。

　以前は消防団も常備消防団員がおり、消防団の安全管理事務も自ら行っていた地域が多い。市町村が運営する消防本部が全国に拡大していく過程で、徐々に消防団の管理事務が行政に移行していった。消防団員数は年々減少傾向にあり、以前のように自立性を持った組織管理は不可能になってきている。特に、広域行政で消防事務を共同処理している地域では、消防団事務は構成市町村が行っている地域が多いが、安全管理の素人が消防団管理を行う体制は改めるべ

図表9-11　一部事務組合における消防団
事務の共同処理状況

〔出典〕全国消防長会（2012）「平成25年版消防
現勢データ」の統計データより著者作成

図表9-12　組合消防本部における併任
辞令の現状（n=436）

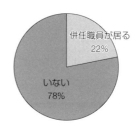

〔出典〕2012年9月実施の全国消防本部へのア
ンケート調査（回収率49％）より著者作成

きである。また東日本大震災で大勢消防団員が亡くなったことで、更に減少傾向に拍車がかかっている。東日本大震災のように、地域公助が機能不全に陥った場合、圏域外から広域応援が到着するまでの間、地域公助を補完するのは共助しかない。その中心となるべき消防団が衰退してしまうと、圏域補完が機能しなくなってしまう。実効性のある対応が、早急に求められる。

◇5.
まとめ

　以上、東日本大震災で明らかになった消防行政における補完体制や市町村公助の課題について見てきた。元々消防庁の保有する資源不足から生じた、自立性を持った別組織である市町村消防への災害時の資源依存（人的資源、組織資源）は、原子力災害のような命にかかわる極めて危険な事態でも可能なのかという究極の問題提議を国に対して投げかけた。緊急消防援助隊制度には、垂直補完と水平補完の両方の側面があるが、国が運用で事実上国の実働部隊として緊急消防援助隊を用いるという、垂直補完あるいは融合型補完の側面における市町村消防の資源へのアクセスの不自由さから生じる限界が、福島第一原子力発電所事故への対応では見えたといえる。国は、本来市町村消防本部の組織資源、人的資源である緊急消防援助隊の放水活動への投入を躊躇し、そのため災害対応が遅れることとなった。

　また、緊急消防援助隊の水平的補完の側面でも、自己完結性や兵站の部分で課題が見付かった。また、消防は予備力を警察や自衛隊のようには持っていな

いので、乏しい消防資源を緊急消防援助隊に割かねばならず、それは特に小規模消防本部にとって大きな負担となった。このような事態が更に長期化していれば、応援小規模消防本部の地域公助に、支障が生じる可能性があった。

更に共助に関しては、消防団員に多くの死傷者、行方不明者が出、消防団の安全管理という新たな課題が浮き彫りとなった。また、東日本大震災で地域公助が機能不全を起こしたことから、広域応援が到着するまでの間の公助の空白を補完する（圏域補完）役割への期待が現在高まっている。ところが消防団の団員数の減少に歯止めは掛からず、その役割期待に応えられるか、はなはだ心もとない地域も多数存在する。

このような問題を、根本的に解決するためにはどうすればよいのであろうか。解決策の模索は**第11章**で行いたい。

［注］

1　総務省消防庁（2006）『逐条解説　消防組織法』, 東京法令出版

2　森本宏（2007）『チェルノブイリ原発事故二〇年、日本の消防は何を学んだか?――もし、チェルノブイリ原発消防隊が再燃火災を消火しておれば！』. 近代消防社

3　産経新聞、2011年3月21日

4　都道府県警察の職員は、一般的には地方公務員であるが、警視正以上の階級（警視監、警視長、警視正）になると、都道府県警察に勤務する者（警視総監も含む）でも国家公務員となる。これを地方警務官と呼ぶ。よって、都道府県警察も、幹部はすべて国家公務員となり、実質上国家警察的色彩が強くなる。

5　よって一部の報道に、海江田経済産業大臣が東京消防庁の原子力発電所への注水活動が進まないことに苛立ち、「速やかに放水やらなければ処分する」と発言し、3月21日石原都知事がそれを批判する騒ぎが生じたが、これは事実認識を欠く発言と言える。

6　大日本繊維職員ヒアリング（2014年6月18日）

7　I型は、緊急消防援助隊出動時に使用する支援車として、総務省消防庁が全国に配備した大型車で、居住スペースには、冷暖房、ガス給湯器、テレビ、電子レンジ、冷蔵庫の他、トイレ、シャワー、発電機等も備え、被災地で指揮本部として活用出来る。III型は本文中記述の通りであるが、II型はコンテナ式や有蓋車型の資材搬送車、IV型は無線や通信機能の設備を搭載したSUV・クロスカントリー型の車両である。

8　機能別分団や機能別団の制度で、一般の消防団員よりも活動の負担を減らし、消防団員を増やそうという試みも行われている。

9　釜石大槌地区行政事務組合消防本部職員ヒアリング（2012年9月12日）

10　総務省消防庁（2012）『平成24年版 消防白書』, 日経印刷株式会社

11　宮古地区広域行政組合職員ヒアリング（2012年9月13日）

第10章

消防行政と他行政分野との行政分野間関係の考察

◇1.
オールハザード時代における消防行政への
多様な社会的要請

　現代社会を取り巻く危機は、自然災害のみではない。近年、危機の多様化が進んでおり、そのような多様な危機な危機に、満遍なく対応可能な体制（オールハザード型危機管理体制）整備がわが国でも求められている。オールハザードを指す用語として、わが国ではNBC災害（核・生物・化学物質による特殊災害、nuclear・biological・chemicalの頭字語を取った造語）という呼称が良く用いられていたが、近年はCBRNE災害（化学・生物・放射性物質・核・爆発物による特殊災害、chemical・biological・radiological・nuclear・explosiveの頭文字を取った造語）という用語に取って代わられつつある。このオールハザード概念を示す用語の変化に見て取れるよう、危機案件は年を追うごとに多様化し、それに伴い消防行政への社会的要請も以前とは大きく変化してきている。オールハザード時代に突入し、社会を取り巻く危機案件が増える中、消防行政も他行政分野との関係の中で考える必要性が出てきている。何故ならば、消防行政の中で収まる問題と、収まらない問題が存在するからである。またそこに、国民保護行政のように、新たな消防行政の発展の余地もあるからである。本章では、消防行政と他行政分野との関係について考察を行いたい。

◇2.
国の防災行政・危機管理行政の中での消防庁の位置付け

　まず国の防災行政・危機管理行政の中での、消防庁の位置付けについて考えたい。**第6章**で見てきたように、わが国の防災行政の主管官庁は内閣府であるが、消防庁も地方防災行政や消防防災行政という、防災や災害対応に関わる部分を、消防行政の一環として担当してきた。そこで重要なのが、消防庁が総務省の外局であるということである。外局は、本省の大臣の指揮監督の下にあるので、閣議の請議や「内閣府令・省令」の発出を大臣に依頼しなくてはならない。つまり消防庁の場合は、本省の総務大臣を通さなければ、平常時に自組織の意向を閣議に上げることも出来ない。巨大中央省庁である内閣府とは、保有する制度的資源に大きな差が存在する。

　その保有する法的資源の差は、災害時の消防庁の位置付けにも反映される。大規模自然災害・事故等が発生した場合も、内閣府（防災担当）が国の防災行政を主導し、その指示を受けて動く立場に消防庁は置かれている。現地災害対策本部においても、最終的意思決定は内閣府中心に行われる。2004年の新潟県中越地震では、消防庁が指示権限を持つ緊急消防援助隊を国の現地災害対策本部長である内閣府幹部が運用上指揮し、土砂に埋もれていた皆川雄太君（当時2歳）の救出活動も実施された[1]。一定の独立性を保って、災害時に応急対応（消防防災行政）は実施しているにせよ、最終的には内閣府の指示の下で災害対応を行わねばならないのが、現在の消防庁の立場である。つまり、いくら消防庁が保有する消防資源の強化を行ったとしても、最終的に内閣府の体制強化が図られなければ、国の災害応急対応能力向上は十分ではないということを意味している。ところが内閣府（防災担当）も、各省からの寄り集まり所帯で、消防庁よりは保有する制度的資源量では勝っているものの、その他の資源では大差ない。組織資源はむしろ消防庁の方が多い。各省庁からの出向組の寄り集まり所帯で、防災行政に特化した専門性を有するプロパー職員も少ない。

　これらの状況に対する根本的な解決策としては、1995年の阪神・淡路大震災後にわが国でも検討が一時期された国の危機管理部局の一元化が効果的であると思われるが、関係省庁の抵抗感が強い。特に、危機管理部局の一元化が行われた場合、消防庁は新組織に吸収される可能性が高いので、総務省は貴重な中央でのポストを失うこととなる。これは総務省の旧自治省グループにとっては、受け入れがたいことである。2005年に、国レベルの危機管理部局の一元化を与野党が合意し、法案提出まで行ったが、その国会が郵政国会だったので解散で廃案となり現在に至っている。本件に関しては、慎重な議論が必要であるが、内閣府（防災担当）や消防庁、その他の危機管理部局を合わせ一元化し専門性を向上させることが、国の災害応急対応能力の向上を考える上で最善策であるようにも思われる。地方行政の一環として消防庁が国レベルの消防行政を行う現体制は、1960年に自治庁が廃止されて自治省が設置される際に、全国市町村消防本部の強い要望によって実現したものであるが（自治省は2001年、総務省に統合）、そろそろ中央レベルにおいては、危機管理行政の一環として消防行政を行う体制構築をすべきか否かの再検討を行うべき時期に来ているように思われる。

◇3. 平成版国防体制整備の中での消防行政

　また、海外の多くの国においては、最悪のオプションとして核攻撃が想定され、国土安全保障（Homeland Securty）体制の中に防災も消防も組み込まれて、整備が行われている。ただわが国では、国土安全保障に関する議論は、近年有事法制整備が行われるまではタブー視されてきた。そのため国土安全保障から、防災体制や消防体制だけが切り離されて発展してきたという、わが国特有の経緯がある。ところが、有事法制が整備されたことにより、消防行政も国土安全保障体制整備と無関係ではいられなくなった。2004年に制定された国民保護法により、敵国の武力攻撃により発生した武力攻撃災害への対応、国民の避難誘導は消防の任務となった。また、国民保護行政が消防庁の所管となり、消防庁は国民保護室を設置した。

　都道府県、市町村にも国民保護計画策定が義務付けられ、国民保護体制が急ピッチで整備された。それに伴い、総務省消防庁は消防団非設置市町村の是正を行った。つい最近まで全国に消防団を設置していない市町村が6団体あった。大阪府の大阪市と堺市・岸和田市・高石市・泉大津市の5団体と、愛知県の西尾市に消防団が設置されていなかったのである。消防団がなかった理由は、地域によって様々であるが、国はこれらの市町村に通達を出し、消防団あるいは類似団体を設置させた。国家的緊急時における避難誘導役がいないと困るからである[2]。しかし、国民保護体制整備は、必ずしも進んでいるとは言えない。各関係機関とも、ただ国民保護計画を作り、定形的な訓練の実施だけで終わってしまっている。

　また、小規模消防本部が多数存在する今の市町村消防制度での対応にはその実効性に限界があり、保有する消防資源の少ない小規模消防本部で、武力攻撃災害への対応が十分に出来るとは言い難い。また消防団に、国民の避難誘導役のような、海外では文民保護組織が果たしている役割を担わせるのも荷が重すぎるように思われる。

図表10-1　武力攻撃災害への対応可能性（n=322）

単独で対応可能 2%
消防団の協力も必要 17%
自主防災組織、自衛消防隊の協力も必要 81%

〔出典〕2013年8月実施の全国消防本部へのアンケート（回収率48%）より著者作成

図表10-2　住民避難の誘導を消防団がどの程度果たせると思うか（n=342）

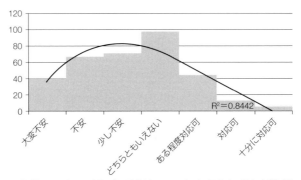

〔出典〕2013年8月実施の全国消防本部へのアンケート（回収率48%）より著者作

　図表10-1は、2013年8月に全国消防本部に対し実施したアンケート調査（回収率48%）における、武力攻撃災害への対応可能性に関する質問を集計したものである。単独で武力災害に対応可能と回答した消防本部はわずか2%で、81%の消防本部が消防団や自主防災組織、自衛消防隊等の保有する資源をすべて動員する必要があると回答している。また**図表10-2**は、住民避難の誘導を消防団がどの程度果たせると思うかという質問に対する回答を集計したものである。中間回答が最も多いものの、不安視する意見が52%を占め肯定的意見（18%）を大きく上回っている。

　このように現場においても、国民保護体制の実効性については懐疑的な見解が強い傾向にある。わが国は戦後、戦争への反省から国民保護体制についての議論がタブー視される時期が長期間続いた。そのような経緯から、最悪の事態を発生頻度の多い自然災害に主において危機管理体制の整備を行ってきた部分がある。最悪の想定を核攻撃に置いて体制整備を行うのと、大規模自然災害において体制整備を行うのとでは、深刻な危機への対応能力に大きな差が生じる。大規模自然災害は、どのように大きな災害であろうとも、国土全体が直接的な被害を受け機能不全に陥る可能性は極めて低い。被災地以外の地域からの広域応援（圏域外補完）は必ず期待できる。しかし有事の場合は、最初の段階でミサイル攻撃によって国土全体が直接的な被害を受ける中での危機対応が想定される[3]。国土安全保障は、現在、北朝鮮のミサイル問題や台湾有事の危険性もあり、その社会的必要性がますます高まっている。海外の事例から考えても、制度だけ作って終わりにするべき事案ではないように思われる。

226

　今後、平成版の国防体制整備と、わが国特有の事情から今まで独自に発達してきた消防・防災体制の整合性をどのようにつけるかは、極めて重要な課題である。有事に対応可能な消防体制という視点から考えても、中央レベルにおける危機管理部門の一元化による垂直補完体制の強化、また都道府県消防による地域公助体制の強化は一定の説得力を持っているように思われる。また海外では、文民保護組織が消防団とは別に組織されているケースが多い。わが国では文民保護組織は、民兵組織と混同されがちである。確かに、冷戦までは民間防衛組織は、軍の補完組織として位置付けられていた国もある。ただ近年は、武力攻撃災害への対応を行う防災組織としての位置付けがどの国でも強くなってきている。わが国では、戦前の警防団が文民保護組織にあたり、空爆による火災消火や灯火管制が主な任務であった。ドイツでは、技術救援隊（Technisches Hilfswerk）という文民保護組織が、義勇消防組織（Freiwillige Feuerwehr）とは別に設置され[4]、平常時は大規模自然災害にも出動するので、共助の防災組織としての機能も持っている。

　このように義勇消防組織とは別に、海外では文民保護組織を設置しているのは、文民保護の活動[5]に消防とは異なる専門性があるからと考えられているからである。それをわが国では、すべて消防団に担わせようとしている。また住民の避難誘導以外の任務として何が求められるかも、極めて曖昧である。仮に消防団を文民保護組織として位置付けるのならば、海外で文民保護組織に求められる様々な活動も消防団が行わなければならないはずであるが、そこは明確ではない。いずれにしろ消防団にすべて投げるのは、荷が重すぎる。文民保護に特化した住民組織の新設を検討する方が、文民保護体制の実効性は増すよう思われる。

◇4. 原子力防災体制と消防行政

　国民保護行政以上に、消防行政にとって直近の新しい課題として、東日本大震災後に一時注目されていたのが、原子力防災行政との関係である。当時、内閣府（原子力防災担当）を中心に、原子力防災体制の整備が急ピッチで進められていた。原子力発電所（原発）の運用再開に関しては、国民の賛否が分かれ

るところであるが、原発を再開するにせよ廃止するにせよ、原子力防災体制の整備の重要性が認識され始めてきたからである。まず原発再開の前提条件として、原子力防災体制の強化による安全性の確保は不可欠である。また原発を廃止するにせよ、廃炉までは30年から40年は掛かるとされ、それまでの間原子力災害のリスクはついてまわる。よって廃炉にする場合でも、原子力防災体制の強化は必要なのである。

　従来国は原発10キロ（EPZ：Emergency Planning Zone）圏内の市町村のみに、原子力防災体制の整備を求めていた。ところが原子力規制委員会は、福島第一原発事故を受けて、2013年10月に、国際原子力機関（IAEA）の国際基準をもとに重点的に原子力防災体制の整備を行うエリアを30キロ（UPZ：Urgent Protective action planning Zone）圏内に広げた。これにより新たに地域防災計画（原子力災害対策編）を策定し、事故が発生した場合は一定の放射線量を基準に避難や屋内退避をしなければならない地方公共団体が45市町村から135市町村に拡大し、対象人口も約73万人から約480万人に増加した。約7倍に膨らんだ住民の避難・被ばく低減策をどう機能させるかが大きな課題となっている。

　またUPZと合わせ、原発から5キロ圏内がPAZ（Precautionary Action Zone）、30キロから50キロ圏内がPPA（Plume Protection Planning Area）と定められた。PAZ圏内の市町村は、事故の初動体制で即避難を行わなければならない地域、PPAはヨウ素剤の備蓄をしておかねばならない地域である（**図表10-3、図表10-4**）。

　これらのうち、PPAに関しては、当

図表10-3　PAZ、UPZ、PPAのイメージ

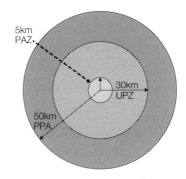

5km
PAZ

30km
UPZ

50km
PPA

〔出典〕原子力規制委員会HP「原子力災害対策について」http://www.aec.go.jp/jicst/NC/iinkai/teirei/siryo2013/siryo35/siryo2.pdf
2014年7月5日確認の掲載情報より著者作成

図表10-4　全国のPAZ、UPZ、PPA

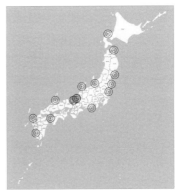

〔出典〕ゼンリン地図を基に著者作成

初原子力安全委員会（2012年9月廃止、原子力規制委員会に移行）は、原発から30キロから50キロ圏内をPPZ（放射性プルーム（放射性雲）防護計画区域）としていたが、防災対策の重点区域には含めないことにし、名称も、区域（ゾーン）を示す「Z」ではなく、地域（エリア）を示す「A」を用いて「PPA」に変更した[6]。本稿では便宜上50キロ圏内としたが、まだ国は明確なエリアも示していない（2018年7月時点）。

　これらの地域で、消防の任務となってくるのが、主に住民の退避・避難誘導や自力で退避等のできない住民の救助（救出）救急活動、立入制限および交通規制である。無論、これらの作業には消防職員のみならず消防団員も動員されることが想定されている。原子力防災活動に従事する消防職員の防護対策は万全を期すとはされているが、家族の避難も早急にさせなければいけない状況下で消防団の動員まで可能なのか、その実効性には不安が残る。また、消防団の人的資源を動員出来なければ、小規模消防本部の保有する消防資源のみで、これら事態に対応するのは不可能である。

◇5. 市町村の防災行政・危機管理行政と消防行政の関係

(1) 市町村の危機管理体制のパターン

　また、市町村レベルの防災行政・危機管理行政との間においても、差し迫った課題が生じている。現在、災害時の関係機関との連絡調整や自然災害・事故以外のオールハザードの対応は、市町村消防本部が中心になって実施するケースと、首長部局の危機管理担当部局に任せて分担するケースの2パターンが存在する。東日本大震災後に、危機管理の担当部署を消防局から首長部局へ移す動きが出てきている。関係機関への連絡調整を行う消防本部の負担を軽くし、災害救助活動に集中させる目的からである。実は、市町村の危機管理を消防本部が担当するべきか否かという議論は東日本大震災以前から、消防行政においては行われてきた。しかし未だ、決着していない問題である。双方に、メリットとデメリットがあるからである。

　2006年9月に消防庁は、地方公共団体における総合的な危機管理体制の整備について、具体的かつ専門的に調査・検討することを目的として、「地方公共団体における総合的な危機管理体制の整備に関する検討会」を立ち上げた。

検討会は2006年度より、計16回の会議を開催し、高病原性鳥インフルエンザ発生事案（京都府）や JR 福知山線脱線事故（兵庫県）等における地方公共団体の対応の実態の調査・分析や、地方公共団体における総合的な危機管理体制の整備の取組についての調査・分析等を行った。また、本検討会は、地方公共団体における総合的な危機管理体制の具体的な整備方策及び消防庁が策定する「危機管理モデル指針（仮称）」についての議論を行った。東日本大震災後の議論と消防庁の検討会における議論は、その問題意識がやや異なっている。前者の議論の主な関心が災害時新業務の分担と消防本部の負担軽減にあるのに対し、検討会の議論の問題関心は危機管理担当者の組織内での位置付けにあった。つまり緊急時の全庁的指揮命令を危機管理担当者がスムーズに行うためには、組織内での位置付けをどのよういすれば良いかについての検討であった。双方とも、危機管理・防災担当部局と消防担当部局を分けるべきであるという点に関しては共通している。ただ検討会の議論の方が、危機管理担当者の組織内での位置付けについての検討を行っている分、一歩踏み込んだ議論となっていた。

消防庁の検討会は、①東日本大震災後批判されている消防担当部局長が防災担当も統括するパターン（**図表10-5**）は、災害時の危機管理担当者となる消防局長と各部局長が同格なので全庁的指揮命令や総合調整に支障を生じさせる可能性がある上、消防行政と防災行政双方の責任者を務めなければならないので消防部局長への負担も増大すると、その問題点を既に指摘していた。一方で、本体制には、消防と防災の連携がスムーズにいくというメリットもある。また、東日本大震災後、見直されてきている。

図表10-5　消防担当部局長が防災担当も統括するパターン①

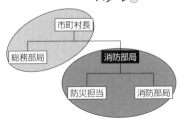

○　助言しやすく、消防と防災の連携がスムーズ。
×　各部局への指揮命令、総合調整が困難。消防部局長への負担が増大。

図表10-6　危機管理（防災）担当と消防担当が別々に対応するパターン②

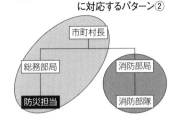

×　各部局への指揮命令、総合調整や市町村長への助言、消防との連携が困難。

〔出典〕上記2点とも、地方公共団体における総合的な危機管理体制の整備に関する検討会（2008）「平成20年度報告書（市町村における総合的な危機管理体制の整備）」参考資料4より著者作成

230

②危機管理（防災）担当と消防担当が別々に対応するパターン（**図表10-6**）は、防災担当責任者が総務部局長の下に置かれる場合が多く、災害時にパターン①以上に他の部局に対するにらみが利かず、全庁的な指揮命令・総合調整を行う際にはマイナスであるとする。危機管理専門職は、直接の上司である総務部局長を通し災害時に助言を市町村長に上げねばならない点や、消防との連携の視点からもマイナスであるとしていた。

そして、検討会が理念型として提示したのが、③部局長級の危機管理専門職（危機管理監）が統括するパターン（**図表10-7**）と、④副市町村長級の危機管理専門職（危機管理監）が市町村長を補佐するパターン（**図表10-8**）である。こ

図表10-7　部局長級の危機管理専門職（危機管理監）が統括するパターン③

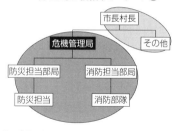

○　助言しやすく、消防と防災の連携がスムーズ
×　各部局への指揮命令、総合調整が困難

図表10-8　副市町村長級の危機管理専門職（危機管理監）が市町村長を補佐するパターン④

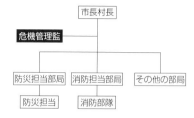

○　各部局への指揮命令、総合調整が最もスムーズ

〔出典〕上記2点とも、地方公共団体における総合的な危機管理体制の整備に関する検討会（2008）「平成20年度報告書（市町村における総合的な危機管理体制の整備）」参考資料4より著者作成

れらは、いずれも消防担当部局と危機管理担当部局を分離する組織体制であり、パターン②同様東日本大震災後の議論の目指す方向性（災害時の消防部局の負担減）とも合致し、更にデメリットが少ない。パターン③は、部局長クラスが危機管理専門職なので、災害対策本部メンバーとして市町村長に助言がしやすい。また消防部局と防災部局双方とも統轄するので、消防と防災の連携もスムーズであるというメリットがある。しかし他部局長とは同格なので、各部局への指揮命令や総合調整は困難という点がデメリットである。パターン④は、最も望ましい組織体制で、危機管理専門職が副市町村長級なので、各部局への指揮命令、総合調整が最もスムーズとなる[7]。

(2) 市町村の危機管理体制における検討課題

　よって、東日本大震災後の議論が指摘するように、災害時における消防部局の負担減のため消防部局と危機管理・防災部局を分離することは望ましいが、それはパターン②ではなく、パターン③や④の組織形態で行われるべきである。また**図表10-9**、**図表10-10**は、各政令指定都市及び中核市の防災・危機管理専門職の役職をまとめたものである。これらの図表を見ると分かるように、地方公共団体における総合的な危機管理体制の整備に関する検討会が分類を行った頃に比べると状況は変わり、政令指定都市及び中核市レベルでも危機管理専門職のポストが採用されはじめている。ただ、まだ防災・危機管理専門職が設置されていない都市もある。更に、政令指定都市及び中核市以外の市町村では、まだパターン①や②の市町村が多数を占めている。今後、これらの市町村では危機管理専門職の設置も含めたパターン③や④での危機管理体制整備が求められる。

　また、組織体制の形式だけが整って

図表10-9　各政令指定都市の防災・危機理専門職の役職(2010年時点)

	政令指定都市	役職
1	札幌市	危機管理対策室長
2	仙台市	危機管理監
3	さいたま市	危機管理部長
4	千葉市	危機管理担当参事
5	横浜市	危機管理監兼安全管理局長
6	川崎市	理事・危機管理室長主幹
7	相模原市	危機管理監
8	新潟市	市民生活部危機管理監 危機管理防災課長
9	静岡市	
10	浜松市	危機管理監
11	名古屋市	防災・危機管理監
12	京都市	危機管理監
13	大阪市	危機管理監
14	堺市	危機管理室長
15	神戸市	危機管理監・理事
16	岡山市	危機管理監
17	広島市	危機管理監
18	北九州市	
19	福岡市	防災・危機管理課長

図表10-10　各中核市の防災・危機管理専門職の役職(2010年時点)

	中核市	役職		中核市	役職
1	旭川市	防災課長	22	大津市	防災監
2	函館市		23	高槻市	危機管理監（兼　理事）
3	青森市	危機管理監（警察天下り）	24	東大阪市	危機管理監
4	盛岡市	消防防災監	25	尼崎市	防災対策課長
5	秋田市	危機管理監	26	西宮市	危機管理監
6	郡山市	危機管理課長	27	姫路市	危機管理監
7	いわき市	危機管理監	28	奈良市	危機管理監
8	宇都宮市	危機管理監	29	和歌山市	危機管理監
9	前橋市		30	倉敷市	危機管理監
10	高崎市		31	福山市	危機管理防災課長
11	川越市	消防危機管理課長	32	下関市	防災安全課長
12	柏市	次長・防災安全課長	33	高松市	危機管理課長
13	船橋市	（副市長）防災課長	34	松山市	防災監
14	横須賀市	危機管理課長	35	高知市	危機管理室長
15	富山市	防災対策課長	36	久留米市	防災対策課長
16	金沢市	防災管理監	37	長崎市	危機管理監
17	長野市	危機管理防災監	38	熊本市	危機管理防災室長
18	岐阜市	防災担当副市長	39	大分市	防災危機管理室長（兼）参事
19	豊橋市		40	宮崎市	危機管理室長
20	岡崎市	防災危機管理課長	41	鹿児島市	安心安全課長
21	豊田市				

〔出典〕上記2点とも、国立印刷局（2010）『平成22年度職員録』及び各市HPの人事データより著者作成

232

いれば、危機管理専門職を中心とした防災・危機管理体制が上手く機能する訳ではない。「危機管理に精通した人材は、地方公共団体にまだ少ないので、危機管理専門職ポストが設置されたことで、本来特別職等になるのには年次が低い人材が危機管理専門職になる場合がある。そのような場合、部局長級を経験していないので部局長に睨みが利かない[8]」とする京都府危機管理担当部局職員の指摘もある。最も望ましいとされるパターン④に該当する政令指定都市の危機管理監（2011 年度）のキャリアを『職員録（各年度）』から分析した。その結果、次長級から部長級を飛び越え、特別職級の危機管理監になっているケースが抽

図表10-11　次長級から部長級を飛び越え,特別職級の危機管理監になっているケース

	2011年	2009年
A市	危機管理監（副市長級）	秘書室長

〔出典〕国立印刷局（2010）『平成22年度職員録』国立印刷局（2011）『平成23年度職員録』の人事データより著者作成

図表10-12　広域行政消防本部の危機管理パターン（理念型）

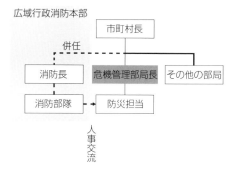

〔出典〕地方公共団体における総合的な危機管理体制の整備に関する検討会（2008）「平成20年度報告書（市町村における総合的な危機管理体制の整備）」参考資料4より著者作成

出出来た（図表10-11）。これらのケースでは、形式は整っていても、人事上の観点から、うまく本体制が機能するのかの不安を残す。

　更にこれらのパターンは、すべて消防本部を単独で運営しているケースに限定される。広域行政で消防事務を共同処理している消防本部においては、災害時の危機管理・防災行政と消防行政の住み分けは出来ても、消防本部と構成市町村の危機管理・防災部局は個々に自立した別組織となるので、連携上の問題が生じる。そこで、検討会は消防長に危機管理部局長との併任辞令を出し、また、消防本部から危機管理部局への出向者を受け入れることにより連携体制を日頃からとることを推奨している（図表10-12）。

　併任辞令や人事交流制度を駆使した広域行政組織と構成市町村間の連携は、前述した通り極めて重要である。ただし、消防長が各構成市町村すべての危機管理部局長を兼ねることは事実上不可能である。また災害時、救助活動に専念出来なくなる。各構成市町村に配置された消防署所の責任者が各市町村の危機

管理部局長を併任するのが望ましい。ただ構成市町村が、あまりに多くなると連絡調整の作業量が、個々の消防署所の救助活動の大きな負担となる危険性がある。現在、全国消防本部の約4割が広域行政で消防本部の運営をしている。よって、2018年4月に再度、6年間期限延長になった、消防の広域再編が成果を上げない場合には、このような視点からは、現在は制度上規定のない都道府県消防による市町村消防本部の都道府県域での一元化等も検討する必要が今後出てくることが予想される。

◇6
他行政分野から消防団への期待

(1) オールハザード時代に突入し消防団に対し増す期待

　前述の国民保護や原子力防災のケースを見ると分かるように、オールハザードへの対応を市町村公助だけで行うのは不可能である。実効性のある体制整備のためには、国や都道府県の垂直補完と同時に、必ず共助組織による圏域内補完が不可欠である。ただわが国では、そのような事態に活用可能な資源（組織資源や現場活動の情報資源等）を保有する共助組織は消防団しか存在しない。住民防災組織としては自主防災組織が存在するが、その構成員は町内会・自治会の役員である。年々組織率は向上しているが、高齢者が多く平常時より活動は低調である。**図表10-13**は、前出の全国消防本部に対するアンケートで、管内の自主防災組織が抱える問題は何かを聞いたものである（複数回答）。構成員の高齢化が47%で最も多くなっている。また次に訓練不足が33%で2番目に多い回答となっている。訓練不足は、高齢化に起因するものである。訓練への出席状況が悪いのである。

　共助組織がこのような状況のため、オールハザードへの体制整備を行おうとすると、当該する特殊災害において共助組織が果たすべき役割が、すべて消防団に降って来ることとなる。ただ消防団員は、平常時から水防団員も兼務している。そこに、国民保護や原子

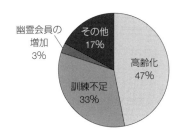

図表10-13　管内の自主防災組織が抱える
問題は何か（複数回答n=480）

〔出典〕2013年8月実施の全国消防本部への
アンケート（回収率48%）より著者作成

力防災での対応も加わると負担も増し、実効性にも疑問が生じる。それぞれの特殊災害への対応に専門性が求められるからである。海外では、消防団のような義勇消防組織以外に民間防衛組織を組織し、少なくとも武力攻撃災害への対応と、その他の特殊災害への対応を行う共助組織は、分けているケースが多い。

(2) 警察行政の消防団に対する期待

　ただ国民保護や原子力防災は、発生頻度の少ない危機事案である。これが平常時の活動における新業務となると、消防団員に掛かる負荷は極めて大きなものとなる。警察庁の青色パトロールは、他行政分野が平常時での消防団の活用を希望し消防庁が拒絶した事例である。

　事のきっかけは、埼玉県の和光市消防団が2004年1月に埼玉県警朝霞署と地域安全パトロールの協定を結んだことであった。パトロールを通じて、防犯・防災に関する情報の住民への提供や、犯罪に遭って助けを求める子供や女性を保護し被害を防止を消防団が行うとするものであった。この動きを知った総務省消防庁は、消防団の任務を逸脱していると、埼玉県を通じて協定の見直しを指導した。協定には、火災予防運動の一環と言う言葉が入り、被害者保護や犯罪防止のくだりは、削られた[9]。

　これらの動きを受け、総務省消防庁は同年2月13日付での通知「消防団が実施する地域安全活動における見解」を、都道府県に対して出している。その内容は、「消防の任務については、消防組織法第1条に定められるとおりであり、防犯パトロール及び防犯広告活動等の防犯対策並びに交通事故防止に関わる広報啓発活動等の交通事故防止対策については、消防団の業務では無い」とするものである。そして、「消防団が警察からの協力要請を受けて地域安全活動を実施する際には、警察との間に協定を結ばなくても同活動を実施する事は可能と考えているが、仮に協定を結ぶ場合には、その規定内容としては、火災予防等の消防機関の活動の一環として行う活動及び、その本来の業務に付随して行う活動に限られ、その活動の範囲を超える活動について規定する事はできないこと。消防団の業務の範囲を超える活動について協力を行う場合には、あくまでも個々の団員の自主的判断によることとして、消防団任務として行うことはできないこと。尚個人の自主的判断により協力する場合においては、団員による公権力の行使が認められることは、もとより団員への公務災害補償も適用されず、制服の着用も認められないことに留意すること」と、明記されている。

　更にその4日後の2月17日には、消防庁消防課消防団係長が「消防団が実施する地域安全活動に関わる取扱について」という通知を出し、警察機関から協力要請があった場合には、どのように対応するかの指示を出している。「①消防機関の活動の一環として、防火に関する地域パトロール又は、広報活動を消防団が警察機関と合同で実施することは、消防の業務として認められる。②防犯対策又は、交通事故対策のみを実施する活動については、消防団の業務と認められないことから協力を行う場合は、個々の団員の自主的判断によることとし、この場合団長など上司による参加の奨励、団員による公権力の行使は行わないこと。また、消防団の業務でないので、個人の自主的判断により協力する場合も、団員への公務災害補償は適用されず、制服の着用も認められない。③消防団が、火災予防の広報を行う際に、付随的に防犯、交通事故防止等に触れることは差し支えない。」としている。

　ところが、これら通知の約9ヵ月後の11月8日に、今度は警察庁生活安全局長名で全国の警察機関に対し通達が出された。その内容は、「消防は、地域における災害予防等の活動を行っており、中でも地域に根ざした活動を行う消防団については、その活動において防犯活動への協力を求める事が可能であり、消防と消防団との間で協定を取り交わす事などの例も見られる所であるので、更に積極的な連携・協力に取り組むこと。なお消防の任務については、消防組織法により定められており消防との連携に当たっては、法令上一定の制約があることを認識するとともに、ボランテイアとしての協力と幅広い観点からの連携方策を検討するものとする。」とするものであった。

　この通達に対し、総務省消防庁は翌9日、消防課長名で都道府県に対し、「消防団が実施する地域安全活動について」とする通知を行った。これによると、8日付で出された警察庁生活安全局の通達は、「消防団については、その活動において防犯活動への協力を求める事が可能」との表現が、特に誤解を与える可能性が高いと指摘した上で、この通達を受けて、各都道府県警察や地元警察署から、消防団に対して防犯活動への協力を求められることが考えられるが、消防団が協力できる防犯活動には、法令上の制約が求められることから、各都道府県は、市町村消防団長及び消防協会等に、東京消防庁及び関係指定都市消防局は、機関内消防団長にその旨を速やかに周知してほしいとするものであった。また先の2月13日付での通知「消防団が実施する地域安全活動における見解」の見解には、いささかの変更もないと、内容の再確認を行っている。

　以上のやり取りから、警察庁と消防庁の間には、消防団の防犯活動をめぐる見解の不一致があり、更に両省庁間の調整が上手く行っていなかった状況が見て取れる。11月8日の通達で、警察庁が期待したのは、同年12月1日から始まる予定となっていた青色回転灯パトロールで、消防団が大きな役割を果たすことであった。それに、消防庁が反発した。消防庁の見解としては、「（警察との）協力は、それぞれの本来の目的を逸脱しない範囲内の業務について、それぞれの任務の遂行に支障をきたさない限りにおいて行うのが原則」であり、消防が警察活動をするとか、警察が消防活動をすることを一般的に認める趣旨ではないとする。

　しかしながら一方において、消防庁の見解としては、消防と警察の相互協定の締結は、双方の職務の本分に逸脱しない範囲で協定を結ぶことは差し支えない、としている。従来、これらに似たケースとして山狩りでの警察と消防の協力関係というものが長年続けられてきている。「警察官の職務に協力援助した者の災害給付に関する法律」においては、山狩りに協力した者が、負傷を負ったような場合の、災害給付について定められている。防犯活動はだめで、どうして山狩りでの協力はよいのか、という点が明らかになっていないということが、本問題を更にこじらせている原因になっているように思われる。本件も、警察行政が共助レベルの組織資源を、消防行政のように保有していなかったことが背景にある[10]。

(3) 防災行政からの要請

　共助レベルの組織資源の有無でいえば、防災行政は自主防災組織という共助レベルの組織資源（住民の実働組織）を保有している。また、その組織率を年々向上させ、保有する共助レベルの組織資源を増やしている。自主防災組織の構成員の多くは、従来消防団員を引退し、防災体制からは抜けていた年齢層である。その年齢層の人的資源を地域の防災体制の中に獲得し活用しようという意味においては、自主防災組織は有益な制度である。しかし、前出の**図表10-13**からも明らかなように、構成員に高齢者が多いことから、災害時の共助レベルにおける実働部隊として、すべての社会的要請に対応することは不可能である。そのため、防災行政においても他行政分野同様に、消防行政が保有する消防団（共助レベルの組織資源）への役割期待が高まることとなる。

　2011年の東日本大震災後、地域防災体制の強化は急務の課題となっている。

2013年6月に災害対策基本法が改正され、地区防災計画制度が創設された。本制度により、市町村の一定の地区内の居住者及び事業者は、自発的な防災活動に関する地区防災計画を策定することが出来るようになった。従来、市町村レベルで地域防災計画の策定は行われてきたが、更に下位の地域コミュニティー単位で地域の実情に合ったコミュニティー防災体制の強化を目指そうというものである。

　2014年4月の本制度施行に先立ち、内閣府（防災担当）が作成した地区防災計画ガイドラインを見ると、消防団が行うとは明記されていないものの、消防団でなければ出来ないと思われる活動内容が複数見受けられる。例えば、地区防災計画では消防団との連携が期待され、想定される活動の中でも平常時の防災訓練や救助技術の習得、災害時の初期消火・救出及び救助は消防団の関与が大幅に必要である。平常時から消防団と地域コミュニティーの連携強化を狙った制度であるといえる。特に、地域コミュニティーとの管轄区域の重複性が高い消防団の下部組織である分団の役割が今後重要になってくることが予想される。ただ、本制度が機能し始めると、消防団としての通常業務に、更に新しく管轄区域内の複数地域コミュニティーにおける、地域住民の訓練指導等の活動が平常時加わることを意味し、消防団の負担が増すことは間違いない。

◇7. まとめ

　以上のように、消防行政と他行政分野間の関係を見ると、消防行政のみを見たのでは見えて来なかった消防に対する新たな社会的要請が見えてくる。中央レベルにおける危機管理部門の一元化は、中央レベルの消防行政のみならず防災行政の保有する資源を増やす視点から、最も効果的な方策であるように思われる。無論、消防行政の視点からのみ議論すべき話ではなく、また実現のハードルも高い。今後の検討課題である。また、国民保護や原子力災害は発生頻度が低い災害ではあるが、実効性のある体制整備が求められる。これらの特殊災害に対し、現状の市町村消防による市町村公助や消防団のみに依存する共助体制では限界がある。現在進行中である、消防の広域再編の更なる推進による地域公助体制の強化や、海外のように特殊災害に特化した消防団以外の共助組織を作る等の共助体制強化についての検討が今後求められるように思われる。

　更に、市町村の地域公助においては、消防行政が防災行政や危機管理行政まで行うべきか否かが検討課題の一つとして生じている。市町村レベルの消防行政は、国レベルの消防行政とは異なり災害の現場活動を行う実働部隊を保有しており、災害応急対応も救助活動が中心になる。よって中央レベルの危機管理部門の一元化を検討すべきという今後の課題とは逆のベクトルの話となるが、救助活動に保有する消防資源をすべて投入するためにも、災害時新業務を首長部局の防災・危機管理部局と分担する必要がある。ただそれは、単独で消防行政を運営する市町村のケースである。広域行政で消防事務の共同処理を行っている消防本部では、構成市町村とは個々に自立性を持った別組織なので、平常時から併任辞令や人事交流制度を駆使した連携強化が求められる。しかし、今後進展することが予想される消防の広域再編では、広域化した消防本部はすべて巨大広域行政組織となり、多くの市町村を構成団体として抱え込むことになる。災害時の連絡調整等を考慮すると、都道府県消防制度の導入も視野に入れた検討が、広域再編終了後再度必要となるよう思われる。

　そして他行政分野が、消防行政の保有する消防資源の中でも、最も活用することを期待しているのが消防団である。他の行政分野は、消防団のような共助レベルの組織資源を保有していないためである。一部には、「消防行政が消防団を囲い込んでいるから困る」という声すら聞こえる。ただ消防団員も普段は、他の職業を持つ社会人が多い。既に、水防団とも兼務の上、更に新たな任務が増え続けている状況である。これ以上、無原則に消防団の任務が増え続けると、実効性や専門性を深めるという視点から問題がある。本件も、実現のハードルが高いが、海外のように、特殊災害に特化した共助組織の創設等も今後、重要な検討課題である。

　中央レベルの危機管理部門の一元化、消防の広域再編と都道府県消防制度、特殊災害に特化した共助組織の創設に関しては、更に次章で考察したい。

[注]

1　毎日新聞朝 2004 年 10 月 29 日

2　非設置団体の解消はされたが、市町村圏域内の一部に消防団が存在しない市町村は全国に複数存在する。

3　イギリスでは、最悪の危機（レベル 3）として核攻撃を想定している。ちなみにイギリスでは、危機の深刻度のレベルによって、災害対応を主導する組織が変わる。特定地域及レベルの日常的な危機・複数危機に対しては、地方自治体で対応する。広域的危機にも、地方自治体が中央政府及び LGD（担当省庁）と連絡を取り合いながら対応する。そしてより深刻なレベル 1 の危機には LGD が危機対応を主導し、レベル 2 にも LGD が対応するが COBR が関係機関の調整を行う。最悪の危機であるレベル 3 になった場合には、COBR が中央から関係機関全体の指揮をとることとなる。以上のように、COBR の出番は、レベル 2 以上の危機に限定されるので、日常的に職員を配置しているわけではない。通常は数名の担当者しかおらず、緊急事態の状況によって 30 ～ 40 名程のスタッフを関係機関から招集するのみである。わが国の消防庁は常時 160 名の職員が在籍しているが、それと対照的である。極めて、地方分権的・現場主義的な危機管理体制である（**別図表 10-1**）。

別図表 10-1　イギリスの危機管理対応

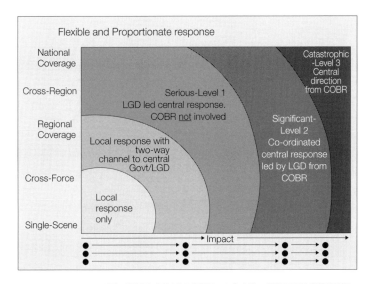

出典：2012 年 8 月実施の COBR へのインタビュー調査時の配布資料より引用

4　ドイツでは、常備消防（Berufsfeuerwehr）は都市部のみに設置され、その他の地域は主に義勇消防（Freiwillige Feuerwehr）で対応している。州によって体制が異なるが、義勇消防の設置できない地域には、義勇消防組織への参加が住民に義務付けられる義務消防（Pflichtfeuerwehr）が設置されている。また文民保護組織として技術救援隊（Technisches Hilfswerk：THW）が設置されている。旧東ドイツにも文民保護組織として民間防衛隊（Zivilverteidigung der DDR）が存在した。

5　文民保護の活動の中身としては国によっても異なるが、①化学兵器や生物兵器に対抗するための防護装具やシェルター等の備蓄や建設、②人口・建物や文化財の密集化を避けて分散する疎開、③重要施設の偽装・隠蔽、人的被害軽減のための灯火管制による秘匿、④各種の緊急事態を周知させるための情報伝達、⑤消防機関に頼らず自主防災組織や自衛消防隊等の民間人が行う消火、⑥物資の補給、⑦消毒・除毒、防疫、汚染除去等の衛生活動や住民組織による現場からの負傷者の救出や病院までの搬送、⑧疎開のための輸送、交通の統制、⑨デマやプロパガンダに惑わされないための情報リテラシーの育成防諜、⑩遺体処理や交通復旧等が挙げられる。

6　朝日新聞（2015年11月3日）

7　地方公共団体における総合的な危機管理体制の整備に関する検討会（2008）「平成20年度報告書（市町村における総合的な危機管理体制の整備）」

8　京都府危機管理担当部局職員へのヒアリング（2011年8月3日）

9　朝日新聞2006年2月15日

10　2010年7月に全国市町村の防犯担当部局を対象に実施したアンケート（回収率52.7%）では、個人の身分で参加とはいうものの団の制服や装備を活用し参加している消防団員がいる市町村が3%ほどあり、更に消防団員の身分で参加している団員がいる市町村が7%ほど存在している（**別図表10-2**）。

別図表10-2　消防団が何らかの防犯活動を行っているのか (n=893)

その他 7%
行っている 25%
行っていない 68%

出典：2010年7月実施の全国市町村防犯担当部局へのアンケート調査（回収率52.7%）より著者作成

第11章

消防行政の課題と
今後向かうべき
方向性の検討

◇1.
今までの論点の整理

　本研究では、他の行政分野と比較して補完体制の構築が進んだ、消防行政の現状と課題について見てきた。本章では、最後に今までの論点をまとめるとともに、消防行政における補完体制のあるべき在り方、及び、現状における消防行政の課題の解決策について考察したい。

　まずは、今までの論点の整理から行いたい。**第4章**から**第10章**までで、わが国の消防行政における市町村公助、垂直補完、水平補完、共助体制（圏域内補完）、他行政分野と関係の現状と課題について、分析及び考察を行ってきた。①総務省消防庁の保有する消防資源不足、②保有する消防資源の少ない小規模消防本部の多さ、③消防団の保有する資源の減少という課題が、これら消防行政における市町村公助、垂直補完、水平補完、共助体制（圏域内補完）、他行政分野との関係にも大きな影響を及ぼしていることが分かる。

　まず、市町村公助、垂直補完、水平補完、共助体制（圏域内補完）の課題について整理を行いたい。他行政分野に先駆け精緻化されてきた消防行政における補完体制は、各消防組織の資源不足を補い、限られた、決して多くはない消防資源の中で、わが国の消防行政が国際的にもトップクラスの消防体制を構築することに大きく寄与した。ただ、補完体制の歴史が長い分、他行政分野に先駆け、個々の補完体制の問題点も既に明らかになってきている。

　補完体制の課題について考察する前に、まず消防行政における市町村公助の課題から振り返ると、小規模消防本部の保有する消防資源不足が、平常時の予防・火災原因調査・救急活動や、大規模自然災害時・事故時の災害応急対応において生じている問題の直接的原因となっている。また、小規模消防本部が、市町村消防本部の多数を占めていることにより、本件は特定地域の市町村公助特有の問題ではなく、わが国の消防行政全体に関わる重要な問題となっている（**第4章**）。そして、東日本大震災（2011年）では、多くの消防施設が津波で機能不全に陥った（**第9章**）。更に、国民保護や原子力防災といった新しい社会的要請に、現状の市町村消防体制で対応できるかは心もとない（**第10章**）。そのため、小規模消防本部のみならず全国の消防本部において、更なる市町村公助体制の強化が求められている。

　次に垂直補完の課題について見ると、消防庁の保有する消防資源不足が消防

　行政における中央地方関係にも影響を及ぼし（**第5章**）、ひいては消防庁の平常時及び災害時の垂直補完（上からの垂直補完）にも支障を生じさせることにつながっている（**第6章**）。消防庁は保有する消防資源を補うため、平常時は東京消防庁をはじめとした大都市消防本部から人的資源を出向や研修というかたちで獲得し、更に現場活動に関わる情報資源の獲得も行っている（下からの垂直補完）。また大規模自然災害時・事故時は、市町村消防本部の部隊（市町村消防の組織資源）で編成された緊急消防援助隊を事実上の国の実働部隊として運用し、被災地でのオペレーション活動を行っている（融合型補完）。ただ、緊急消防援助隊は運用上国の実働部隊といえども、実際は国からは一定の自立性を持った市町村消防本部の組織資源で編成されていることから、現場投入への国の躊躇（必要資源へのアクセスの不自由さ）が生じ、結果、福島第一原発事故での原子力災害対応の遅れへとつながった（**第9章**）。

　補完性の原理を重視するならば、国の消防資源強化は最終手段であるが、如何に総務省消防庁の資源を増やして、上からの垂直補完を機能させるかが求められている。なおそれを考える際には、他行政分野（特に防災行政・危機管理行政）との関係も考慮する必要がある（**第10章**）。

　そして水平補完に関しては、平常時は保有する消防資源で勝る（全国的ないしは地域限定的にパワー優位性を持つ）東京消防庁をはじめとした大都市消防本部（代表消防本部）が、周辺消防本部に消防資源の提供を行ってきたが、近年は議会のチェック等が厳しくなり、住民の税金で整備された消防資源の他消防本部への提供が以前よりは困難になってきている（**第7章**）。必要資源へのアクセスの不自由さが、ここでも生じているのである。

　また、代表消防本部の保有する資源が少なく、代表消防本部を中心とした水平補完が十分には機能しない地域もあり、水平補完体制の地域間格差も存在する（**第7章**）。更に、緊急消防援助隊は災害時の水平補完の制度としての側面も持ち、阪神・淡路大震災（1995年）後に、災害時の市町村公助の補完と、従来相互応援協定のみだった災害時の水平補完体制強化を目的に作られた制度であるが、東日本大震災では、緊急消防援助隊の予備力、兵站等の課題が明らかになった。そして緊急消防援助隊は、参加する小規模消防本部の負担が大きい制度で、小規模消防本部は、常にぎりぎりの消防資源で日常業務に対応している状況にもかかわらず、貴重な消防資源を緊急消防援助隊に割くことで、管轄区域内での市町村公助が相対的に手薄にならざるを得ない状況が生じる（**第9**

244

章）。そのため、全国の常備消防が、極力均質に水平補完が機能する体制整備や、体制強化を行う一方で、小規模消防本部への負担軽減の配慮も求められる。

　共助体制に関しては、消防団員の減少、高齢化が大きな問題である。このような消防団の保有する消防資源の減少に歯止めが掛からないと、大規模自然災害時・事故時に消防団に期待される市町村公助の補完（圏域内補完）が心許無くなってしまう（第8章）。また、東日本大震災では、市町村公助が機能不全に陥ったことにより、広域応援（垂直補完、水平補完）が到着するまでの間の救援活動で、消防団による圏域内補完が期待されたが、消防団員も津波で大勢亡くなり、消防団も機能不全に陥った地域が複数出現した（第9章）ことから、いざという時に圏域内補完が機能するよう、消防団の保有する資源の増強や管理体制の見直しが求められる。ところが消防団が保有する資源を年々減らす一方で、共助の組織資源を保有しない他の行政分野からは、消防団への社会的役割期待が年々増してきている。それが、消防団員の負担増につながりかねない状況も生じはじめている（第10章）。

　このような状況が生じた経緯としては、まず垂直補完に関しては、戦前国が保有する消防資源の多くを配分していた内務省警保局の地方官署が、市町村消防制度の導入で国から切り離されて大都市消防本部の方に吸収されてしまったこと、更に内務省警保局からの人的資源の継続性が戦後中央レベルで断絶し、明治より蓄えてきた消防資源のほとんどを国が戦後失ってしまったことが背景にある。そのため消防庁の保有する消防資源不足が生じ、消防行政の垂直補完に様々なマイナスの影響が生じている（第2章）。また、市町村公助及び水平補完に大きな影響を及ぼしている小規模消防本部の多さに関しては、戦前地方官署が保有していた国の消防資源の多くが、市町村消防制度の導入により大都市消防本部に引き継がれる一方、官設消防が設置されていなかった地域の消防本部はゼロからのスタートとなり、その後の市町村消防本部間の地域間格差と小規模消防本部の保有する資源不足の要因となった（第2章）。また、消防行政が地方分権の先行事例で、制度的に市町村の自主的な整備を重んじるローカルオプティマムが優先される行政分野であった所為で、小規模消防本部の是正がなかなか進まずに現在に至っている。国も制度的資源不足で、警察庁のように是正を命令できない。また、補助金による誘導にも限界がある[1]。一方、総合行政主体である市町村も、総合的な見地から、他行政分野への資源配分を優先する傾向が強かった。

更に、共助に大きな影響を及ぼしている消防団の保有する資源の減少に関しては、消防本部とのパイが限られた地域の消防資源の中での、いわば一得一失の関係の中で生じたことが背景として挙げられる。これは、救急が消防の業務となった時に、高い専門性が要求されることから、消防団に任すのは無理と消防庁が判断し、全国的に市町村消防本部での常備化政策に転換したことも大きい。これを機に、それまで増えつつあった消防団の常備部は、新設された市町村消防本部に吸収され、消防団は、その保有する消防資源の多くが消防本部に移行するとともに、自立性も大きく失い市町村行政の管理下に全国的に入ることとなった（**第8章**）。

このように、消防行政における市町村公助、垂直補完、水平補完、共助体制（圏域内補完）、他行政組織との関係の問題は根の深い問題である。次に、その解決策について模索したい。

◇**2.**
消防行政における補完体制のあるべき姿

(1) 消防行政における補完体制の特殊性

消防行政の抱える諸問題についての解決策の検討は、まず消防行政における補完体制のあるべき姿を押さえた上で行う必要がある。本研究では、主に消防行政における補完体制について見てきた。国、都道府県、市町村各層における各種資源の偏在状況や中央地方関係は、当然行政分野ごとに異なるので、望ましい補完体制の在り方も行政分野ごとに変わる。また補完体制の必要性が、あまり無い行政分野もある。

例えば警察行政は、警察庁が、財政的資源でも制度的資源でも圧倒的なパワー優位性を保有し、都道府県警察の保有する資源への国のアクセスも比較的容易な中央集権的な体制となっているので、国の上からの垂直補完が強く機能し、消防行政のように下からの垂直補完や、水平的補完が発達する余地が少ない。警察には、緊急消防援助隊に類似の災害時の広域的実働部隊として広域緊急援助隊があるが、都道府県警察本部の組織資源を用いるものの、警察庁の派遣命令で派遣される上位下達的な部隊で、緊急消防援助隊のような融合型補完や水平補完の側面は薄く、上からの垂直補完的側面がより強い[2]。

また、自衛隊や海上保安庁のような、国が所管する行政分野も、国レベルの

保有資源の中ですべてが完結するので、複雑な補完体制を必要としない。消防団のような共助組織も、現状においては消防行政のみが保有する組織資源なので、圏域内補完も消防行政特有の補完システムである[3]。

では、消防行政における市町村公助、垂直補完、水平補完、共助体制（圏域内補完）のあるべき姿とは如何なるものであろうか。消防行政の特殊性は、地方分権の先行事例で、下からの垂直補完体制や、水平補完体制が発達している点である。そして、消防庁の資源不足を補ってきた。また前述の通り、消防団による市町村公助の圏域内での補完がある点も他行政分野には無い特徴である。そのような消防行政の特異性も踏まえつつ、市町村公助、垂直補完、水平補完、共助体制（圏域内補完）のあるべき姿を考察したい。

(2) 消防行政における個々の補完体制のあるべき姿

まず大前提として、消防行政において今まで発展してきた、下からの垂直補完体制や水平補完体制、融合型補完体制は、細かく見ていくと個々に課題も存在する。ただ、このような多層にわたる補完体制は、限られた資源の中で、行政目的を達成するシステムとしては優れている。この多層にわたる補完体制のお蔭で、決して潤沢ではない消防資源の中でも、わが国の消防体制は世界でもトップクラスになることが可能となった。これら補完体制は、個々の課題を解決しつつ、今後も維持強化していくのが望ましい。そのような前提の下で、決定や自治などをできるかぎり基礎的自治体（市町村）等の住民との距離が近いコミュニティーで行い、出来ない部分のみをより大きな単位の団体で補完していくべきとする補完性の原理も重視しつつ考えると、消防行政における補完体制のあるべき姿は、ある程度定まってくる。

優先順位で言えば、まず市町村公助の強化が最重要である。市町村消防の原則が継続し、市町村が「消防行政主体」であり続ける限りは、個々の市町村は、最大限可能な範囲でより良い消防体制の整備を行っていかねばならない。次に補完体制の中で優先順位をつけると、圏域内補完の強化、水平補完の強化、垂直補完の強化と続く。

まず消防団による圏域内補完は、市町村の市町村公助に対する補完という視点から、極めて重要である。近年は、市町村消防本部による消防の常備化が進み、かつ家屋の耐燃化が進み大火が減ったこともあり、平常時の火災等よりも災害時の圏域内補完という視点から、消防団は重要視されている。ただ、2016

年12月に発生した新潟県糸魚川市大規模火災は、改めて火災における消防団
の圏域内補完の重要性を再認識させるものであった。消防本部との地域の消防
資源を巡る両立しがたい関係、団員になる住民層のサラリーマン化等で、消防
団は年々保有する資源を減らしつつある。圏域内補完が今後も機能しつづける
よう、現状維持の努力をしていく必要がある。

　例えばドイツは、先進国の中でも共助体制が特に整備された国であるが、共
助組織への若者獲得施策の重要な柱となっているのが、子供隊員・少年隊員の
制度である。本制度は、小学校の低学年の内から、共助組織に子供を取り込も
うとするものである。無論、子供隊員・少年隊員は、消防活動や防災活動は行
わないが、将来それらの活動に従事するための専門的教育や防災教育がじっく
り行われ、成人後の定着率も高い。若者層の団員獲得と、専門技術向上につな
がっている[4]。このような制度は、参考になる。また、若者の価値観も多様化
していて、団内の付合いを面倒くさがる傾向が顕著になってきている[5]。消防
団の古い組織文化は、今後見直していく必要がある[6]。

　次に、水平補完に関しては、消防行政では垂直補完が資源不足で出来ない部
分を補ってきた。水平補完が、他の行政分野に先駆けて発達したせいで、消防
庁は限られた資源の中でも行政需要への対応がある程度可能だった。水平補完
体制の発達は、消防行政の特徴であり優れた部分である。今後も、水平補完体
制の維持をしつつ、それで補えない部分を垂直補完で補う体制構築が望ましい。
特に現状では、代表消防本部を中心とした水平補完システムが機能している地
域と、代表消防本部の資源不足から十分に機能していない地域がある。全国的
に、ほぼ均質的に水平補完体制が機能して、小規模消防本部や消防の非常備町
村の資源不足を補える体制整備が必要である。消防防災行政において、消防庁
は代表消防本部に災害時の救出救助の専門部隊である特別高度救助隊[7]や高度
救助隊[8]を設置させ、これらの部隊が災害時に用いる車両や機材の無償貸与を
行い[9]、更に、消防大学校に特別高度救助隊及び高度救助隊の養成講座を創設し、
重点的に大都市消防本部を垂直補完で支援することで、その組織資源、情報資
源の強化と平準化を行い、水平補完としての緊急消防援助隊制度の強化を図っ
た前例がある[10]。平常時の消防行政においても、前述の通り、代表消防本部の
規模が小さな地域に関しては、垂直補完で代表消防に国が様々な支援を重点的
に行うことで、地域内の水平補完体制の強化を行う必要がある。消防庁が、数
多い小規模消防本部に個々に垂直補完を行うよりも効率的である。

　最後に、垂直補完の強化であるが、小規模消防本部や消防の非常備町村が、自助努力や水平補完で獲得出来ない資源を補うことが、特に優先度が高い国の垂直補完の役割であると思われる。わが国に市町村消防制度を導入したAngellも、垂直補完に対して同様の考え方をしていた（**第7章**）。そのような視点から考えると、上からの垂直補完では、まず可能な範囲で国が保有する情報資源の強化が必要である。大都市消防のみならず、小規模消防本部もフリーアクセス可能な情報資源の提供やその環境整備は、総務省消防庁の上からの垂直補完において、特に優先的な課題であると思われる。現在縮小化されてきている中央レベルの研究機関の人員増及び機能強化を図るとともに、現場情報資源の獲得を行うため、都道府県や大都市首長部局及び消防本部のみならず、より多くの問題を抱える小規模消防本部、中規模消防本部やその構成市町村、消防の非常備町村への消防庁職員の出向を行うべきである[11]。

　次に、災害時の専門性を持った人的資源の確保という視点からは、内閣府（防災担当）が既に導入している出向経験者の予備役制度[12]や、総務庁で消防専門人材になる希望者を募集し、総務省及び消防庁内でジョブローテーションを行い希望者は何度でも消防庁に配属させるようにし[13]、人材確保を図るべきである。そして、消防庁長官や次長ポストも、そのような人材の最終的上がりのポストにすべきである。併せて、下からの垂直補完では、小規模消防本部が情報資源の獲得を出来るよう、総務省消防庁への小規模消防本部からの出向組、研修組の枠を増やすべきである。

　ただ、これらの補完体制の話は、現有の限られた消防資源のパイの中で、如何に補完し合って上手く資源のやりくりを最適化するかの話である。補完体制が極めて重要なことは言うまでもなく、本研究のメインテーマである。しかし、消防行政全体の将来的発展を考えるならば、実現はなかなかハードルが高いが、総務省消防庁、代表消防本部、小規模・中規模消防本部、消防団等、個々の組織の保有資源を増やす方策に関しても、最後に一応検討しておく必要があるように思われる。全ての実現は当然不可能であるが、仮に、いずれかの組織の保有資源が増えれば、消防行政における補完体制も、更にスムーズに機能することが期待できる。これら消防行政の理念上の望ましい姿に関しては、多様な意見があると思われるが、議論を喚起する意味からも、私案を提示したい。

◆3. 国の保有する消防資源の強化策

(1) 国の保有する消防資源の強化の必要性

　まず、国の保有する消防資源強化策の理念型から検討を加えたい。消防行政における垂直補完に関わる問題の多くは、消防庁の保有する消防資源の不足に起因しているものが多い、消防庁の保有する資源の強化は、わが国の消防行政における垂直補完（上からの垂直補完）体制の強化を考える際、避けては通れない課題である。これまで消防庁は、保有する消防資源の不足を、市町村消防本部から獲得した消防資源を用いることで補ってきた（下からの垂直補完及び、融合型補完）。市町村消防本部から消防庁への人的資源の出向や研修という形態での獲得しかり、緊急消防援助隊の制度しかりである。しかし、平常時の小規模消防本部への情報資源等の上からの垂直補完は、必ずしも市町村消防制度を導入した立役者である Angell が期待したほどには機能していない。それは、市町村消防から消防庁への出向者、研修生のほとんどが大都市消防本部の人的資源で、垂直補完を必要としている小規模消防本部の実情には精通していないからである。また、福島第一原発事故での放水活動は、国とは別人格の組織（市町村消防本部）が保有する資源を、運用上国の実働部隊として用いる融合型補完の難しさを明らかにした。下からの垂直補完のルートが、大都市消防本部に限定されていることで、現場の情報資源の偏りが生じる可能性や、フリーアクセスではない大都市消防本部の組織資源を用いることの難しさから、消防庁の平常時の現場対応や災害対応に支障が生じる危険性がある。

　この市町村消防本部の消防資源を、消防庁が自らの消防資源として用いるという方式（融合型補完、下からの垂直補完）は、保有する消防資源が少ない消防庁が最大限に行政上の目的を果たそうとする場合、最も低コストで合理的な方法といえる。しかしこのやり方にも限界がある。消防庁の保有する消防資源の強化をするための努力は、今後も続けていく必要がある。

(2) 消防庁の保有する消防資源の強化策の模索

　消防庁の保有する消防資源の強化を考える場合、参考となるのが警察庁である。元々、戦前は消防行政を警察が行っていた。消防行政とは、非常に関係の深い行政分野である。

　図表11-1は、消防庁と警察庁の組織体系の違いを比較した図である。これは前消防庁総務課理事官の山口祥義が、消防行政の専門誌『消防防災』に掲載した論文中の図を一部改変したものである（山口 2005, p.29）。2005年当時107名だった消防庁の本庁定員が、総務省定員規則が改正され2013年時点では169名[14]になっている点のみ訂正した。このように8年間で定員は62名[15]も増加しているが、しかし警察庁と比較すると、警察庁の本庁定員が1,600名[16]なのに対し、消防庁はおよそ10分の1程度の人的資源しか保有していないことが分かる。一方、消防と警察の地方配置実働数は、2002年時点で消防が15万4487人[17]、一方警察は23万5916人[18]で消防職員は警察官の約3分の2程である。しかし消防は市町村の消防職員に加え、85万331人（2018年時点）の消防団員を更に実働可能な人的資源として保有している。ただ、地方配置実働数と比較すると、如何に消防庁の本庁定数が少ないかが分かる。

　また、制度的資源としては、国の責任や現場活動時の消防本部や警察本部への指示権では、双方ともほぼ同等の権限を持っているが、消防庁は警察庁の様に指揮監督権限や人事権は有さない。これは消防組織法が第19条で、「市町村の消防は、消防庁長官又は都道府県知事の運営管理又は行政管理に服することはない」と、市町村消防の自主性について定めているからである。一方、警

図表11-1　消防庁と警察庁の組織体系の比較図

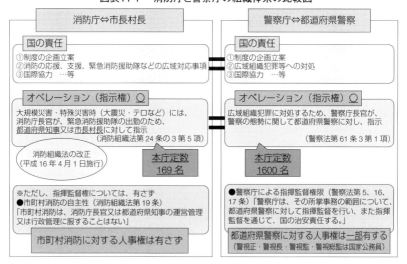

〔出典〕山口祥義（2005）「成17年度消防庁組織体制の充実強化概要」『消防防災行政』, 東京法令出版、p.29.
　　　を著者が一部改変（消防庁の本庁定員数に変化があったので2013年度時点での定数に変更）

察法第5、16、17条は、「警察庁は、その所掌事務の範囲について、都道府県警察に対して指揮監督を行い、また、指揮監督を通じて、国の治安責任に任ずる」と警察庁による指揮監督権を定めている。よって都道府県警察の人事権に関しても、一部地方警務官の人事権を警察庁が握っている[19]。この消防庁と警察庁の法的資源及び人的資源の比較について、山口は「現在の消防庁と警察庁について、課せられた責務及び緊急事態対応などを比較してみると、現在の消防庁は、都道府県警察に対する広域的応援の指示権を有する警察庁と比較しても、直接の人事権を除いて、ほとんど変わらないと言える。しかしながら、警察庁が本庁定数約1600名を有するのに対し、消防庁は本庁定数が僅か107名（消防大学校を含めても119名）という状況である[20]」と指摘している。

　実際、その後わずかに本庁定員は増えたが、山口も指摘するように消防庁の人的資源はまだ十分とは言えないように思われる。また**第5章**でも見てきたように、消防庁はプロパーの職員の採用を行っておらず、消防行政に精通した人材の育成も一部の技官を除いて行っていない。主に本省である総務省の旧自治省系部局から職員が来て、数年在籍してまた戻って行くポストである。ただし、旧自治省系官僚の専門である地方行政とは、消防行政は大きく異なる専門性を持った行政分野である。時には、究極な状況下での判断力や決断力等、一般行政分野とは異なる能力を求められる場合もある。そして正しい判断を行うためには、市町村消防の現場情報の把握は不可欠である。そのような能力は、2年や3年消防庁に在籍した程度では身に付くものではない。長期間にわたる、専門的な人材育成が必要である。本来は、消防行政に精通した人的資源を育成するため、若手職員を消防庁に貼り付け、消防庁プロパーとして育成するべきである。ただこのような大幅な定員増や、消防行政に精通したプロパー職員の養成は残念ながら行政管理の視点から現実的ではない。定員管理があるので、大幅な定員増は無理である。また、プロパー職員を育成し、庁内でジョブローテーションを回していくためには、消防庁の定員規模は少なすぎる。

(3) 国の危機管理部門の一元化

　国の保有する消防資源を強化するためのもう一つの方策としては、国の危機管理部門の一元化がある。**第6章**でも少々言及したが、日本版FEMA（危機管理庁）の設立を巡る議論が阪神・淡路大震災後一時期あった。FEMA（米連邦緊急事態管理庁）とは、大規模災害等の緊急事態に対応する中心機関とし

252

て、1979年のカーター政権時に設立された組織である[21]。FEMAを参考にして、各関係省庁に散らばっている危機管理部門をまとめて、危機管理に特化した省庁を新設しようとする議論である（**図表11-2、図表11-3**）。新設の法案が国会に提出されるところまで行ったが、提出された国会が「郵政国会」で解散となり、そのまま本議論も立ち消えてしまった。元々各関係省庁とも、自組織の貴重なポスト（組織資源）を手放さなければならず、本件に消極的だった。特に、消防庁は間違いなく危機管理庁に吸収されるので、貴重な中央でのポストを失うこととなる総務省の旧自治省系官僚にとっては、受け入れがたい話であった。

　議論を振り返ると、1995年1月17日に 発生した阪神・淡路大震災を契機に、従来の市町村を中心にした市町村公助では、大規模自然災害に十分に対応できないという問題意識から、国レベルの危機管理組織（消防庁、海上保安庁、当時の内閣の危機管理部門や、場合によっては自衛隊、警察の組織の一部）を日本版FEMAとして一元化し、大規模自然災害発生時に国主導のトップダウン方式での対応が行えるようにするべきではという議論がされるようになった。

図表11-2「緊急災害対策庁」新設案

1995年7月	スタンス	主張
新党さきがけ	「緊急災害対策庁」新設を提案	国か実働部隊を持っていなかったため被害を拡大させてしまった。国土庁防災局を独立させ、警察、消防、自衛隊それぞれの指揮命令系統を統一し、新たに省庁を新設すべきである。
村山政権	新設反対	国の役割は、関係機関の調整と幅広い情報収集による現状の把握である。調整役が実働部隊を持つかどうかは、重要ではない。
新進党	新設よりも内閣の機能強化を重視	国土庁防災局の所掌事務をそのまま総理府に移管し、総合的な行政である防災行政は、首相直属の組織で行うべきものである。

図表11-3　省庁再編での議論

省庁再編論議	スタンス	主張
内閣の機能強化派	消防庁を内閣府の外局へ	阪神・淡路大震災の際、調整機関と実働部隊の情報の共有が全くなかったので、内閣府で横断的にすべき
現状維持派	消防庁を総務省の外局へ	震災後、中央防災会議等、情報の共有化も視野に入れた体制が整備された事、また消防行政は市町村単位で行われていることから、
新省庁創設派	「国民安全省」創設を提案	関係省庁の連携か困難なことから、各省庁に散らばっている防災関係部局をまとめるべき。

〔出典〕上記2点とも、国会議事録の記載内容より著者作成

おりしも、阪神・淡路大震災の前年（1994年）1月17日に発生したノースリッジ地震で、アメリカの連邦緊急事態管理庁（FEMA）の活躍が世界的に注目されている時期であった。日本版FEMAに初めて言及したのは、連立与党の「災害時危機管理プロジェクトチーム」であった。「災害時の危機管理についての中間取り纏め」最終案において、日本版FEMAも視野に入れた行政機能の見直しを提言している。そして本件に関する議論が大きく動き出すのは、2003年に民主党主導で、危機管理庁設置を盛り込んだ「緊急事態対処基本法」の議論が、国会で始まってからであった（図表11-4）。

　当初自民党は、新しい省庁を新設するのは、行政改革の流れに逆行するとして、既存危機管理関連省庁の機能強化での対応を主張したが、最終的に2005年の通常国会での本法案の制定、危機管理庁の設立で民主党と合意した。ところが本国会は「郵政国会」となり、大荒れに荒れて会期中の成立が困難となり、7月14日法案の提出を断念し、現在に至っている。危機管理庁に関する議論が立ち消えになった背景としては、既存省庁の抵抗と、法案が流れた直後の2005年8月29日に、ハリケーン「カトリーナ」によって引き起こされたルイジアナでの大規模災害がある。本件でFEMAは、その対応の遅れが指摘され、批判の的となった。その原因については、大きく次の2点の指摘がよくなされる。①自然災害よりもテロに重点を置いた国土安全保障省（DHS）に統合された結果、災害の専門家等も少なくなり、その機能を十分に発揮できなかったことと、②連邦－州－郡－市の間の連携が、地方自治の原則から互いの権限を尊重するあまり、機能しなかったこと等である[22]。

　本件について、当時の総務省消防庁幹部は次のように述べている。「危機管理庁構想は、FEMAに範を取って考えられたものであるが、国家レベルでの緊

図表11-4　緊急事態基本法案をめぐる議論

2003年	スタンス	主張
民主党	危機管理庁設置を提唱	緊急事態基本法を提案。内閣府の外局として設置する。内閣官房の危機管理監など危機管理担当者や内閣府の防災担当、消防庁の関連部署を移管し、地方の支部局も設置し300人程度の体制にすると提唱した。
政府与党	現状維持	行政改革の一環として省庁再編を行い数を削減した。新たに省庁を新設するのは行政改革に逆行する。行政組織を変更せずに、関係機関を集結させた中央防災会議で対応可能である。

〔出典〕上記2点とも、国会議事録の記載内容より著者作成

254

急事態対処および防災を含む危機管理に強力な一元的権限のもと、迅速な対応をすべきだという理念をかざしており、一応の説得力のある案のようにみえる（もっとも8月にアメリカメキシコ湾岸を襲ったハリケーンカトリーナの災害時にはFEMAは十分機能していなかったという批判が出ているが……）[23]。」

　ただ本家本元のFEMAの評価が下がったから、ただちに危機管理庁もだめと決めつけるべきではなく、ガーシェンクロン（A.Gerschenkron）の後発性の利益[24]で、その欠陥を修正した組織を作ればよいだけの話であるようにも思われる。そもそもわが国では、議論の始まり当初よりFEMAの実像に対する誤解があった。当時FEMAは、関係機関の指揮命令から実際のオペレーション活動まですべてを中心になって行う垂直補完組織というイメージで議論が行われた。しかしFEMAは実際には、各関係機関の調整を行う機関に過ぎない。連邦制の地方分権国家であるアメリカでは、自然災害・事故時も州政府の権限がまず優先する[25]。前述の通り、カトリーナでFEMAの対応が遅れた原因の一つとして、地方自治の原則から生じる州政府への気兼ねがあったと指摘されている。

　一つの理念型として、危機管理の一元化組織（その機能を災害時の調整機能のみに限定させるべきかは更に検討を要する[26]）の、消防行政におけるメリット及びイメージについて、一応考察しておきたい[27]。危機管理部門の一元化で組織規模が大きくなるメリットとしては、第一に、消防も含めた危機管理のプロパー職員を育成し人事ローテーションを廻すことが可能になる。現在、国の防災行政を担当している内閣府も各省庁からの寄り集まり組織で、防災行政に精通した人的資源を保有していないことは、消防庁と同様である。第二に、組織規模が大きくなることで、保有資源の拡大も望める。危機管理部門の一元化は、前述の通り実現は困難であるが、もし実現できれば消防行政にとっても、防災行政にとってもメリットはあり、少なくとも国の保有する消防資源の少なさは大幅に解消される。また、もし仮に危機管理部門の一元化が実現すれば、国の消防行政は、危機管理行政に大きく包括されるかたちになる。前述の通りFEMAは、DHSの下に組み込まれ、それに反発した専門家が多数辞め、保有する資源を減らしてしまったが、それは各危機管理部門の専門性を無視して上下関係を作ったからである。

　仮に、わが国で危機管理部門の一元化を行う場合には、個人的には各危機管理部門を部局として対等に設置し、各部署の要員の専門性を向上させる方向に

持っていくべきであると考える（各危機管理部門のスペシャリストの専門性の強化）。一方、組織全体としてジェネラリストの育成も併せて行うことで、すべての危機管理案件に精通した人材の育成も行うべきである（**図表11-5**）。人的資源に余裕が出来れば、スペシャリストには現場（消防本部）に数年出向させ現場の情報資源を獲得させることが、また、ジェネラリストには各危機管理部門を異動させて育成人事を組織内で行うことが可能となる。特に、わが国の中央レベルにおいて決定的に欠けているのは、危機管理のジェネラリストの人的資源である。

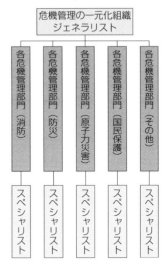

図表11-5　危機管理部門の一元化組織（私案）のイメージ

　危機管理のジェネラリストは、総合的な視点から主に部局間や関係機関の調整を行う。各危機管理部局のスペシャリストは、主に現場に向けた垂直補完（上からの垂直補完）を実施し、事態によっては現場に対する指揮命令も行う。危機管理部門の一元化は、このようなジェネラリストと、オールハザードに対応した高い専門性を持ったスペシャリストの獲得を可能にする。

　更に、組織規模が大きくなれば、研究開発能力も向上し、情報資源の上からの垂直補完も容易になる。そして、行政管理上の制約は承知の上で敢えて言うならば、危機管理部門の一元化を行う際には主務大臣を置く省庁にすべきである。災害時、閣議や災害対策本部に要望を通すのが容易になる。

　ただ、中央レベルの危機管理組織の一元化に関しては、2015年に政府の危機管理組織の在り方に係る関係副大臣会合がまとめた、「政府の危機管理組織の在り方について（最終報告）」において、「関係府省庁間のいわゆる『縦割り』をなくす、あるいはオールハザード対応をする等のため、政府の災害関係部局を統合する案は適当ではなく、まずは、現在の組織体制の下、災害の発生に備え、関係府省庁間の連携の確保を含め、各種対策を講ずることが適当である」との結論が既に出されている[28]。政府によって、一旦結論が出された事案なので、当面の間は、実現性の低いプランと言える。

◇4.
地域公助の強化策

(1) 市町村消防間の地域格差の平準化の必要性

　次に、地域公助が保有する資源の強化策について検討したい。ここで最も大きな問題となるのが、市町村消防における小規模消防本部の多さである。その背景には、戦後に官設消防の消防資源を引き継いだか否かという歴史的経緯があることは**第2章**で明らかにしたが、この地域間格差を長年解消できずにきたことが、国レベルの消防組織のパワー優位性の無さを象徴している。消防庁は、小規模消防本部の多さを、長年是正できずに現在に至っている。特に、市町村公助を十分に回すだけの消防資源に欠く小規模消防本部に対し、本来は消防庁が垂直補完（上からの補完）を行うべきであるが、それが資源不足で十分には出来ないこともあり、消防行政においては市町村消防本部間の水平補完が、平常時においても災害時においても、他行政分野に比べ古くから盛んであった。

　災害時の広域応援の原型も、1950年代半ばから始まっているが、市町村間の水平補完にも、地方自治の原則下では限界がある。それは、助ける側が保有する資源へのアクセスのハードルが高いからである。つまり、地域住民の税金で整備した消防資源を、他の地方公共団体のために使うことは、議会や住民の承諾がなければ継続的には困難である。また費用弁償が、受益自治体ないしは国からあったとしても、一つ大きな問題が、消防行政の場合は存在する。本研究で再三指摘した、小規模消防本部の多さである。全国の小規模消防本部はぎりぎりの消防資源で、通常業務を回しているが、水平補完は、極力無償で行われることを望んでいる点である。

　そして、消防における水平補完の制度の中で、災害時の緊急消防援助隊の制度だけは、他と異なる点が一つある。それが、従来市町村消防本部間の水平補完の体制の中で、常に一方的に応援される側であった小規模消防本部が、消防庁によって任意ではあるが応援する側に回ることを義務付けられたということである。つまり、保有消防資源（特に組織資源）の提供を求められたのである。これは小規模消防本部にとっては負担が大きい。管轄区域の市町村公助を切りつめて、少ない消防資源を緊急消防援助隊に回さなければならない。市町村公助の方が手薄になるので、そこに大火事や大規模事故等が併発したら、対応出来ない可能性が出てくる。

　小規模消防本部対策は、国による垂直補完の強化も必要であるが、それがなかなか困難である状況下、既に発達した水平補完の維持、強化が必要である。そこで重要になるのは、小規模消防本部に負担をかけない水平補完体制の整備である。ただ、消防本部間の水平補完体制で、小規模消防本部がフリーライダーになるのは不平等感を生じさせることとなる。したがって前述の通り、規模の小さな代表消防本部の強化が必要であるが、理想論からいえば市町村公助の広域再編による、全国的消防本部の平準化が最善の解決策である。現状より水平補完体制を強化するためには、結局は市町村公助自体の強化が必要なのである。東日本大震災の苦い経験からも、市町村公助の強化は早急に求められる。

(2) やはり求められる消防の広域再編

① 消防の広域再編

　市町村公助、水平補完体制の強化のためには、消防の広域再編を行い全国消防本部（市町村公助）の保有する消防資源を増やすとともに、全国的平準化を行うことが必要である。消防庁は、全体の9割を占める管轄人口30万人未満の消防本部の解消を視野に入れた広域再編を2018年3月末まで実施していた。必ずしも、当初の想定通りには進まず、改めて期限を延長し、体制の立て直しを図っているところである（2023年3月時点。期日は2024年4月1日まで）。期限延長は2度目になる。消防の広域再編の経緯を振り返ると、2006年6月6日、「消防組織法の一部を改正する法律案」が成立をし、14日より施行された。市町村消防の広域化の推進を、目的とするものであった。総務省消防庁の広域再編計画によると、少なくとも1消防本部の管轄人口を、30万人規模（職員350人3消防署6所）程度に引き上げることを目指していた。また「基本指針においては、消防本部の規模は大きいほど望ましい」（総務省消防庁見解）[29]と、都道府県域で一つの消防本部への一元化も当初否定しない方針であった。

　総務省消防庁は、2006年6月消防組織法の改正をまず行い、「第4章　市町村の消防の広域化」という章を新設した。この中で、国、都道府県、広域化対象市町村（消防の広域化をする市町村）のそれぞれの役割を規定した。それによると、国の役割は基本方針の策定で、自主的な市町村消防の広域化推進と広域化後の消防の円滑な運営確保のための方針を示すことであった。また都道府県の役割は、推進計画の策定と関与で、関係市町村の意見を聞いて、広域化対象市町村の組み合わせ等の具体的計画をたて、消防の広域化推進状況の監視を

図表11-6　全国都道府県における消防広域化推進計画策定状況(2011年3月時点)

都道府県名	消防本部数		都道府県名	消防本部数	
	19 年 4 月時点	推進計画		19 年 4 月時点	推進計画
北海道	68	22	滋賀	8	7
青森	14	6	京都	15	13
岩手	12	8	大阪	33	6
宮城	12	3	奈良	13	1
秋田	13	7	兵庫	30	24
山形	15	6	和歌山	17	5
福島	12	9	鳥取	3	
茨城	26	5	島根	9	3
栃木	13	1	岡山	14	1
群馬	11	1	広島	14	6
埼玉	36	7	山口	13	4
千葉	31	7	徳島	12	1
東京	6	4	香川	9	1
神奈川	26	8	愛媛	14	1
新潟	19		高知	15	1
富山	13	5	福岡	26	25
石川	11	5	佐賀	7	
福井	9	3	長崎	10	1
山梨	10	1	熊本	13	4
長野	14	2	大分	14	1
岐阜	22	16	宮崎	9	1
静岡	27	8	鹿児島	19	7
愛知	37	11	沖縄	18	1
三重	15	8	計	807	267

〔出典及び備考〕総務省消防庁「都道府県消防広域化推進計画策定状況（2011 年 3 月 1 日）」より作成
　　　　　　　※ 2011 年 3 月時点では、消防広域化推進計画未策定県は 3 県（新潟県、鳥取県、佐賀県）
　　　　　　　　だった。その後、佐賀県は策定した。

行い、広域化が進まない場合は市町村に勧告をし、勧告された市町村には、勧告に基づいて講じた措置の報告義務を課すことも出来るとされていた。そして広域化対象市町村は、広域消防運営計画の策定を行い、消防本部の名称、位置等の決定をしなければならないとされた。

　今回の広域再編推進策は、平成の大合併と同様に財政措置も伴い、広域消防運営計画を策定した市町村には、作成経費として国より 500 万円が支払われることとなっていた。また、広域化の必要経費（消防広域化臨時経費）として、広域再編に伴い臨時的に増加した行政経費の一般財源所要額の 2 分の 1 について特別交付税措置が認められた。さらに、消防署所等の整備、消防通信・指令施設の整備費用は地方財政措置で賄うとされた。そして広域再編を行った市町村消防に対しては、国庫補助金の優先配分が行われることとなっていた。

　この流れの中で、都道府県が策定した広域再編推進計画（2011 年時点）では、

807あった消防本部が、計画通りに進めば推進計画策定都道府県だけで267本部、推進計画未策定の3県を入れても296本部に収斂する予定であった。また13の県（栃木県、群馬県、山梨県、奈良県、岡山県、徳島県、香川県、愛媛県、高知県、長崎県、大分県、宮崎県、沖縄県）において、県域で一つの消防本部に一元化されるはずであった（**図表11-6**）。

② 消防の広域再編の見直し

　ただ、消防の広域化は、当初の予定通りには進まなかった。都道府県の広域再編推進計画がほぼ一段落し、市町村に議論が移ったと同時に、広域化の動きは明らかに鈍化した。消防の広域災害の障害となっている要因としては複数[30]あるが、皮肉にも東日本大震災の後に、各地の市町村長が消防、防災の重要性を再認識し、災害時の実働部隊である消防を手放すのに躊躇し始めたことが大きい。広域化して消防本部が市町村とは別人格の広域行政組織（一部事務組合、広域連合）となったり、他消防本部に事務委託することで、市町村としては実働部隊としての使い勝手が悪くなる（広域行政組織や受託消防本部が保有する消防資源へのアクセスの困難性が生じる）デメリットがあるからである。

　当初、消防庁が2007年度中に策定を求めていた都道府県消防広域化推進計画であるが、2014年6月時点で市町村消防からの反発で未策定の県も2県（新潟県[31]、鳥取県[32]）現れた。結果、2013年4月1日に消防庁は、「市町村の消防の広域化に関する基本指針の一部を改正する告示」（平成25 年消防庁告示第4号）を出し、2012年度末としていた広域化の実現期日を2018年4月1日に5年程度延長した。

　また、広域化する際に目標とする消防本部の管轄人口規模を概ね30万以上としていたのを、「広域化対象市町村の組合せを検討する際には、<u>30万規模目標には、必ずしもとらわれず、これらの地域の実情を十分に考慮する必要がある。</u>」と柔軟性を持たせた。更に、「消防広域化重点地域」を新たに設けた。これは「広域化対象市町村の組合せを構成する市町村からなる地域のうち、広域化の取組を先行して重点的に取り組む必要があるものとして次に該当すると認めるものを都道府県知事が指定、国・都道府県の支援を集中的に実施」するとした。具体的には、①今後、十分な消防防災体制が確保できないおそれがある市町村を含む地域や、②広域化の気運が高い地域が、国・都道府県が支援の対象とする消防広域化重点地域となる。逆に言えば、①②以外の地域に関しては

地域の自主性（ローカルオプティマム：地域が選ぶ最適水準）を尊重するものとなった。

　このように消防の広域再編は、当初の予定よりは緩和されることとなったが、消防庁は広域再編を継続した。当初の予定通りには必ずしも進まなかったものの、19都府県で一部地域の広域再編が行われ、2007年時点で807あった消防本部数が、消防の広域再編の当初の終了予定直前の2017年12月時点では732本部にまで減少している（**図表11-7**）。

図表11-7　消防本部数の変化(2007-2017)

都道府県	2007年4月	2017年12月	都道府県	2007年4月	2017年12月
北海道	68	58	滋賀県	8	7
青森県	14	11	京都府	15	15
岩手県	12	12	大阪府	33	27
宮城県	12	12	兵庫県	30	24
秋田県	13	13	奈良県	13	3
山形県	15	12	和歌山県	17	17
福島県	12	12	鳥取県	3	3
茨城県	26	24	島根県	9	9
栃木県	13	12	岡山県	14	14
群馬県	11	11	広島県	14	13
埼玉県	36	27	山口県	13	12
千葉県	31	31	徳島県	12	13
東京都	6	5	香川県	9	9
神奈川県	26	24	愛媛県	14	14
新潟県	19	19	高知県	15	15
富山県	13	8	福岡県	26	25
石川県	11	11	佐賀県	7	5
福井県	9	9	長崎県	10	10
山梨県	10	10	熊本県	13	12
長野県	14	13	大分県	14	14
岐阜県	22	22	宮崎県	9	10
静岡県	27	16	鹿児島県	19	20
愛知県	37	36	沖縄県	18	18
三重県	15	15	合計	807	732

〔出典及び備考〕全国消防長会（2007）「2007年度統計データ」及び、総務省消防庁（2017）
『全国消防便覧』の統計データより著者作成。
※薄く網かけされた都道府県が、一部地域の広域再編を行った地域である。また、濃く網
かけされた部分は、逆に本部数が増えた地域である。

　ただ残念ながら、当初予定されていた267本部までの収斂は無かった。また、県域で消防の一元化をした地域は、結局1つもなかった。管轄人口10万人以下の小規模消防本部も、未だ全国消防本部の約6割弱を占めている。また、**図表11-7**を見ると分かるように、逆に消防本部数が増加した県も3県ある。

　前述の通り、2018年4月1日より総務省消防庁は、期限延長をしており、今後こそは、広域再編による抜本的な小規模消防本部の是正が求められる。2度目の期限延長は2024年4月1日で終了を迎えるが、当初の予定のように多きな消防本部数の収斂はなさそうである。また、消防の広域再編は、従来平常時及び大規模自然災害時・事故時の小規模消防本部の市町村公助の強化という視点からその必要性が語られてきたが、比較的小規模な代表消防本部の保有資源の強化、水平補完体制の強化という視点からも極めて重要である。そして、広域再編による全国消防本部の保有する資源の平準化（市町村公助の強化）は、大規模消防本部、小規模消防本部にかかわらず、水平補完による応援時の負担軽減にもつながるものといえる。

(3)　新たなアクター(都道府県)を加えた消防行政における地域公助強化策

①　広域行政による広域化消防本部への危機管理上の不安

　現在、話は大幅に後退しているが、今回の消防の広域再編は、将来的に都道府県消防へとつながる可能性が当初あった。都道府県の推進計画では2014年6月段階で、13県が県域内で一つの消防本部に一元化するとしていた。今回の広域再編は、広域行政の制度（**第3章**）を用いて広域化が推進された。そして、もし計画通り進めば現在6割を占める単独で市町村が運営する消防本部は、ほぼ姿を消すはずであった。つまり、広域行政による消防の共同処理方式の拡大・一般化が、今回の広域再編の目指すところである。よって、消防の広域再編にあたっての、懸案事項は、広域行政で消防業務を行う際の問題ともいえる。広域行政の制度を活用して広域再編を行う場合、一部事務組合か広域連合、あるいは事務委託のいずれかの対応方法しかない。論理的帰結としては、広域再編後の広域化消防本部は、大変な数の構成団体を抱えた巨大広域行政組織となる。この点について、「大きな組織になってしまうが、それで良いのか消防庁に聞いた。消防庁は良いと言っていた[33]」とのことであった。

　図表11-8は、2011年3月時点で、消防の広域化推進計画を提出した都道府県のうち、県域内で消防の一元化を打ち出した県の市町村数をまとめたものである。

この市町村数が、そのまま広域再編で一元化された消防本部の構成団体数となる。最も構成団体が多い消防本部が沖縄県で41市町村、最も少ない香川県でも17市町村、平均で28.3市町村と大所帯となる。

また**図表11-9**は、2007年度時点での、消防業務を行う広域行政組織の構成団体数を見たものである。これを見ると構成団体数が2から4市町村の広域行政組織が全体の86%以上を占めていることが分かる。平均構成団体数は3.65市町村で、最多の長野県飯田広域消防本部でも15市町村であることを考えると、仮に広域再編での一元化が実現していたら、如何に構成団体が多い消防本部が誕生していたかが分かる。

しかし、市町村合併が一段落した現状を考えると、市町村数が今後大きく減ることは期待できない。消防本部数が広域化で収斂すれば

図表11-8　消防本部の一元化を予定していた県の市町村数（2014年4月時点）

	市	町	村	計
栃木県	14	17	—	31
群馬県	12	16	10	38
山梨県	13	9	6	28
奈良県	12	15	12	39
岡山県	15	10	2	27
徳島県	8	15	1	24
香川県	8	9	—	17
愛媛県	11	9	—	20
高知県	11	17	6	34
長崎県	13	8	—	21
大分県	14	3	1	18
宮崎県	9	18	3	30
沖縄県	11	11	19	41

〔出典〕総務省消防庁（2014）「各都道府県の推進計画
（2014年4月5日）」の統計データより著者作成

図表11-9　消防業務を行う広域行政組織の構成団体数（2007年時点）

構成市町村数	団体数	割合
2	97	30.31%
3	93	29.06%
4	54	16.88%
5	33	10.31%
6	18	5.63%
7	10	3.13%
8	7	2.19%
9	4	1.25%
10	2	0.63%
11	1	0.31%

〔出典〕全国消防長会（2007）「2007年度統計データ」
の統計データより著者作成

するほど、消防業務を行う広域行政組織における構成団体数は増えることとなる。このように、構成団体数が増えると、重要事項、緊急事項の決定時において、意見集約、意思決定に時間を要することとなる危険性があった。

特に、構成市町村が増えると、災害時その連絡調整業務に消防本部が忙殺されることとなる。東日本大震災後、市町村においては危機管理の担当部署を消防局から首長部局へ移す動きが出てきている[34]。これは災害時の消防本部による関係部署との連絡調整の負担を軽減し、救助活動に保有資源を集中的に投入させるためである。広域行政組織になると、構成市町村との連絡調整は膨大に

図表11-10　広域化（市町村）消防本部の災害時業務のイメージ

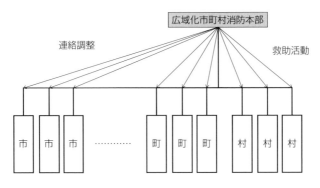

〔備考〕災害時新業務として、各構成市町村との連絡調整業務が
大量に発生し、それを救助活動と同時に行わねばならない。

なる。ましてや一元化して、県内すべての市町村との連絡調整となると、その
仕事量は膨大である。かつ、広域行政組織になってしまうと、単独運営の場合
のように首長部局と消防本部で連絡調整と救助活動を分け持つことが出来なく
なる。両方の作業を自組織内で行わなければならない。いくら広域再編で組織
資源等が拡大するにしても、これは広域化消防本部にとって大きな負担である
（図表11-10）。

② 都道府県消防の検討

　本研究で見てきた、消防行政に関わる様々な問題の最も効果的な解決方法は、
都道府県消防制度[35]の導入である。現在、消防組織法は都道府県消防制度を認
めていないが、都道府県消防であれば都道府県消防本部の資源を災害時は救助
活動に投入し、都道府県の危機管理担当部局の方で県内市町村、関係機関の連
絡調整を行うという役割分担が可能となる。特に、構成市町村数が多い県域で、
1つの消防本部に一元化する地域では、市町村消防制度を堅持するよりも都道
府県消防にしてしまった方が、災害時の関係機関との連絡調整、消防本部の保
有資源の集中投入がスムーズになることは間違いなかった（図表11-11）。

　もし都道府県消防本部が制度上可能となった場合、災害時には都道府県が
救助活動を行う実働部隊を保有できるようになるということを意味する。従
来、災害対策基本法は市町村と国の災害時の役割を重視し、阪神・淡路大震災
（1995年）以前は都道府県の役割をあまり重視してこなかった部分がある。そ

図表11-11　都道府県消防本部の災害時業務のイメージ

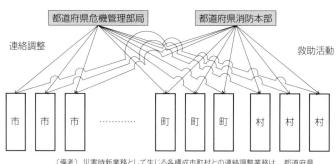

〔備考〕災害時新業務として生じる各構成市町村との連絡調整業務は、都道府県の危機管理部局が行うので、都道府県消防本部は救助活動に専念できる。

の後、徐々に都道府県の災害対応能力も強化されてきているが、国、都道府県、市町村の三層制の中で、唯一、都道府県だけが災害時に手足となって働く実働部隊（組織資源）を持っていない。都道府県警察は、事実上国の実働部隊としての側面が強いため、都道府県レベルの市町村公助の強化と、今までわが国の災害対応では弱かった都道府県レベルの広域的垂直補完体制の構築につながる。

　更に、都道府県レベルでの消防の全国的平準化は、現在市町村単位でバラバラの消防本部の組織資源（装備、体制）や、情報資源（現場活動のノーハウ）等の標準化へとつながり、災害時の広域応援をスムーズにさせる。更に、大規模自然災害・事故のみに限定せず、オールハザードへの対応に視点を広げて考えれば、市町村のみではなかなか対応困難な原子力災害のような広域災害や、未だ実効性に大いに疑問がある国民保護、武力攻撃災害等への消防の対応能力の向上が期待される。

　一方で、仮に都道府県消防制度が導入されるとすると、一番大きな問題は市町村が保有する消防資源を大きく失うということである。つまり、災害時の被災者救助の実働部隊を市町村は手放なさざるを得ないことになる。それにより、従来フリーアクセスだった、市町村消防本部の資源へのアクセスが市町村は困難となる。ただこれは都道府県消防でなくとも、広域再編した消防本部にはすべて付いてまわる問題である。広域化消防本部（広域再編した後の消防本部）は、広域行政組織なので構成市町村にとって、他人格な組織となり自らの意思通りに動かすことは困難になる。市町村公助の広域化を進めるのであれば、都道府県消防の方が災害時の関係機関の連絡調整を都道府県の知事部局に任せられる

ことや、市町村消防では手に余るオールハザードへの対応強化といった危機管理上のメリットが大きい。

　奈良県が2014年4月より、奈良市、生駒市[36]を除いた37市町村・11消防本部で大型の広域再編を実現した。組織名称は「奈良県広域消防組合」である[37]。今回の広域再編は市町村消防制度堅持で方向性が定まっているが、このような大型広域再編や県域で一つの消防本部が今後も多数出ていれば、市町村ではなく都道府県が消防業務を行うのが何故いけないのか、という素朴な疑問が生じるのは避けがたかったように思われる。ただ残念ながら、県域で消防の一元化をした地域は現時点では無く、2018年の仕切り直し以降も、そのような議論もほとんど生じていない（2023年奈良県広域消防組合は、中長期的なグランドデザインの中で、県消防を将来的に目指すことを明記した）。

③ 市町村・都道府県消防併存型制度

　なお、上記の都道府県域全体の消防を、都道府県が担うという案以外に、都道府県消防の在り方としてもう一つ考えられるのが、部分的地域の消防事務のみ都道府県が代執行するという案である。つまり、大規模、中規模の市町村消防本部がある地域はそのまま維持する一方、保有資源が少なく、日常的消防活動にも支障が今後生じうる小規模消防本部がある地域及び、消防非常備町村の消防事務については、2014年の地方自治法の一部改正で制度化された事務の代執行制度を用い、都道府県が垂直補完するというものである。本案においても、都道府県が消防行政を行えるよう、消防組織法の改正は必要である。そしてこれら地域の市町村は、消防団の管理事務のみを行う。本案では、市町村消防制度は維持され、市町村・都道府県消防併存型制度となる。

　2000年代から地方制度調査会においては「西尾私案」や都道府県の垂直補完等、平成の大合併で合併出来なかった小規模市町村の在り方に関する議論を行ってきた。西尾私案は、2002年に地方制度調査会において西尾勝が示した、今後の基礎的自治体のあり方に関する私案である。合併出来ない小規模市町村は、基礎的自治体に法令上義務づけられた事務については窓口サービス等に制限し、都道府県にそれ以外の事務の処理を義務づける特例町村とすべきであるとした。また、本私案をきっかけに、垂直補完の議論が盛んに行われるようになり、2013年の第30次地方制度調査会では、都道府県の垂直補完に関し、「小規模な町村などで処理が困難な事務が生じた場合において、地方中枢拠点都市

や定住自立圏の中心市から相当距離がある等の理由から、市町村間の広域連携では課題の解決が難しいときには、当該市町村を包括する都道府県が、事務の一部を市町村に代わって処理する役割を担うことも考えられる[38]。」との答申を出した。そして、その答申を受ける形で、翌2014年に地方自治法の一部改正が行われ、前述の事務の代執行が制度化された。「事務の代執行は、市町村の間において行う場合のほか、条件不利地域の市町村において近隣に事務の共同処理を行うべき市町村がない場合等において、市町村優先の原則や行政の簡素化・効率化という事務の共同処理制度の立法趣旨を踏まえつつ、<u>都道府県が事務の一部を当該市町村に代わって処理することができるようすることを念頭に制度化されたもの[39]</u>」である。類似の制度として、事務委託の制度があるが、事務委託を他の地方公共団体にしてしまうと、事務権限が委託した地方公共団体に残らないため、一部に事務の丸投げになるとの批判がった。本制度では、事務権限は代執行をしてもらう市町村の側に残る上、これら市町村議会は、首長のみならず、事務の代執行を行う市町村や都道府県の事務処理状況を調査や審査等の方法でチェックすることも可能である。

　消防非常備町村（中山間地域や離島地域に多い）や、小規模消防本部がある地域は、過疎化や高齢化が更に進むと、消防団を中心とした消防体制や、消防団に大きく依存した圏域内補完体制を現状のレベルでは、近い将来維持できなくなる可能性が極めて高い。消防団員の高齢化、団員数の減少は全国的な現象であるが、これら地域においても当然既に生じており、消防団への依存度が高い分、状況は極めて深刻である。退団年齢の引き上げや分団を維持できなくなった地域を他の分団がカバーして、なんとか対応しているような地域も徐々に増えつつある。また、消防非常備町村における救急の問題は、消防以上に差し迫った問題となっている。これら地域の多くにおいて、住民は他地域では当り前の水準のプレホスピタルケア（病院前救命措置）を受けることが出来ず、救急を主に担う役場職員や、医療従事者の負担も極限に達している（**第8章**）。このような地域では、消防行政主体として市町村の概念は、揺らぐどころか、崩壊する一歩手前まで来ている。

　西尾私案に関しては、議論の対象がより幅広い総合行政ということもあり、全国町村会や全国町村議会議長会からの反論があったが、消防行政に関しては、消防非常備町村を中心に、市町村側から賛同が得られる公算が高いように思われ、既に事務の代執行の制度も出来ており、実現度の高い案である。

　消防非常備町村の救急の問題は、極めて深刻で、一刻の猶予もない。消防組織法の改正を行い、都道府県が消防事務の代執行を出来るようにすれば、消防事務の代執行を希望する町村は多数現れる様に思われる。また、補完体制で、小規模消防本部や消防非常備町村における消防、救急の課題が、長年解消できていない消防行政においては、他行政分野に先駆け、一部地域において都道府県が消防行政主体となる案は、非常に魅力的である。2018年4月に期限延長された消防の広域再編が、必ずしも小規模消防本部や消防非常備町村の是正につながらなかった場合、都道府県による垂直補完の制度も整備される状況下、次の策として最も現実味のある案であるように思われる。従って、次の期日（2024年4月1日）までには、本来は広域再編と同時並行で議論、検討を行い、詳細をつめておくべきである（期日が近づいてきたが、そのような動きはあまり見られないように思われる）。

◇5.
共助の保有する資源の強化策

(1) 消防団強化の必要性

　第8章、**第9章**でも見てきたように、大規模自然災害・事故の際、市町村公助を圏域内で補完する共助としての役割が、現在消防団には期待されている。都市部では、平常時の消防活動のほとんどは、消防本部で事足りてしまう。小規模消防本部では保有する資源が少なく、消防団に依存するところが未だ大きい地域も存在するが、主に消防団の必要性は現状では平常時以上に災害時の圏域内での市町村公助の補完にある。東日本大震災のように、市町村公助が機能不全にまでは陥らなくとも、市町村公助の保有する資源のみで大規模自然災害・事故等に対応するのは不可能だからである。また近年、共助の柱としての消防団に対する役割期待は、消防行政にとどまらず各行政分野において極めて高い。しかしその一方で、**第2章**、**第8章**で見てきたように、消防団は市町村消防本部との地域内でのパイの限られた消防資源を巡る競争関係の中で保有資源を減らし、また消防団員になる層のサラリーマン化等もあり、現在団員数の減少及び団員の高齢化現象に歯止めが掛からない。そのような状況下、理念上どのようにして消防団の人的資源を含めた強化・増強を図るべきか、考察を行いたい。

268

(2) 消防団活性化の模索

① 世界的にも突出している日本の常備消防、非常備消防の整備状況

　消防団の衰退現象に歯止めが掛からない原因の一つが、消防本部との消防資源をめぐるトレードオフの関係が挙げられる。消防団の活性化策を考える上で、消防団と消防本部間のより良い組織間関係の模索は重要である。現状で、消防団の資源を増やすためには、大きく2つの方向性が考えられる。市町村消防本部の資源を削って、消防団の方に廻すか。地域の消防資源全体のパイを増やして、消防団の資源を増やすかである。ただいずれも現実的ではない。まず戦後、市町村消防本部に消防資源の集中的投入を行った結果、わが国の市町村消防本部による消防の常備化体制は、世界的に見ても突出している。**図表11-12**は、先進国の人口1000人あたりの消防職員数を縦軸に、また人口1000人あたりの義勇消防職員数を横軸にとって、各国の常備消防と非常備消防の整備状況を散布図で比較したものである。

　これを見ると、消防職員数は先進国の中でもずば抜けて日本が高いことが分かる。戦後半世紀以上かけて、せっかくここまで作り上げた常備消防の体制を、今から後退させるのは得策ではない。一方、非常備の義勇消防職員の整備状況では、ドイツがずば抜けている。これはドイツが戦前の日本のように、都市部のみを常備化して、地方は非常備の義勇消防組織に任せているからである。ま

図表11-12　先進各国の常備消防と非常備消防の人的資源整備状況の比較

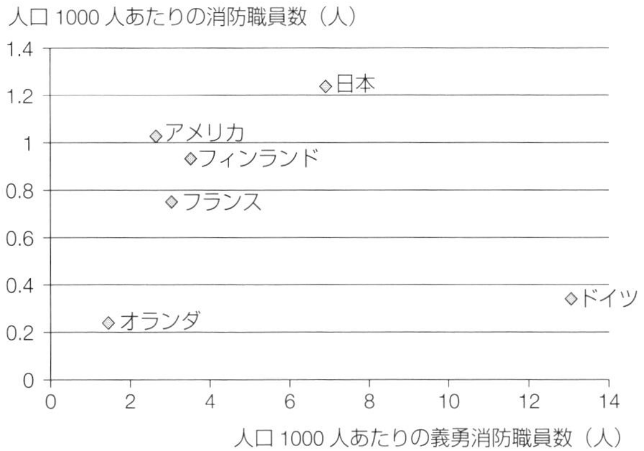

人口1000人あたりの消防職員数（人）

人口1000人あたりの義勇消防職員数（人）

〔出典及び備考〕各国の統計データより著者作成
※イギリスには、非常勤消防職員はいるが、義勇消防職員はいないので、本散布図にはイギリスが入っていない。

た兵役免除の特典[40]や、地域においては義勇消防組織への参加を義務づけているからである[41]。よって、ドイツの常備消防職員の整備状況は、各国の中でも決して高くないことが、本散布図からも分かる。一方わが国は、消防団数が減少したといえども、義勇消防職員の整備状況は先進国の中でもドイツの次に高い。市町村内での消防資源をめぐるトレードオフの関係はあるものの、わが国の常備消防、非常備消防の整備状況は、他国が何れかに割り切った消防整備を行う中、双方とも高水準を保っていることが分かる。如何に、この現状を維持しつつ、消防団の増強策を行うかが求められる。

　また、消防団の資源を増やすため、地域の消防資源全体のパイを増やして、消防団へ配分する資源を増やす方法が考えられるが、財政的な制約がある中で、増やせる資源には限界がある。例えば、消防団の自立性や専門性を高める目的であれば、以前は存在した常備消防団員の再配置を行い[42]、常備消防団員に消防学校で専門的教育を受けさせると効果的であると思われる。しかし仮に、各市町村の消防団本部に各消防団2〜3名配置するとするならば、2022年4月時点で1700程の市町村があるので、全国で約3400人から5100人程の人員整備を行わねばならない。全国の市町村消防職員数の30分の1程度にあたる人数である、その人件費を確保するのは財政的に決してたやすいことではない。

② 財政的資源を必要としない消防団の活性化策 —— 台湾の事例

　極力、財政的資源を必要としない方法での、消防団の活性化策が求められている。そこで参考となるのが、台湾の事例である。台湾には、義勇消防団という義勇消防組織が存在する。これは戦前の日本統治下に導入された消防組から発展したもので、日本の消防団と源は同じ組織である。また、述した後発性の利益で、わが国の総務省消防庁にあたる内政部消防署は、日本の先行事例（消防団員の減少、高齢化等）をよく研究している。台湾では、寄付制度を上手く義勇消防組織の運営に組み込んでおり、地域の篤志家を団員にし、その寄付で活動費の一部を補っている[43]。

　また団員と消防職員が、日頃から頻繁にリクリエーション（旅行、運動会、食事会等）を家族ぐるみで行い、深い人間関係を築くと同時に、家族の支援獲得のための環境整備を行っている。更に、様々な表彰制度があり、頻繁に救助技術の競技大会や、日常活動の評価を行い、事あるごとにその成果を表彰することで、団員の士気を保っている。これらの大会で入賞するか、あるいは日常

の活動で成果を上げた場合は、個人ではなく所属分団に装備等の整備用予算が優先的に配分されるといったインセンティブもある。その一方で、活動が低調な団員はやめてもらう等の厳しいルールもある。これらの取組みは、団員のやりがいや地域コミュニティー内での自己実現に重きを置いたものである[44]。

　一方わが国では、危険性は伴うが、やりがいのある人命の救助、消火といった仕事の多くが、消防団から消防本部に移って久しい。また2014年2月に、総務省消防庁は消防団活性化策として、団員に報酬を支払っていない消防団を公表し、待遇改善を促す方針を決めた。国の算定で消防団の年間の報酬は3万6000円である[45]。無報酬はまずいが、わずかな報酬よりも、活動のやりがいや達成感に配慮したきめ細かな取り組みが求められているように思われる[46]。わが国にとっても大いに参考になる取組みである。

　また、わが国の非常備町村の消防団は、当該町村唯一の消防力として、必要に迫られて消防団活動が活発な場合が多い。これら地域では、役場の職員の果たす役割が非常に大きい。非常備町村の多くでは、救急搬送をこれら職員が消防学校卒業後に行っている、あるいは、行っていた場合が多い[47]。そのため、消防学校に通っていたので、一定の専門性をもって消防団の管理事務を行うことが出来る。また、これら消防関係職員や役場職員の多くは、非常備町村では消防団員を兼務している。それにより、町村役場と消防団の一体化が図れている。消防関係職員の専門性強化、市町村職員の消防団との一体性の強化は、消防の常備化市町村においても、大いに参考となるものである[48]。

　更に、現在、全国消防本部の約4割を占める広域行政で消防の運営を行っている消防本部についてであるが、消防団の管理事務は、広域行政組織の消防本部で行うパターンと、構成市町村で行うパターンがあるが、これには一長一短ある。まず災害時における市町村の実働部隊として、消防団を確保するためには、各構成市町村で消防団管理事務は行うべきである。広域行政で運営されている消防本部に、消防団管理を任せると、アクセスの困難性が生じ、災害時に自律的に消防団を動かせなくなる危険性がある。ただし一方、構成市町村の消防団管理を行っている担当職員は、消防の専門性を持っていない場合が多い。彼らの専門性向上が求められる。一定期間、消防学校で学ぶルートを、更に強化するべきである。

(3) その他の方策

また、消防団の今後を考える上で、もう一つ考えねばならないのが共助体制全体の強化策である。消防団強化の取組みは行われるべきであるが、同時に災害対応を行う他の共助組織があってもよいように思われる。現状でも、自主防災組織があるが、町内会、自治会の役員が主なメンバーのため高齢者が多く、活動は低調である。一方、災害ボランティア組織

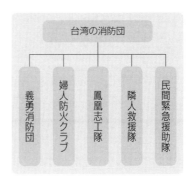

図表11-13　台湾の消防団組織

台湾の消防団

- 義勇消防団
- 婦人防火クラブ
- 鳳凰志工隊
- 隣人救援隊
- 民間緊急援助隊

等は、学生等の若者もメンバーに多い。活動の選択肢が多い方が、入団希望者を獲得できる可能性も高くなる。

前述した台湾の義勇消防団が、決定的に日本の消防団と異なるのは、活動の幅が広くその活動ごとに組織が細分化している点である。**図表11-13**を見ると分かるように、義勇消防団は複数の構成組織を持ち、その中には鳳凰志向隊のような救急を消防隊員と一緒に行うような組織や、民間緊急援助隊のような大規模災害時に広域応援を行うような組織がある。

元々は義勇消防団しかなかったところに、後から新しい組織が加わったのである。これら組織は一般的には隊員の重複は許されていない。わが国でも、消防団のみならず、社会安全に関わる様々な住民組織を結成することが、参加者（人的資源）の獲得、ひいては共助体制全体の底上げにもつながるように思われる。**第10章**でも見てきたように、オールハザードの対応という視点からも、消防団だけに依存するわが国の共助体制は、見直しする必要があるように思われる[49]。

◆6. おわりに

以上、本章においては各章で得られた知見をまとめ、更に消防行政における市町村公助、垂直補完、水平補完、共助体制（圏域内補完）が抱える様々な課題に関し、解決策の模索を行った。また、本研究全体を通して、消防行政における補完体制の現状と課題についてみてきた（本研究の時系列的流れを分かり

やすくするため本章末に年表をまとめた。**別図表11-2** →p.285）。本研究では、消防組織間関係を説明するのに、垂直補完、水平補完、上からの垂直補完、下からの垂直補完、融合型補完、圏域内補完等、様々な補完の概念を用いた。

　最後に、消防行政における補完体制の、メリットとデメリットをまとめたい（**図表11-14**）。全体的な視点から見ると、メリットは各組織の足りない資源を補える点と、仮に多層にわたる補完体制を構築出来れば、前述の通り、総体として少ない資源でも、保有資源以上の目標達成が可能であるという点である。一方、デメリットは、場合によれば、他組織が持つ資源へのアクセスの困難性が生じる点と、補完する側の自立性や自己決定権が制限される危険性がある点である。補完してもらう側としては、補完をする組織が保有する資源へのアクセスの自由度や、その資源を用いる自由裁量度が高いほど望ましいが、補完する側の様々な事情や外部環境から、希望通りにはいかない事態が、時折生じうるという不確実性が補完体制には常に存在する。また、過度の補完は、補完される側に自立性をめぐるコンフリクトを生じさせる危険性もある。

　これらは、消防行政における補完体制の多くにも当てはまる。まず、上からの垂直補完であるが、メリットは大規模消防本部に集中している、小規模消防本部ではアクセス困難な資源を、国が代替的に供給を行うことで、それら資源への小規模消防本部のアクセスの自由度を高めることである。これにより水平補完で時折生じうる、小規模消防本部が欲しい資源を大規模消防本部の囲い込みで獲得できないという不確実性を回避することが出来る（ただし、上からの垂直補完のメリットの部分は、十分には機能していない点が、消防行政の一つの大きな課題である）。

　また、周辺の大規模消防本部以外に、小規模消防本部へ代替的に必要資源の供給手段を提供することで、大規模消防本部のパワー優位性が、水平補完において過度に生じるのを予防する。大都市消防本部のパワー優位性が過度に生じると、市町村消防本部は対等であるという市町村消防の建て前を崩し、自立性をめぐるコンフリクトを生じさせる危険性があるからである。

　更に、大規模自然災害や事故のみならず、様々な特殊災害が発生する危険性がある現代社会において、市町村の公助のみでは対応困難な事態への対応を、上からの垂直補完は補うことが可能である。一方、デメリットとしては、国による上からの垂直補完が過度に行われると、市町村の消防責任や、消防本部の自立性と自己決定権を侵害する危険性がある。

図表11-14　消防行政における補完体制のメリット・デメリット

補完体制		メリット	デメリット
全体的		・各組織の足りない資源を補える ・上手く多層にわたる補完体制を構築出来れば、総体として少ない資源でも、保有資源以上の目標達成が可能である。	・他組織が持つ資源へのアクセスの困難性が生じる。 ・過度の補完は、補完される側の自立性と自己決定権を侵害する危険性がある（自律性をめぐるコンフリクトを生じさせる危険性）。
既存の補完体制	上からの垂直補完	・大規模消防本部に集中している、小規模消防本部がアクセス困難な資源を国が代替的供給を行うことで、アクセスの自由度を高める（資源の囲い込み回避）。 ・大規模消防本部のパワー優位性が、水平補完において、過度に生じるのを予防する。 ・市町村公助では対応困難な事態への対応（大規模災害への対応、特殊災害への対応）。	・過度の補完は、市町村消防本部の自立性と自己決定権を侵害する危険性がある。
	下からの垂直補完	・国の資源不足を補える（大都市消防本部が保有する資源への国のアクセスの自由度が増える）。 ・補完を行う大規模消防本部は、国の保有する情報資源へのアクセスの自由度が高まる（自由裁量権が増す）。 ・また、国はそれを大規模消防本部が水平補完を行うインセンティブにすることが出来る。	・国の大都市消防本部へ対する過度の依存は、国の保有する資源の強化を阻害する危険性がある。
	水平補完	・小規模消防本部の資源不足を補える。 ・国の垂直補完の負担を減らす。	・水平補完を行う、地域の中核消防本部が保有する資源へのアクセスの困難性。 ・地域の中核消防本部のパワー優位性が生じ、周辺市町村の依存度も高まるので、市町村消防の自立性と自己決定権を侵害する危険性がある（自律性をめぐるコンフリクトを生じさせる危険性）。 ・各地域で中核となるべき消防本部の組織規模や保有する資源に地域格差があるため、十分に水平補完が機能しない地域が生じる。
	融合型補完	・市町村消防本部の保有する資源への、国のアクセスの自由度を高めることにより、本来保有しない資源（実働部隊）を補え、国の意思を反映した災害現場での活動を可能とする。 ・被災地の消防本部の負担は大幅に軽減される。	・究極の事態における、国の大都市消防本部が保有する資源へのアクセスの困難性が生じる危険がある。 ・応援する側も、受援される側も、「消防行政主体」としての自立性と自己決定権を侵害される危険性はある。 ・応援をする小規模消防本部の負担が大きい。
	圏域内補完	・平常時及び災害時に小規模消防本部の資源不足を補える。 ・大規模災害時に、市町村消防本部の資源不足を補える。	・団員数の減少、団員の高齢化に歯止めが掛からず、現状維持するのが困難。 ・特に、消防団の保有する資源が高い地域において、過疎化、住民の高齢化が顕著で、四域内補完を維持できるか不透明な地域が多い。
今後検討すべき補完体制	都道府県の垂直補完	・国が垂直補完できない部分をカバーできる。 ・消防非常備町村および小規模消防本部の資源不足を抜本的に解決できる。 ・都道府県は、実働部隊を地域限定ではあるが保有し、災害時等に現場活動を実施することが可能となる。 ・大規模、中規模消防本部は、現状のままで良い。 ・地域限定なので、都道府県消防本部職員の異動も、あまり生じない。 ・水平補完での地域の中核消防本部の負担は軽減される。 ・都道府県消防職員の専門性の高度化が進めば、地域の水平補完体制や、災害時の融合型補完体制、下からの補完体制の強化も期待できる。	・事務の代執行制度は、事務権限が市町村に残り、且つ事務執行を行う市町村は都道府県の事務処理状況のチェックが制度上可能であるが、災害時等に「消防行政主体」としての自立性と自己決定権を、ある程度侵害される危険性はある。

　次に、下からの垂直補完であるが、メリットとしては、まず総務省消防庁への出向者及び研修生を通し、大都市消防本部が保有する資源への国のアクセスの自由度が増え、国の資源不足を補える点である。また、出向者及び研修生を通し、下からの補完を行う大規模消防本部の側も、国の保有する情報資源へのアクセスの自由度が増す。そして、そのようなメリットが補完する側にもあるため、これら大規模消防本部が水平補完を行うインセンティブに、国は出向及び研修ポストを活用することが出来る。ただ、デメリットとしては、国は下からの垂直補完で、必要資源を得られるため、大都市消防本部へ対する過度の依存は、国の保有する資源の強化（消防行政の専門性を持った人的資源の強化等）を阻害する危険性がある。

　続いて、水平補完であるが、小規模消防本部は不足資源を補うことが可能である。また、水平補完が十分に機能することにより、それで対応困難な部分のみ、国は垂直補完で補えばよく、国の負担を減らすことが可能である。一方、デメリットとしては、近年は水平補完に関する議会のチェック等も厳しくなり、水平補完を行う地域の中核消防本部が保有する資源へのアクセスが困難になる等の不確実性も増している。また、過度な水平補完は、地域の中核消防本部のパワー優位性を生み、周辺市町村の依存度も高まるので、市町村消防の自立性と自己決定権を侵害する危険性がある。更に、各地域で中核となるべき消防本部の組織規模や保有する資源に地域格差があるため、十分に水平補完が機能しない地域が生じる危険性がある。

　そして、融合型補完であるが、メリットしては、まず市町村消防本部のみに集中した資源（実働部隊）への、国のアクセスの自由度を高めることにより、本来保有しない資源（実働部隊）を補え、国の意思を反映した災害現場での活動を可能とする。融合型補完のお蔭で、国は実働部隊を独自に保有しなくとも、災害時の現場活動への関与が可能となる。また、融合型補完である緊急消防援助隊の制度により、大規模災害時における被災地の消防本部の負担も大幅に軽減される。

　一方、デメリットとしては、福島第一原発事故時のように、究極の事態発生時に、国の大都市消防本部が保有する資源へのアクセスの困難性を生じる危険性がある。また、応援する側も、受援される側も、「消防行政主体」としての自立性と自己決定権を侵害される危険性はある。そして、緊急消防援助隊に参加する小規模消防本部の負担が大きい。

　更に、消防団による圏域内補完であるが、メリットとしては、平常時及び災害時に小規模消防本部の資源不足を補える。小規模消防本部や消防非常備町村は、消防団の圏域内補完のお蔭で、日常的な消防事務を何とか回すことが出来ている。また、大規模災害時には、大規模消防本部の保有資源でも対応困難な場合があり、そのような際に市町村消防本部の資源不足を補える。ただ、デメリットとしては、団員数の減少、団員の高齢化に歯止めが掛からず、現状維持するのが困難であるという点である。特に、消防団への依存度が高い地域において、過疎化、住民の高齢化が顕著で、圏域内補完を維持できるか不透明な地域が多い。

　このように、消防行政における補完体制は、メリットのみならずデメリットも存在するが、全体としてはメリットがデメリットを上回り、消防行政の発展に大きく寄与してきたように思われる。そして、消防の極めて多様な補完体制が、市町村消防本部のみならず、国レベルの消防機関の資源不足を補ってきたおかげで、限られた資源量の中でも、わが国の消防行政は国際的にもトップクラスの消防体制を構築することが可能となった。

　ただ、消防行政における小規模消防本部や、消防非常備町村の抱える「消防行政主体の限界」とも見える課題は、もはやこれら既存の補完体制では解決困難である。現有の消防資源のパイの中で、補完体制により資源のやりくりを最適化するだけでは、本課題の根本的解決は出来ない。国の保有資源を強化し垂直補完を強化するか、市町村消防本部の保有資源の強化が求められる。

　ただ、本章でも見てきたように、中央レベルの危機管理部門の一元化等による国の保有資源強化は、国も明確に必要ないという結論を出しており、現時点では実現性がない。また、市町村消防本部の保有する資源強化策として期待された、消防の広域再編も、当初の想定ほどの進展は20年近くかけても見られず、2018年4月に更に6年間の期限延長になった。2度目の期限延長も2024年4月1日で目立った収斂効果を上げず、終了を迎えそうである。更なる期限延長があるがは、本稿の執筆段階では未定である。

　そのような状況下、消防行政における次の策として、最も有力で実現性も高いのが、事務の代執行を用いた都道府県による垂直補完（市町村・都道府県消防併存型制度）ではないかと思われる。メリットとしては、総務省消防庁が垂直補完しきれない部分を補え、消防非常備町村や小規模消防本部の消防、救急の課題を解決できる。また、都道府県は、実働部隊を地域限定ではあるが保有

し、災害時等に現場活動を実施することが可能となる。更に、大規模、中規模
消防本部は現状のままで良く、地域限定なので、都道府県消防本部職員の異動
もあまり生じないので、消防の広域再編とは異なり、市町村消防側の賛同も得
やすい。加えて、水平補完での地域の中核消防本部の負担は軽減され、都道府
県消防職員の専門性の高度化が進めば、地域の水平補完体制や、災害時の融合
型補完体制、下からの補完体制の強化も期待できる。

　デメリットは、事務の代執行制度は、事務権限が市町村に残り、かつ事務
執行を行う市町村は都道府県の事務処理状況のチェックが制度上可能であるが、
災害時等に「消防行政主体」としての自立性と自己決定権を、ある程度侵害さ
れる危険性がある点である（**図表11-14**）。ただ、デメリットより、メリットが大
きく上回り、既存の補完体制では解決困難な、消防非常備町村や小規模消防本
部の課題も、抜本的な解決が可能である。

　市町村公助の強化を目指す点は、消防の広域再編と同様であり、ポスト消防
広域再編の有力な候補である。

　2024年4月1日に消防の広域再編の2度目の期限延長が、あまり大きな成果
を上げずに終わりを迎える。消防非常備町村や小規模消防本部の「消防行政主
体としての限界」は、多くの地域で未だ解決されぬまま残っている。長年解決
出来ずに来た消防行政の課題に対し、抜本的な解決策の検討を始める良い機会
ではなかろうか。消防行政は、国民の安全・安心に直結する。消防非常備町村
や小規模消防本部の課題解決は、早急に行う必要がある。また、地方分権の先
行事例である消防行政の現状は、多くの行政分野の将来の姿でもある。消防行
政から学べる点は、補完体制のみならず多々あるように思われる。

[注]

1　消防行政の担当省庁は、歴代保有する財政的資源が決して多くない。特に、市町村消防制度が始まった初期においては、消防行政における補助金制度の確立が大きな課題であった。補助金制度が始まった後も、補助金の総額が少なく、大都市消防本部だけで分け合い、最も補助金を必要とする小規模消防本部にまで、補助金が行き渡らないという事態が生じた。その後、徐々に、補助金制度の拡充、強化が進められて現在に至っているが、他行政分野と比較し、必ずしも潤沢という訳ではない。

2　広域緊急援助隊等は、警察庁及び各管区警察局の指揮を受け、災害時に前進し拠点に向かう。

3　海上保安庁には、一応共助組織として、海守（公認のボランティア団体）がある。不審船の密航等の監視活動を行う共助組織で、会員数も約6万6千人いるが、まだ消防団ほど専門性を持った全国的な共助組織にはなっていない。118番の社会的認知度が高まったことにより、2014年から新規会員の募集を停止している。

4　総務省も、2013年12月19日には、総務省消防庁は文部科学省と連携し、大学等に対し、大学生の加入促進、大学による適切な修学上の配慮等について働き掛けの依頼を行った。また2014年には　消防団に所属する大学生又は専門学校生に対する就職活動支援の一環として、真摯かつ継続的に消防団活動に取り組み、顕著な実績を収め、地域社会へ多大なる貢献をした大学生等に対して、市町村がその実績を認証する、「学生消防団活動認証制度」を創設した。ただ、就職すると辞めてしまう場合も多い。継続的な活動を行う消防団員確保という視点からいうと、より早期に子供の内から共助組織に囲い込む施策が、極めて有効性が高いことは、ドイツの事例が証明している。中長期的課題として、子供隊員・少年隊員制度の導入をわが国でも検討すべきである。本制度を導入するためには、消防団員は18歳からという年齢制限の切下げ及び、消防団の詰所等の幼年消防団員受入れ態勢の充実（幼年消防団員用の部屋・備品の確保、教育体制の整備等）が不可欠である。また今後の課題として、協力事業所へのインセンティブ強化も、検討する必要が本当にある。現状では、協力事業所のメリットは、公に表示され、事業所の社会的評価が上がるはずだという極めて曖昧なもののみである。ドイツでは、共助組織の活動で仕事を抜けた場合の損失補償を、行政が金銭的に行う。例えば、ドイツの消防団と並ぶ共助組織の一つであるTHWの隊員は発展途上国の支援活動で、何か月も海外に派遣される場合があるが、事業所は経済的に損失を出さないので、そのような活動に対しても、協力的である。

5　ツイッター分析でも、団員間の飲み会での付き合いが面倒だという書き込みが多い。

6　また近年は、消防団の団員報酬が大きな問題となっている。消防団の団員報酬は、市町村により、その運営のやり方がバラバラで、一概にこうだと言えない部分があるが、地域によると、消防団が団員報酬の一部を懇親会費等の名目でプールし、支払わないケースがあり、近年それが問題となっている。総務省消防庁も、2014年に報酬を払わない消防団の公表と待遇改善を促した。娯楽が少ない時代は、タダで酒が飲める（実は自分の団員報酬の一部が使われているのですが）という勧誘文句が、かなり有効であったようであるが、価値観や娯楽が多様化した現在では、このような懇親会を負担に考える若い団員も多い。

7　大規模な災害や事故、CBRNE災害に対応可能な高度な救出救助能力を持ったレスキューの専門部隊のことである。主に、2004年の新潟県中越地震での、東京消防庁の消防救助機動部隊（ハイパーレスキュー）の活躍がきっかけとなって、消防庁が2006年4月1日に「救助隊の編成、装備及び配置の基準を定める省令（昭和61年自治省令第22号）」の一部改正を行い、第6条で全国の政令指定都市を管轄する消防局と東京都に設置を義務付けた。

8　特別高度救助隊と同様に、大規模な災害や事故に対応可能な装備、技術を持ったレスキューの専門部隊。「救助隊の編成、装備及び配置の基準を定める省令」の第5条によって、中核市と消防庁

長官が指定するそれと同等規模もしくは中核市を有しない県の代表都市を管轄する消防本部等に設置が義務付けられている。

9　市町村消防においては、車両や装備は当該消防本部が整備するが原則で、国が車両や装備を市町村消防本部に対し配布することはそれまでは無かった。現在は、主に特別高度救助隊、高度救助隊を設置した消防本部に対し、大規模災害や事故に対応した車両や装備を、国が一括購入し配布するようになった。

10　大規模災害、事故における水平補完は、市町村消防本部の管轄区域の枠を超える活動なので、国が垂直補完でその中心となる代表消防本部のみに、垂直補完で支援を行ったという前例となった。建前としては、横並びの消防行政において、一つの政策転換であった。

11　消防庁職員の都道府県や、東京消防庁を始めとした大都市消防本部への出向は、過去に例があるが、小規模消防本部や中規模消防本部への出向は過去に例がない。人件費の負担等も考えると、身分替え出向ではなく研修でも良いと思われる。一般に、国から地方への人事交流は、出向はあっても研修は例が無い。ましてや小規模消防本部への人事交流である。ただそのような、中央地方の人事交流の対象外に小規模消防本部や中規模消防本部をしていることが、垂直補完において最も重要な、これら消防本部の情報資源を消防庁が持っていないことにつながっている一面がある。

12　東日本大震災後、内閣府（防災担当）に配属された勤務経験者の登録制度（予備役）が創設された.現在は、内閣府、総務省、国土交通省の出向経験者が対象に登録されている。「政府の危機管理組織の在り方に係る関係副大臣会合」の最終報告書では、他省庁にもこの制度の拡充を検討すること、とされている。しかしこの予備役制度は、ただ単に名簿に名前が記載されたに過ぎない。今後、しっかりと制度管理が求められる。

13　過去に、2、3回消防庁に在籍した旧自治官僚ないしは総務官僚はいたが、極めて少数である。また、消防専門人材となるということは、本省での出世を諦めるということである。それを補うインセンティブが必要である。例えば、兵庫県は、防災専門人材の育成を行っているが、最終的に副知事級の危機管理監にまでなれる可能性がある。

14　この定員数には、消防大学校の定員を含む。

15　本庁定員数が大幅に増えたように見えるが、これは2005年当時に消防研究所が独立行政法人として一時的に切り離されていたからである。2001年一旦独立法人化して消防庁から分離され、その後2006年改めて消防庁へと統合された。そして附属機関である消防大学校の内部組織「消防研究センター」と現在はなっている。また消防大学校の定員12名も加えられていない。従って、消防研究センター定員が26名なので、実際に増えたのは24名である。この定員増分は、総務省統計局の定員の一部をスクラップアンドビルドで消防庁にまわし、国民保護室を新設したことによって増えたものである。

16　この数は警察庁本庁内部部局の定員数で、警察大学校、科学警察研究所の定員数は含まない。

17　市町村消防本部の消防職員の総数である。

18　内訳は、地方警務官（国家公務員）が590人、管区警察局（国家公務員）が4,725人、地方警察職員（都道府県職員）が2万3060人である。

19　地方警務官とは、都道府県警察本部の警視正以上の幹部のことである。都道府県の警察官は一般的には地方公務員であるが、警視正以上になると国家公務員に身分が変わる。本制度は、わが国の警察行政の国家警察的一面を示している。

20　山口祥義（2005）「平成17年度消防庁組織体制の充実強化概要」『消防防災』. 東京法令出版、p.31. 引用

21　当初、連邦政府内の大統領直属組織として設置されたが、2001年9月11日に発生した同時多

発テロがきっかけとなり、2002 年 11 月に創設された国土安全保障省（DHS）に統合された。

22　危機管理社会の情報共有研究会（2006）『危機対応社会のインテリジェンス戦略』. 日経 BP、p.85.

23　東尾正（2005）「消防庁の新組織体制と今後のあり方」『消防防災 14 号』. 東京法令出版、p.119. 引用

24　後発国は、先進国の開発した知識や技術（失敗からの教訓も含め）を早い時期から利用することが出来るという利点もあるという経験則。

25　FEMA は DHS の下部組織となる前までは、関係機関に対する指揮命令権を有していた。カトリーナの時にはその権限を失っており、地方政府の権限は尊重せざるを得なかった。ただ調整機関とはいえ、明らかに上からの垂直補完を目的とした組織である。イギリスの COBR が FEMA と異なるのは、最悪の危機（レベル 3）以外は、完全に調整役に徹する点である。よって、FEMA は職員数が 7、000 以上なのに対し COBR は担当者が 2 から 3 名で、緊急時のみスタッフが関係機関から招集されるという割り切った体制となっている。イギリスは、危機管理部局の多くがエージェンシー化され、行政から切り離されていることもあり、現場へ多くの権限を与え現場の判断に任している側面が大きい。完全に分権型・現場主義型危機管理体制である。

26　日本版 FEMA の議論は、その後間違った FEMA の理解に基づく議論であったという指摘が多い。当時の危機管理部門の一元化の議論は、FEMA が災害・事故等に関しその予防から復旧・復興までの全ての対応を担っているというイメージで議論されていた。ただ実際には、災害発生時の被災情報の集約や関係省庁間の調整的な部分の役割が特に重視されている組織である。ただ、わが国ではあまり知られていないが、ヨーロッパ諸国では、9.11 以降に、かなり広範な危機管理部門の一元化を行った国が複数存在する。同一の省庁が、危機管理に関するほぼ全ての分野のみならず消防行政を所管するケースとしては、ノルウェー、フィンランド、デンマーク、ハンガリー、フランス、スペインの6カ国が挙げられる（別表 11‐1）。危機管理部門の一元化の議論は、FEMA をモデルとしていたため混乱したが、これらの国々の危機管理主担当機関の実態も調査した上での議論が、再度必要のように思われる。**別図表 11-1** は、ヨーロッパにおける危機管理体制を、全体的に概観するため、ヨーロッパ各国及び日本の危機管理の主担当省庁、消防担当省庁、国民保護担当省庁、その他特殊災害の担当省庁を表にまとめたものである。各国の関係機関の HP や、各国の危機管理体制の制度や実態を、行政学的見地から当該国の行政学者が調査し分析を行った先行研究である。" Organizing for Societal Security and Crisis Management Cross Country Mapping Report"（Lægreid & Rykkja, 2016）、また 2015 年に政府の危機管理組織の在り方に係る関係副大臣会合がまとめた、「政府の危機管理組織の在り方について（最終報告）」、2010 年に総務省消防庁が調査した「諸外国の消防行政の概要及び職業的消防職員の労働基本権の状況等に関する調査概要」、著者が実施した危機管理体制の現地調査（2012 年英国、2015、2016 年ドイツ）より、作成したものである。上記の資料の調査国は限定的で、またその後に組織改編があった国もあり、HP で最終確認を行った。各項目について、左から説明を加えると、①危機管理主担当省庁は、危機管理行政を主に担う省庁である。②消防担当省庁は、中央レベルでの消防行政を所管する省庁である。③国民保護担当省庁は、国民保護行政を所管する省庁である。④その他特殊災害の担当省庁は、国民保護以外の特殊災害への対応を主に担当する省庁である。複数の省庁が対応するケースもあるが、特に当該特殊災害への対応を中心となって行う組織を挙げた。また、特殊災害の中においても、パンデミックへの対応は更に別組織で担当する場合が多い。本表には、パンデミックの担当省庁の情報は入れていない。調査対象は、日本を除くと、12 カ国（ノルウェー、スウェーデン、フィンランド、デンマーク、ハンガリー、ドイツ、オランダ、ベルギー、イタリア、フランス、スペイン、イギリス）である。危機管理主担当省庁に関しては、①法務省系、

別図表11-1　各国の危機管理関係担当組織

国	危機管理主担当省庁	消防担当省庁	国民保護担当省庁	その他特殊災害の担当省庁	国会体制	備考
ノルウェー	司法・公安省（MJPS）	司法・公安省（MJPS）	司法・公安省（MJPS）及び国防省国家安全保障局	主に、司法・公安省（MJPS）	単一国家	原子力防災に関しては、保険医療サービス省放射線防護庁も関与。
スウェーデン	法務省	国防省市民救護庁（MSB）	国防省市民救護庁（MSB）	国防省市民救護庁（MSB）	単一国家	
フィンランド	内務省	内務省	内務省	主に、内務省及び国家緊急供給庁（NESA）	単一国家	
デンマーク	国防省緊急事態管理局（DEMA）	国防省緊急事態管理局（DEMA）	国防省緊急事態管理局（DEMA）	主に、国防省緊急事態管理局（DEMA）	単一国家	国土の70％の消防をFALCK（民間消防会社）が担当
ハンガリー	内務省	内務省国家災害管理局	内務省国家災害管理局	主に、内務省国家災害管理局	単一国家	
ドイツ	連邦内務省	各州内務省	連邦内務省	主に、各州内務省	連邦国家	
オランダ	法務省	法務省	国防省	主に、法務省	単一国家	2010年に内務省の公安事務を法務省が引き継いだ
ベルギー	2つ以上の州が関与しているか、地方知事が対応不可能な場合は連邦内務省	連邦内務省市民安全庁	連邦内務省市民安全庁	主に、各州政府	連邦国家	
イタリア	首相府市民保護部	内務省消防庁	首相府市民保護部及び内務省消防庁	主に、首相府市民保護部	単一国家	
フランス	内務省市民安全局（DSC）	内務省市民安全局（DSC）	内務省市民安全局（DSC）	主に、内務省市民安全局（DSC）	単一国家	
スペイン	連邦内務省市民保護局	連邦内務省市民保護局	連邦内務省市民保護局	主に、連邦内務省市民保護局	連邦制	
イギリス	テロ関連は内務省、内務省で対応できないハザードは内閣府	コミュニティ・自治省消防防災局	内閣府、民間緊急事態事務局（CCS）	事象ごとに決められたLGD（主幹省庁）、対応できない場合は内閣府ブリーフィングルーム（COBR）	単一国家	
日本	内閣官房（事態対処・危機管理担当）及び内閣府（防災担当）	総務省消防庁	内閣官房及び総務省消防庁	事象ごとに、各実動機関所管庁	単一国家	

〔出典〕Lægreid. & Rykkja eds. (2016) " *Organizing for Societal Security and Crisis Management Cross Country Mapping Report*"、政府の危機管理組織の在り方に係る関係副大臣会合（2015）「政府の危機管理組織の在り方について（最終報告）」、総務省消防庁（2010）「諸外国の消防行政の概要及び職業的消防職員の労働基本権の状況等に関する調査概要」の記載内容及び、危機管理体制の現地調査収集資料、インタビュー内容（2012年英国、2015、2016年ドイツ）より著者作成

②内務省系、③国防省系、④政府中枢機関（Centre of Government、以下CoG）系の４種類に分類出来る。調査可能であった、日本を除いた12カ国の内、3か国が法務省系（ノルウェー、スウェーデン、オランダ）、6カ国が内務省系（フィンランド、ハンガリー、ドイツ、ベルギー、フランス、スペイン）、1か国が国防省系（デンマーク）、1か国がCoG系（イタリア）で、災害の深刻度によって内務省とCoGが役割分担する国が1か国（イギリス）であった。危機管理主担当省庁としては、内務省系が最も多い。内務省系が多いのは、実際に災害対応の現場となる地方自治体を所管していることや、特殊災害対応で重要な役割を果たす消防を所管しているケースが多いためである（ドイツは、連邦制で地方分権が徹底されているため、消防は各州の内務省が管轄している）。欧州諸

国において次に多いのは、法務省系であるが、これはこれらの国では、警察も法務省系組織が所管するからである。消防及び警察といった、公安系の実動組織を危機管理主担当省庁が一括して管理するケースも多い（デンマークのみは、国防省が消防を所管）。国防省緊急事態管理局（DEMA）が危機管理を統括するデンマークの場合は、軍のみならず消防もDEMAが所管し、ほぼ全てのハザード対応をDEMAが中心的に行う。ただ、デンマークの消防は、極めて特異で、大都市部の消防は市が行うものの、国土の70%程のそれ以外の地域の消防は、民間消防会社であるFALCKが担当している。わが国同様に、CoGが危機管理を総括するケースは、ヨーロッパでは少数で、主要国ではイタリアのみである。また消防は内務省が管轄している。別表11-1の分析からは、調整機関、主要機関、サポート機関の規模や関係までは見えてこないが、HPや各種資料での調査からも、欧州諸国においても、①FEMAのような規模の組織を作っているケースは極めて珍しいが、調整機関はどの国にも必ず存在する。また、②これら調整機関の機能は、主に発災時の初動対応段階に組織される閣僚級等の意思決定機関の事務局としての役割に留まる国が多いのも同様である。ただ、武力攻撃災害への対応は、災害対応のみならず即時の災害復旧にまで及ぶので、必ずしも初動対応段階にのみ限定はされない。また、当該組織ないしは本省が、軍や消防、警察等の災害対応の何らかの実動部隊を所管している組織も多い。軍や消防、警察等の災害対応の実動部隊を所管しないドイツにおいても、連邦内務省はTHWという共助の実動部隊を保有している。共助の実動部隊を、国レベルで管理する共助組織としては、ドイツ以外にベルギーの市民保護サービスが挙げられる。これはわが国と異なり、市町村が管理する消防団とは別に、共助レベルの文民保護組織を整備する国が存在するからである。③どの国でも、災害発生時の体制としては、関係省庁間の調整の場が設けられる。④各国において、主担当となる省庁を中心に関係省、部局が連携して対応する枠組みが設けられている。

27　特に、一言で危機管理部門といっても、それぞれの分野で専門性は異なる。危機管理部門の一元化をしても、それぞれの危機管理分野の専門性は平等に尊重されるべきである。またすべての分野に横断的に精通した、危機管理行政のジェネラリストの養成も重要である。

28　ただ本報告は、アメリカ、イギリス、ドイツ、フランス、韓国、台湾の6カ国の調査を基に作成されたもので、サンプル国数が必ずしも十分とは言えない。

29　総務省消防庁（2007）「消防広域化に関するよくある質問Q&A」『市町村の消防の広域化 - 強くなる地域の消防力―』

30　総務省消防庁「消防広域化関係資料（2014）」広域化が進まない理由（都道府県広域化ヒアリングにより聴取）によると、①市町村消防本部側が考えるデメリットが、大きくメリットが見いだせない、②比較的小規模な消防本部側の懸念、③比較的大規模な消防本部側の懸念、④地域とのつながりを優先、⑤広域化を推進したいが調整が難航、⑥市町村（長）側の要因、⑦その他の7つのグループにまとめられている。①に関しては、地形的な理由（山地や海等で地域が分断）や、平成の大合併等で既に広域化している、司令の共同運用を既にしていて現在以上のメリットが見いだせない等の指摘が挙げられている。②に関しては、都市部消防本部との合併で周辺地域となることでの消防力低下への懸念、消防署が出張所になることでの消防力低下への懸念等の指摘が挙げられている。③に関しては、現在の規模で十分である、市町村合併後の消防体制が整備出来たばかりである、中心市と消防力に格差がある大規模な消防本部が消防力流出を懸念等の指摘が挙げられている。④に関しては、地元と消防の結びつきが強い、市と消防は一体であるべき、合併により単独消防となった首長が広域化により組合消防に抵抗、市の防災局部や消防団との連携がとりにくくなることへの懸念等の指摘が挙げられている。⑤に関しては、構成市の財政力が弱く人件費の調整等が困難等の理由から負担金割合の調整がつかない、広域化の方式に対する意見の違い（事務委託、一部

282

事務組合）により協議が停滞、消防本部をどちらに置くか調整がつかない、指令台、本部及び署所庁舎の整備時期の不一致、組織体制（署所数）をめぐる首長の意見不一致等の指摘が挙げられている。⑥に関しては、市町村合併時の軋轢から各首長が広域化に反対、互いに主権争いをしている、広域化のメリット（本部や指令の統合による現場要員の増強）を市長部局から削減対象と捉えられてしまう、事務委託をしている地域的結びつきが強い消防本部が広域化協議から離脱したため広域化の期限までに事務委託の解消が間に合わない等の指摘が挙げられている。⑦に関しては、消防救急無線のデジタル化及び指令業務の共同運用の協議を優先する、検討時間が短く課題が多いため期限内の広域化実現は困難、東日本大震災の対応で手一杯、比較的小規模な消防本部であるが財政力が強く単独で消防が維持できる等の指摘が挙げられている。これらのデメリットは、2013年8月に実施した関西大学永田尚三研究室が、全国市町村消防本部に対して実施したアンケート調査（回収率48％）とほぼ一致する。ただ本実施アンケートでは、上記総務省の資料で⑥にあたる市町村（長）側の要因を挙げる消防本部が多かった。

　内々にいくつかの地域の消防の広域再編の作業に関わった経験からは、①市町村（長）側の要因と②首長部局と消防本部の関係、③消防の広域再編開始段階での消防庁と都道府県側の要因の3点が、最も大きな障害になっているように思われる。①の市町村（長）側の要因とは本論で書いたように実働部隊を手放すことへの首長の躊躇である。また②の首長部局と消防本部の関係は、市町村行政における消防本部の位置付けに関わってくる。消防本部は市町村の首長部局からは一定の独立性を持って設置された組織であるため、首長部局との日常的な交流は極めて限定的である。ところが今回の消防の広域再編は、その互いを知らない部局同士の共同作業を市町村消防制度が始まって以来初めて求めることとなった。

　首長部局の広域再編担当者は消防行政を知らず、通常切り離された組織の中で育成されてきた消防の広域再編担当者は、一般的に首長部局内での消防本部側の意向を実現させるための根回しの方法を知らない。それが一部事務組合等の広域行政で運営されている消防本部だと、別人格の組織間の調整作業となるので、更に複雑になる。そこで①②の要因が③の消防の広域再編開始段階での消防庁と都道府県側の要因につながるが、今回の消防の広域再編はその開始段階で、消防庁も都道府県も根回しの対象が、市町村の首長部局ではなく消防本部に偏った感が否めない。これは根回しの対象を間違えている。消防本部が広域再編反対でも首長がやると云えば従うが、その反対はあり得ないからである。開始段階から、首長の説得に力を入れるべきであった。

31　2010年3月16日の新潟日報によると、「国が進める消防本部の広域化について、新潟市、柏崎市、加茂市・田上町消防衛生組合が広域化を行わないことが15日、分かった。県は2008年度に県内の19消防本部を7本部とするたたき台をまとめたが、構想は実現不可能になった。県によると、新潟市は「サービス向上など広域化のメリットがない」、柏崎市は「災害対応のため、市長が所管する市消防局を堅持する」、加茂市は「広域化は消防の弱体化を招く」とした」とのことである。また新潟市消防職員協議会のブログ（http://blogs.yahoo.co.jp/niigatashoukyou/31565794.html）によると、「これ（消防広域化見送り）については今年の2月22日（月）に新潟市議会・市民連合の議員から、消防の広域化について消防局から「あり方検討会でまとめは出しましたが、県からはどこからも積極的にやると言い出すところがないため、これ以上はすすめないと言われた」と報告されました。正式には2月定例議会の3月10日〜17日に予定している「常任委員会の協議会で報告する」ことになりますと連絡を頂いておりました。また2月25日（木）に消防局・総務課と意見交換会を開催した時に、新潟市における消防の広域化については関係市町村と事務委託で話し合いをしたが、折り合いがつかなかったと報告をうけました。なお事情があり報道発表後ブログに掲載しました。過去においても自治労新潟県本部・新潟県消防職員協議会共同開催で2008

年3月17日（月）に新潟東映ホテルで『新潟県消防広域化推進計画』について、当時の新潟県消防防災課・笠原副主査参事講師に向かえて学習会を開催、同日当時の新潟県消防職員協議会会長が『消防の広域化を考える』について報告を行いました。同年7月11日（金）・14（月）には五泉市消防職員協議会が市内ホテルマリエールで広域化学習会を開催しております。組織部では昨年は永田尚三氏著作の『消防の広域再編の研究』にて勉強会を開催、新潟県が広域再編の推進計画を何時策定するのかを注目しておりました」とのことである。

32　鳥取県は、片山前知事の下、消防の一元化論議を全国で最も早く始めた県である。これは鳥取県内の区域内で、一つの消防本部に広域再編するという議論であった。また鳥取県が立てたプランでは、広域連合を結成し、県も消防本部に参加するという選択肢も検討された。しかし結果としては、一元化の議論そのものが中断してしまった。一元化議論が中断し、また今回広域再編の推進計画の策定が遅れている背景には、市町村の反対がある。市町村が反対しているのは、自由に使える消防分の地方交付税を失うからである。鳥取県には一部事務組合で運営される消防本部が3つしかなく、県下の市町村はいずれかの組合に属している。従来、消防一部事務組合の組合費と、消防分の地方交付税の差額でプラスの収支が生じ、それが鳥取県下の市町村にとってはうまみとなっていた。広域再編で、その収入が無くなることは、多くの市町村にとって受け入れがたい話である。

33　宮城県ヒアリング（2008年9月10日）

34　朝日新聞デジタル（2014年9月15日）

35　都道府県消防の議論は、消防行政には以前から存在する。ただ都道府県消防になると、戦前のように都道府県警察の影響が増すのではないかという警戒心から、都道府県消防論は長年タブー視されてきた。自治省消防庁の次長だった鹿児島も著書『明日の消防』の中で、1983年当時以下のように言及している。「最近はおもて立って議論されることは少ないが、相変わらず一部の消防関係者の中に根強い支持があるのが「府県消防論」である。今日みられるような市町村が責任を持つ自治体消防が発足したのは1948年であるから、以来30余年を経過しているにもかかわらず、「府県消防」の支持者が今なおあるということは、それ相当の利点があるからであろう。」鹿児島重治（1983）『明日の消防』. 全国加除法令出版, p.71. 都道府県消防に関し野田は、「多くの事務を既に府県が実施している状況で追加的に一部の市町村の同様の事務を府県が担うのであれば、規模の効果が発現する。全市町村が一斉に府県に事務を移譲すればさらに大きな効率化効果が得られる。たとえば、消防事務について一部市町村の補完ではなく、府県消防へ再編というアイデア（永田2009）は、非常に高い歳出効率となるであろう」と指摘している。野田游（2011）「基礎自治体に対する垂直補完の効果」『年報行政研究』. 第46号、ぎょうせい、p.139. 引用

36　当初の計画では、県内全市町村で一元化を行う予定であったが、残念ながら①これまで各本部が独自の予算で取得・整備してきた車両や機器等の財産の帰属や、②年収ベースで最大約150万円の格差がある職員給与や手当の一元化等、③広域化に伴って必要となる約30億円の臨時的経費を構成する各自治体で按分した場合の負担の大きさがネックとなり、奈良市と生駒市は県内全市町村での一元化の協議から脱退した。奈良市長ブログ（2012年1月15日）
　　http://www.nakagawagen.net/blog/2012/01/post-147.php

37　奈良市と生駒市も入れた、当初の試算では各消防本部の通信や総務などの余剰要員を現場に回すことが可能となり、現場要員を現在の1、300人から1、418人に増やせ、高機能指令センターの整備でも、各本部が単独で行うより約19億3000万円節減できるという。

38　第30次地方制度調査会（2013）「第30次地方制度調査会答申」

39　総務省（2014）「地方自治法の一部を改正する法律の公布について（通知）（2014年5月30日）」

40　ドイツは、先進国の中でも共助体制が特に整備された国である。市町村が管理する消防団（110

万人、96％がボランティア）の他に、連邦政府が管理する連邦技術支援隊（以下 THW、約 8.8 万人、99％がボランティア）や、救護 NGO（約 60 万人、ほぼボランティア）等が共助組織として存在し、共助の層がわが国よりもはるかに厚い。これらの共助組織は、みな災害時の救援活動を行うが、住みわけが明確にある。災害時における被災者の救助活動は、主に消防団が行い、消防団だけで対応できない場合に、THW に出動要請を行う。また、THW の任務のメインは、災害時の救助活動よりも、壊れた道路や堤防、橋の復旧としいった、主に災害復旧活動の方である。さらに、主に宗教組織が母体となった救護 NGO があるが、これらの多くは救急救命活動が主要任務である。ドイツでは、2011 年まで、消防団、THW、救急ボランティアに入隊した場合は、徴兵を免除される制度があったため、若者の獲得が比較的容易であった。しかし、現在は徴兵制が事実上廃止となったことで、このインセンティブが使えなくなり、これら組織においても若者の獲得が、重要な問題関心事の一つとなっている。その中で、若者獲得のための中心的施策となっているのが、前述の子供隊員・少年隊員制度である。

41 ドイツでは、地方の消防の義勇消防への依存率は高いため、地域の消防力を維持するため、義勇消防組織への強制加入が行われている地域がある。このような地域では、辞めたいという希望も却下される場合があるようである。

42 以前は、わが国の消防団の多くに、常備部があり、常勤消防団員がおり、消防学校での研修や訓練を行っていた。ただその後、市町村消防本部による常備化が進展する中で、消防本部の方に吸収され、徐々に姿を消した。現在は、常備部を持った消防団はない。

43 また、ボランティアバンクの制度があり、義勇消防団での活動実績をポイント化し、貯蓄し、老後にボランティアの代償として使用できる制度もある。

44 台湾南投県消防署、台湾内政部消防署ヒアリング 2014 年 8 月 11、12 日

45 日本経済新聞 2014 年 2 月 15 日

46 ドイツでは、消防団は常備消防並みの訓練と装備を保有し、原子力防災や国民保護にも対応する。そのような専門性の高度化が、やる気のある層の団員にとっては、負担になるよりもやりがいに繋がっている。

47 周辺地域との交通アクセスが悪い離島地域や中山間地域は、未だに救急搬送を消防関係職員が行っている場合が多い。交通アクセスの良い地域は、救急業務だけ周辺消防本部に事務委託している。

48 第 9 章で見た宮古地区広域行政組合のように、消防本部職員が構成市町村の消防防災関係部署の職員も兼ね、消防団管理事務も市町村職員の身分で行うという方法もあるが、この方法は大規模災害時に市町村との一体性が確保できる一方、災害時に市町村職員としての仕事をすることが求められ、消防の救助活動の支障となる恐れがある。

49 例えば、前述の通り、ドイツには消防団とは別に、THW という共助組織が存在する。冷戦時代、THW の主要任務は、戦時下の文民保護であった。しかし冷戦終了後、文民保護組織から主に災害復旧活動を担う住民防災組織へと、その性質を変えつつある。国防との関係の深い共助組織なので、連邦政府の管理下にある。ドイツの危機管理体制は、国防のみ連邦政府が担当し、大規模災害や原子力災害等特殊災害は州政府、一般の災害は市町村が担当している。特殊災害への対応は、冷戦時代は THW が担当していたが、冷戦後消防団に移管された。

別図表11-2　消防行政年表

年	月日	出来事	備考
1650		江戸幕府、定火消を設置	わが国における、常備消防の起源。
1657		明暦の大火	日本史上最大の火災。
1712		江戸幕府、大名火消を設置	
1719		江戸幕府、町火消を設置	わが国における、非常備消防の起源。
1872		町火消を消防組に改組	
1881		内務省警保局、東京警視庁設置	消防行政が内務省警保局の所管となる。東京に初めて、官設消防署が設置される（東京一極集中政策）。
1894		消防組規則制定	公設消防組を設置。以後、私設消防組と公設消防組が併存することとなる。
1910		大阪市に官設消防署を設置	東京以外で、大阪に初めて、官設消防署が設置される。
1919		特設消防署規程制定	京都市、神戸市、名古屋市、横浜市にも、官設消防署が設置される（大都市重点政策）。
1923	9.1	関東大震災	
1939		警防団令公布	私設消防組も、公設消防組も廃止され、警防団に吸収される。
1945		太平洋戦争終戦	
1946		内務省警保局に消防課設置	消防係から消防課に昇格となる。
1947	12.23	消防組織法が公布	
	12.31	内務省の廃止	
1948	1.20	（財）日本消防協会の設立	戦前は、帝国消防協会、帝国警防協会と改組された組織が、戦後日本消防協会となる。消防団を管理する組織。消防団の組織間調整機構。
	3.7	消防組織法が施行	自治体消防制度が発足。
		国家消防庁発足	
	7.24	消防法の制定（8月1日施行）	
1949	5.7	全国都市消防長連絡協議会の発足	
1952		国家消防庁を国家消防本部に改組	
		管理局を廃止し、消防研究所を設置	
1953	7.27	市町村の消防施設充実のため補助金交付制度を設置	それまで、国による補助金制度が消防には無かった。
1959	4.1	国家消防本部の附属機関として消防審議会、消防大学校を設置	
	9.26	伊勢湾台風	市町村消防間での初めての広域応援が実施される。
1960	7.1	自治省消防庁発足	

1961	5.3	全国都市消防長連絡協議会を全国消防長会と改称	市町村消防本部の組織間調整機構。
	8.1	消防力の基準の制定	国の示す最低限の整備基準。
	11.15	災害対策基本法制定	伊勢湾台風が切っ掛けで、制定される。
1962	7.1	災害対策基本法施行	中央防災会議の運営、災害対策等に関する関係行政機関の事務の調整等に関する業務は、総理府が行うこととなる。
1963	4.15	救急業務の法制化	
1971	6.1	「消防本部及び消防署を置かなければならない市町村を定める政令（政令第170号）」公布	以後、消防の常備化が進展する。
1974	6.26	国土庁発足	中央防災会議の運営、災害対策等に関する関係行政機関の事務の調整等に関する業務は、総理府から国土庁へ移る。
	7.1	消防法施行令の改正	
		・救急業務を実施すべき市町村への消防本部及び消防署の設置を義務づけ	
1995	1.17	兵庫県南部地震（阪神・淡路大震災）	
	3.20	地下鉄サリン事件	
	6.3	緊急消防援助隊の創設（発足式）	
1999	7.16	総務省設置法の制定（1999年1月6日施行）	総務省の任務・所掌事務として消防関係の規定を置くとともに、消防庁を総務省の外局として位置づけ。
2000	1.20	消防力の基準の全部改正	
	3.31	有珠山噴火災害	
2001	1.6	省庁再編、総務省消防庁へ改組	
	4.1	消防研究所の独立行政法人への移行	
	9.1	新宿歌舞伎町でビル火災	
	9.11	米国で同時多発テロ発生	
2004	7.2	総務省消防庁総務課に国民保護室及び国民保護運用室設置	以後、国民保護も総務省消防庁の所管事務となる。
	9.17	武力攻撃事態等における国民の保護のための措置に関する法律(国民保護法)及び同法施行令施行	
	10.23	新潟県中越地震発生	
2006	3.31	独立行政法人消防研究所の解散に関する法律（平成18年4月1日施行）	
	4.1	消防研究センター発足	旧消防研究所組織が消防庁に戻る。
	6.6	消防の広域再編開始	
	9.1	地方公共団体における総合的な危機管理体制の整備に関する検討会設置	

2007	2.9	全国瞬時警報システム（J-ALERT）一部送信開始	
2011	3.11	東日本大震災発生	
2013	4.1	消防の広域再編5年間の延長	
2018	4.1	消防の広域再編6年間の再延長	

引用・参考文献

《和文》

安藤明、須見俊司（1986）『消防・防災』. 第一法規.

麻生幾（2001）『情報、官邸に達せず』. 新潮社.

伊藤渉、辻本誠、西田幸夫（2007）「江戸城の火災被害に関する研究」. 日本火災学会研究発表会概要集. 日本火災学会, pp. 110‐111.

生田長人（2013）『防災法』. 信山社.

魚谷増男（1965）『消防の歴史四百年』. 全国加除法令出版.

大蔵省印刷局編（1943‐2000）『職員録』. 大蔵省印刷局.

川口英夫、永田尚三（1995）「阪神大震災初動体制の危機管理 —— 政治・行政の対応」. 慶應義塾大学大学院法学研究科論文集第 36 号. 慶應義塾大学法学部.

鹿児島重治（1983）『明日の消防』. 全国加除法令出版.

河田恵昭（1996）「災害対策基本法と防災基本計画」自然災害科学第 15 巻第 2 号. 日本自然災害学会, pp.81‐92.

河田恵昭（1997）「大規模地震災害による人的被害の予測」自然科学第 16 巻第 1 号. 日本自然災害学会, pp.3‐13.

危機管理社会の情報共有研究会（2006）『危機対応社会のインテリジェンス戦略』. 日経 BP.

北村喜宣（1997）『行政執行過程と自治体』. 日本評論社.

木原佳奈子（1995）「政策ネットワーク分析の枠組み」アドミニストレーション第 2 巻 3 号熊本県立大学総合管理学会, pp.1‐37.

木原佳奈子（1996）「市町村における福祉政策ネットワークの構造と動態 —— 高齢者福祉改革をめぐって」. 年報行政研究 31 号, 日本行政学会, pp.124‐145.

警視庁（1931‐1946）『警視庁職員録』. 自警会

財務省印刷局（2001‐2002）『職員録』. 財務省印刷局.

自治省消防庁救急救助課（1995）「地下鉄サリン事件後の消防庁の対応」『プレホスピタル・ケア』8:3　17 号. 東京法令出版, pp.85‐90.

小豆地区消防本部（2012）「平成 24 年度版消防年報」. 小豆地区消防本部.

消防基本法制研究会（2004）『逐条解説消防組織法』東京法令出版.

消防基本法制研究会（2007）『逐条解説消防組織法　第二版』東京法令出版.

消防基本法制研究会（2014）『逐条解説消防組織法　第三版』. 東京法令出版.

消防研究所（1968）『消防研究所二十年史』. 自治省消防研究所.

消防研究所（1978）『消防研究所三十年史』. 自治省消防研究所.

消防研究所（各年度）.『消防研究所報告』. 消防研究所.

消防大学校（2000）『消防教科書救急I』. 財団法人全国消防協会.

消防庁（各年度）『消防白書』. 消防庁.

消防庁（各年度）『救急・救助の概要』. 消防庁.

消防庁（2010）「諸外国の消防行政の概要及び職業的消防職員の労働基本権の状況等に関する調査概要」. 消防庁.

消防庁（2014）「消防広域化関係資料」. 総務省消防庁.

消防庁防災課（1995）『逐条解説災害対策基本法』. ぎょうせい.

消防庁防災課（1997）『逐条解説災害対策基本法　改訂版』. ぎょうせい.

消防庁防災課（2001）『中央省庁等後の国の防災体制について』. 近代消防社.

消防庁防災課（2002）『逐条解説災害対策基本法　第2次改訂版』. ぎょうせい.

消防庁防災課（2016）『逐条解説災害対策基本法　第3次改訂版』. ぎょうせい.

水防法研究会（2005）『逐条解説水防法』. ぎょうせい.

水防法研究会（2012）『逐条解説水防法　改訂版』. ぎょうせい.

水防法研究会（2016）『逐条解説水防法　第二次改訂版』. ぎょうせい.

政府の危機管理組織の在り方に係る関係副大臣会合（2015）『政府の危機管理組織の在り方について（最終報告）』. 政府の危機管理組織の在り方に係る関係副大臣会合.

全国消防長会（各年度）『全国消防長会会報』. 全国消防長会.

総務省消防庁（2007）「消防広域化に関するよくある質問Q&A」. 市町村の消防の広域化──強くなる地域の消防力. 総務省消防庁, p.4.

大日本警防協会（各年度）『大日本警防』. 財団法人大日本消防協会.

地方公共団体における総合的な危機管理体制の整備に関する検討会（2008）『平成20年度報告書（市町村における総合的な危機管理体制の整備）』. 地方公共団体における総合的な危機管理体制の整備に関する検討会.

地方財務協会（各年度）『内政関係者名簿』. 地方財務協会.

陳韻如（2004）「資源依存理論による動態的分析」. 経済論叢5・6. 京都大学経済学会, pp.51-67.

東京消防庁（1963）『東京消防庁史稿』. 東京消防庁.

東京消防庁（1980）『東京の消防百年の歩み』. 東京消防庁.

独立行政法人国立印刷局編（2003-2017）『職員録』. 独立行政法人国立印刷局.

大日本消防学会（1928）『日本百都市の火災と消防設備』. 日本消防新聞社.

永田尚三（1996）「わが国における有事危機管理行政についての一考察」洗足論叢第25号, pp.159-171

永田尚三（1997）「地方自治体における消防力の基準充足努力の比較分析」. 慶応大学法学政治学論究第33号. 慶應義塾大学法学部, pp.63-104.

永田尚三（1998）「地方自治体の消防力整備──人口密集地域と非密集地域の消防力整備状況の比較分析」. 日本法政学会法政論叢34号. 日本法政学会, pp.214-223.

永田尚三（2001）「わが国消防行政における非常備消防組織の存在意義についての計量分析──小規模常備消防の補佐組織としての消防」武蔵野女子大学現代社会学部紀要第2号. 武蔵野女子大学現代社会学部, pp.71-81.

永田尚三（2002）「わが国予防消防行政についての実証分析——予防消防への人的リソース配分度合いを規定する要因についての実証分析」. 日本法政学会法政論叢 38 巻 2 号. 日本法政学会, pp.193-199.

永田尚三（2002）「大正 10 年代より昭和一桁代のわが国消防行政についての計量史学的分析」. 武蔵野女子大学現代社会学部紀要 3 号. 武蔵野女子大学現代社会学部, pp.79-88.

永田尚三（2003）「被災地方自治体における行政-住民関係について一考察——有珠山噴火災害の事例より」. 武蔵野大学現代社会学部紀要第 4 号. 武蔵野大学現代社会学部, pp.63-68.

永田尚三（2004）a「わが国の消防行政——分権化された行政分野における政府間関係」『日本公共政策学会 2004 年度研究大会報告論文集』. 日本公共政策学会, pp.145-157.

永田尚三（2004）b「消防本部と首長部局の先進的施策に対する温度差についての実証分析——わが国消防行政の評価についての計量的分析」. 武蔵野大学現代社会学部紀要第 5 号. 武蔵野大学現代社会学部, pp.121-136.

永田尚三（2005）a「わが国救急行政の課題についての一考察」. 武蔵野女子大学現代社会学部紀要第 6 号. 武蔵野大学現代社会学部, pp.73-82.

永田尚三（2005）b「地域防災の課題——平成版国防体制作りの中での地域防災」. 改革者 2 月号. 政策研究フォーラム, pp.52-55.

永田尚三（2005）c「中越地震で示された自治体消防の連携——防災行政での国と自治体の権限は」. 改革者 2 月号. 政策研究フォーラム, pp.50-53.

永田尚三（2005）d「都道府県消防の研究——広域消防の実証分析」. 日本法政学会法政論叢, pp.43-62.

永田尚三（2007）「わが国消防防災行政における国と地方の機能分担、権限配分の転換についての実証分析——防災行政、消防行政において地方分権の逆コースは始まったのか？」. 武蔵野大学現代社会紀要第 8号, pp.85-99.

永田尚三（2008）「平成版国防体制整備の中での消防・防災行政の中・長期的な課題——消防・防災行政は、中長期的に国防・治安行政に吸収されるのか」. 武蔵野大学現代社会紀要第9号, pp.75-96.

永田尚三（2009）a「わが国消防における人事行政の研究——地方分権が進んだ行政分野における人事行政」. 武蔵野大学政治経済研究所年報, pp.157-176.

永田尚三（2009）b「消防防災行政の広域再編と地域防災——公助の広域化が共助に及ぼす影響」. 中京大学総合政策フォーラム第 4 号, pp.79-94.

永田尚三（2009）c「東京都下市区町村の消防防災行政の研究——東京消防庁と公助、共助の分断の現状分析」. 武蔵野大学現代社会紀要第 10 号, pp.27-43.

永田尚三（2009）d『消防の広域再編の研究——広域行政と消防行政』. 武蔵野大学出版会, pp.1-212.

永田尚三（2010）「ローカルオプティマムの先行事例としての消防防災行政——消防におけるポスト-ローカルオプティマム」. 武蔵野大学政治経済学部紀要第 2 号. 武蔵野大学政治経済学部, pp. 55-75.

永田尚三（2011）a「住民救急の研究—タイ・台湾の事例からわが国への導入可能性を考える」. 武蔵野大学政治経済学部紀要（3）. 武蔵野大学政治経済学部, pp.55-73.

永田尚三（2011）b「消防行政の広域化について——東日本大震災後の最新動向（特集 火災予防の問題点）」. 都市問題 102（9）. 東京市政調査会, pp.79-90.

永田尚三（2011）c「消防組織（主に消防団）の防犯活動への活用可能性についての調査研究」. 武蔵野大学政治経済研究所年報（3）. 武蔵野大学政治経済研究所, pp.105-133.

永田尚三（2011）d「消防行政における専門知——専門知の偏在は政府間関係まで規定するのか」. 社会安

全学研究第 1 号. 関西大学社会安全学部, pp.129-152.

永田尚三 (2011) e「東日本大震災によって見えてきた消防行政の課題」. 武蔵野大学政治経済研究所年報 (4). 武蔵野大学政治経済研究所, pp.19-51.

永田尚三 (2012) a「原子力災害に対する法制度について」. 公衆衛生 Vol.76 No.12. 医学書院, pp.18-21.

永田尚三 (2012) b「消防防災行政における二重行政 ── 東京消防庁方式を用いた一元化の危険性」. 武蔵野大学政治経済研究所年報第 6 号. 武蔵野大学政治経済研究所, pp.75-93.

永田尚三 (2012) c「東京の災害対策と防災行政についての一考察 ── 東日本大震災の教訓から求められる今後の課題とは何か」武蔵野大学政治経済研究所年報第 5 号. 武蔵野大学政治経済研究所, pp.31-69.

永田尚三 (2012) d「東日本大震災と我が国の行政」季刊行政相談 No.134. 全国行政相談協議会, pp.34-41.

永田尚三 (2012) e「東京直下地震への備え」. 季刊行政相談 No.135. 全国行政相談協議会, pp. 46-55.

永田尚三・奥見文・坂本真理・佐々木健人・寅屋敷哲也・根来方子 (2012)「地方公共団体の防災・危機管理体制の標準化についての研究」. 社会安全学研究第 2 号. 関西大学社会安全学部, pp.89-107.

永田尚三 (2013) a「消防団の現状と課題 ── 共助の要である消防団の衰退を食止めることは可能なのか」. 武蔵野大学政治経済研究所年報第 7 号. 武蔵野大学政治経済研究所, pp.77-111.

永田尚三 (2013) b「防災行政の今後の課題 ── 海外の事例等から考える」. 季刊行政相談 No.136. 全国行政相談協議会, pp.36-43.

永田尚三 (2014) a「消防行政における組織間関係史の研究」. 政治経済研究所年報第 8 号. 武蔵野大学政治経済研究所. pp.143-173.

永田尚三 (2014) b「消防団衰退の背景と今後の消防団活動 (特集 消防団は今どうあるべきか)」. 都市問題 105 (9). 東京市政調査会, pp.46-54.

永田尚三 (2015) a「鬼怒川堤防決壊における公助・共助の課題 ── 見えてきたわが国の地域公助・共助の弱体化」. 改革者第 56 巻 12 月号. 政策研究フォーラム, pp.48-51.

永田尚三 (2015) b「消防行政の課題と今後向かうべき方向性の検討」. 日本地域政策研究 14 号. 日本地域政策学会, pp.12-21.

永田尚三 (2016) a「熊本地震における行政機関の災害応急対応 ── 熊本地震から見えてきた我が国の防災体制の今後の方向性」. 季刊行政相談 No.151. 全国行政相談委員協議会, pp.42-49.

永田尚三(2016)b「熊本地震の影響と課題 ── 行政機関の災害応急対応」. 改革者 57(7). 政策研究フォーラム, pp.52-55.

永田尚三 (2016) c「東日本豪雨災害の被害は人災ではないのか？── 平成の大合併で自治体の災害対応能力が低下」. 改革者 57 (4). 政策研究フォーラム, pp.48-51.

永田尚三 (2017) a「学生の消防団への加入促進の取り組みについての一考察」. 季刊行政相談 No.152. 全国行政相談協議会, pp.44-50.

永田尚三 (2017) b「消防の共助体制における組織間関係についての研究」. 武蔵野法学 (5・6). 武蔵野大学法学会, pp.474-449.

永田尚三 (2019) a「ガラパゴス化するわが国の危機管理─大災害における危機管理体制について」改革者 60 (1), 政革研究フォーラム ,pp.48-51.

永田尚三 (2019) b「消防団の報酬問題を憂う─若者が入団を躊躇う組織文化が衰退を招く」改革者 60 (5), 政革研究フォーラム ,pp.52-55.

永田尚三 (2020)「市町村の消防行政─小規模消防本部の現状」『政策と地域』, ミネルヴァ書房 ,pp.35-60.

292

永田尚三（2021）a「新型コロナ対応をめぐる危機時の中央地方間のコンフリクトに関する政治・行政過程の研究―組織関係論の視点から」武蔵野大学政治経済研究所年報（20），武蔵野大学政治経済研究所 ,pp.241-268.

永田尚三（2021）b「政治過程から新型コロナ後の国と自治体・危機管理の在り方を考える」『新型コロナで世の中がエライことになったので、関西大学がいろいろ考えた。』浪速社 ,pp.72-87.

永田尚三（2021）c『わが国の消防行政の組織間関係と補完体制に関する研究』京都大学博士論文 ,pp.1-257.

永田尚三（2022）a「国の COVID-19 対応」『検証 COVID-19 災害』，ミネルヴァ書房 ,pp.85-100.

永田尚三（2022）b「わが国における市町村消防行政の現状分析」武蔵野大学政治経済研究所年報（21），武蔵野大学政治・経済研究所 ,pp.167-207.

永田尚三（2022）c「新型コロナウイルス感染対策の課題と今後の危機管理のあり方について」都市とガバナンス 37,日本都市センター ,pp.38-47.

永田尚三（2022）d「欧州におけるオールハザード型危機管理体制の最新動向」社会安全学研究第 12 号，関西大学社会安全学部 ,pp.3-19.

中邨章（2013）「大規模災害と自治体連携 ―― 組織間災害援助の成果と課題」自治体法務研究 34 号 . 地方自治研究機構, pp.19 - 23.

中邨章（2015）「試案 ―― 災害対策の「標準化」. 首長リーダーシップと自治体職員の専門化」平成 27 年度地方防災データ総覧「災害対策の標準化へのアプローチ編」. pp. 25 - 33.

南越消防組合（1989）「自警消防隊育成指導指針」. 南越消防組合.

日本消防協会（各年度）『消防年鑑』. 日本消防協会.

日本消防協会（1982）『日本消防百年史』第 1 巻 - 4 巻 . 日本消防協会.

野田游（2011）「基礎自治体に対する垂直補完の効果」. 年報行政研究 46 号 . ぎょうせい, pp. 126 - 143.

秦郁彦編（2001）『日本官僚制総合事典 1868 - 2000』. 東京大学出版会.

東尾正（2005）「消防庁の新組織体制と今後のあり方」. 消防防災 14 号 . 東京法令出版, pp.118 - 121.

藤口透吾、小鯖英一（1968）『消防 100 年史』. 創思社.

北海道広報社（1994 - 2004）『北海道消防関係職員録』. 北海道広報社.

防災行政研究会編（2002）『逐条解説　災害対策基本法（第二次改訂版）』. ぎょうせい.

防災行政研究会（2016）『逐条解説　災害対策基本法（第三次改訂版）』. ぎょうせい.

防災問題懇談会（1995）『防災問題懇談会提言（1995 年 9 月 11 日）』.

堀内匠（2013）「第 30 次地方制度調査会答申の読み方 ―― 都市機能の「集約とネットワーク化」をめぐって」. 自治総研 39（418）. 地方自治総合研究所, pp.40 - 85.

真山達志（2012）「被災自治体におけるローカル・ガバナンスの確保 ―― 垂直・水平補完のあり方」. 自治体危機管理研究 Vol.9. 日本自治体危機管理学会, pp.23 - 31.

水沢不二夫「内務省警保局の人事《1901（M34）- 1943（S18)》」. HP 近代検閲資料（戦前）http://www.geocities.jp/kafuka196402/ji.html（2018 年 7 月 1 日確認）

御厨敏彦（1978）「消防研究所発足の頃の思い出」. 消防研究所三十年史. 自治省消防研究所, pp.1 - 3.

宮崎伸光（2001）「消防行政における勤務時間と休憩時間」. 自治総研 27 巻第 11 号 . 地方自治総合研究所, pp.1 - 10.

宮崎伸光（2003）「日本の消防行政における労働問題 ―― 公共緊急サービス部門の一例として」. 世界の労働 53 巻第 5 号 . 日本 ILO 協会, pp2 - 8.

村上研一（2005）「消防防災政策　消防団員の活動環境整備の在り方について —— 消防団の充実強化に向け
　　た組織・制度の多様化. 消防防災 12 号. 東京法令出版, pp.16-22.

森戸正夫（2006）『救急搬送概論』. 荘道社.

森本宏（2007）『チェルノブイリ原発事故 20 年、日本の消防は何を学んだか？—— もし、チェルノブイリ原発消防
　　隊が再燃火災を消火しておれば！』. 近代消防社.

山口祥義（2005）「平成 17 年度消防庁組織体制の充実強化概要」消防防災. 東京法令出版、pp.27-42.引用

山田耕嗣（2016）「資源依存理論の生成と展開」横浜経営研究 37（1）. 横浜国立大学経営学部, pp.375-389.

吉川經俊（1941）『消防の話』. 財団法人大日本警防協会.

吉澤一彦（2008）「忘れてはならない消防救急をいま振り返る」. プレホスピタル・ケア 84 号. 東京法令出版, pp.69.

《英文》

Aldrich, H. E.（1979）. *Organizations & Environments*. Englewood Cliffs, NJ: Prentice-Hall.

Aldrich,H. E. & Pfeffer J.（1976）. Environments of Organizations. *Annual Review of Sociology*. 2, 79-105.

Angell, G. W.（1950）.『日本の消防』. 日光書院.

Benson, J. K.（1975）. The lnterorganizational Network as a Political Economy, *Administrative Science Quarterly*, 20, 229-249.

Cook, K. S.（1976）. Exchange and Power in Networks of Interorganizational Relations. *The Sociological Quarterly*.18, 62-82.

Emerson, R. M.（1962）. Power Dependence Relations. *American Sociological Review*, 27, 31-41.

European Commission.（2011）. *European Union's IPA Programme on Civil Protection Cooperative for the Candidate Countries and Potential Candidates*, Slovenia: Ministry of Defence of the Republic of Slovenia.

European Commission HP. *Vademecum for Civil Protectio*n, http://ec.europa.eu/echo/files/civil_protection/vademecum/index.html（last visited May.9, 2018）

Lægreid, P. & Rykkja,L. H eds.（2016）. *Organizing for Societal Security and Crisis Management Cross Country Mapping Report*. Stein Rokkan Centre for Social Studies.

Levine,S. & White P. E.（1961）. Exchange as a Conceptual Framework for the Study of Interorganizational Relationship. *Administrative Science Quarterly*, 5, 583-601.

OECD.（2018）. *Towards an All-Hazards Approach to Emergency Preparedness and Response*, Boulogne-Billancourt : Nuclear Energy Agency Organisation for Economic Cooperation and Development.

294

Pfeffer, J. (1981) . *Power in Organization*. Marshfild, MA: Pitman.

Pfeffer, J. (1982) . *Organizations and Organization Theory*. Marshfield, MA: Pitman.

Pfeffer, J. (2003) . Introduction to the Classic Edition, in Pfeffer, J. and Salancik, G. R., *The External Control of Oorganizations*: A Resource Dependence Perspective (classic edition) , Stanford, CA : Stanford University Press.

Pfeffer, J., & Salancik, G. R. (1978) . *The External Control of Organizations: A Resource Dependence Perspective*. New York, NY: Harper & Row.

Rhodes, R.A.W. (1985). Intergovemmental Relations in the United Kingdom, in Yves Meny and VincentWright (eds), *Centre − Periphery Relations in Western Europe* .George Allen & Unwin, 33-78.

Thompson, J. D., & McEwen, W. J. (1958) . Organizational Goals and Environment: Goal-Setting as an Interaction Process. *American Sociological Review*. 23, 23-31.

Thompson J. D. (1967) . *Organizations in Action: Social Science Bases of Administrative Theory*. New York, NY: McGraw-Hill. New Brunswick, NJ: Transaction.

おわりに

はじまりは師匠の一言だった

　正直に告白すると、消防行政研究は自分の意志や問題意識で始めた研究ではない。1995年1月17日に発生した阪神・淡路大震災の数日後に、大学院の指導教員である故堀江湛慶應義塾大学名誉教授（当時は慶應義塾大学法学部教授）に突然呼び出され、「永田君、面白そうだからさ、消防、ちょっとやってみなよ」と、ニコニコしながら勧められたのが始まりだった。大学院堀江研究会のいちばん下っ端（修士1年生）だった自分にはその提案を拒絶するような選択肢は一切ないように思われ、「はい、承知しました」と即答して、会話もそこそこに退室した。当時、堀江先生は、非常に忙しくされており、大学院の講義以外で2人だけで話をするような機会はほとんどなく、実はその時非常に緊張しており、一刻も早く先生の部屋から逃げ出したかったのである。それが消防研究との初めての出会いだった。

　そしてすぐに、安請け合いしたことを後悔した。国内外の消防行政関係の先行研究がいくら探しても見付からないのである。実務家の制度論的ないしは歴史的著作はあるものの、あとは消火技術や消防戦術等の文献しか出てこない。旧自治官僚で日本行政学会員でもあった父に聞いても、関わったことがないので、全く消防行政のことは「俺は分からない」という。

　更に、直感的に引っ掛かっていたのが、師匠の意図である。ただ阪神・淡路大震災で消防行政の重要性を認識したからというだけではない思惑が、他にあるような気がした。しかし、先生に改めて聞きに行く勇気が出ない。自分の"コミュ障"（コミュニケーション能力の無さ）にあきれつつ、当時、堀江先生の秘書的な立場で、師匠の情報に最も精通していた大学院の先輩の本田雅俊金城大学特任教授（当時は大学院生）に探りを入れてみた。狙いは大当たりで、「消防行政は非常に特殊な行政分野で、いわば地方分権の先行事例なんだ。消防行政を研究することで、今後地方分権に向かう他行政分野の課題等も予測できる。だから先生は、君に、消防行政の研究をしろと言われてるんだよ」と、目的の情報を聞き出せた。

　その時、師匠の着目点の鋭さに一瞬鳥肌がたったのを今でも記憶している。凄い研究分野を先生は与えてくださったと感謝すると同時に、これはどうしてもモノにしなくてはいけないと決心した。それ以来、消防の研究を続けている。

続けるうちに、消防行政の面白さにのめり込み、消防への思い入れもどんどん増していった。そして、その後の長年にわたる試行錯誤の中から、かたちにしてきたのが本研究である。

消防行政研究の生みの苦しみ

ただ、やはり先行研究が全くない研究をかたちにしていくのは、想像以上に難しい作業だった。修士論文は書けたものの、その後数年間は、自分の力不足からなかなか研究の照準が合わず、更に、有難いことに堀江先生のご厚意で博士号取得より先に大学に就職することとなり、仕事も生じたことで研究は停滞してしまった。

ところが研究のピントは、いきなり合いはじめる。それは元警察官僚で、日本消防協会にも在籍経験があった故魚谷増男平成国際大学名誉教授（当時は平成国際大学教授）との会話の中で、「消防庁は面白い省庁で、市町村消防本部から出向や研修で来た職員が強い影響力を持っているんだよ」とちらっと聞いたことだった。ピンと来るものがあり、それはまさに師匠が言われる分権が進んだ消防行政（地方分権の先行事例）ゆえに生じる現象なのではないか、その辺りから切り込んでいけば消防行政における中央地方関係等の全体的構造が徐々に見えてくるのではないかと、ふっと思い付いたのである（本点については、本書では「下からの垂直補完」というかたちで考察を行っている）。そしてそこからは、雲が晴れるように、様々な研究アイデアが浮かんでくるようになった。

また、前任校の武蔵野大学（就職当時は武蔵野女子大学で、在職中に共学化して名称変更をした）で、防災心理学の研究者である故林理先生（当時は武蔵野大学助教授）との出会いは幸運であった。彼からは、北海道の有珠山噴火（2000年）や新潟県中越地震（2004年）等の共同研究での被災地調査を通し、災害研究の調査方法等の全てを教わった。フィールドワークやアンケート等の社会調査の研究手法を実際の研究を通して徹底的に学べたことで、災害時のみならず平常時の市町村消防本部の研究も徐々に進むようになった。

そして、やっとかたちになってきた研究成果を、大変遅まきながら学会や論文で恐る恐る発表しはじめたところ、2004年の日本公共政策学会研究大会の報告を聞いた宗前清貞関西学院大学教授（当時は琉球大学助教授）や、2005年の同学会報告を聞いた金井利之東京大学教授が研究に興味を持ってくださり学会で声を掛けてくださったことが、研究の方向性がどうやら間違っていなさそうだという大きな自信につながった。また2005年の同研究大会では、報告を聞いた足立幸男京都大学名誉教授（当時は京都大学教授）からも、研究会の

報告に誘っていただき、その時出来た縁で更に足立先生に声を掛けていただき、現在の本務校である関西大学への異動にもその後つながることとなった。

　そのような出来事に気を良くして、2009年に出版したのが、前著『消防の広域再編の研究——広域行政と消防行政』である。本書の出版後、2010年に日本行政学会研究大会での報告で、北山俊哉関西学院大学教授に「警察行政と消防行政の違い」についてご質問いただき、それを機会に知遇を得たが、その時ご指摘いただいた警察行政との比較という視点は、本書の中でもいくつかの箇所で生かされている。

　また、2011年4月に現在の本務校である、防災研究の権威である河田惠昭関西大学社会安全研究センター長（京都大学名誉教授）も所属する関西大学社会安全学部へと異動し、文理融合の職場では必要に迫られて競争的資金の獲得方法も徐々に学び、より規模の大きな研究が出来るようになった。

　関西大学への着任直前に東日本大震災が発生したことで、更に様々な研究課題が生じることとなったが、日本行政学会が東日本大震災への対応として設置した「科学技術と災害部会」で、森田朗津田塾大学教授（当時は東京大学教授）や新川達郎同志社大学名誉教授（当時は同大学教授）、原田久立教大学教授、風間規男同志社大学教授、幸田雅治神奈川大学教授、更に若手の先生方と知り合えたことは、大変良い出会いであったと同時に、行政学的な視点からの災害研究、防災研究、危機管理研究は、どうあるべきかを改めて考えはじめるきっかけとなった。そして、その辺りから学問領域の中心的学会からの様々な依頼も増えはじめ、2017 年には真渕勝立命館大学教授（当時は京都大学教授）のご依頼で日本行政学会の開催を行い、また、2020 年から22 年にかけては、日本公共政策学会で事務局長として、会長だった岡本哲和関西大学教授の補佐的立場で学会運営をする経験をさせていただき、更に色々な先生方と知り合う機会が増えたことが、共同研究等、研究上の新たなる広がりへとつながった。

　ただやはり、先行研究がほとんどない研究分野であるがゆえに常に付きまとうのは、自分が全く見当違いのことをしているのではないか、という恐怖である。そのような中で2017年に、総務省消防庁の元技官の方から突然連絡をいただき、あなたの消防行政史等の論文を読んだが、先輩達から自分達が口頭伝授で代々伝えられている内容との整合性が極めて高いとのご指摘いただいたことは、本当に嬉しかった。

　更に、2017年後期から18年前期にかけては、ヨーロッパの行政研究の権威であるドイツのポツダム大学のWerner Jann教授の下で、1年間の在外研究をする機会を与えていただいた。早稲田大学の縣公一郎教授のお口添えもあり、

非常に恵まれた研究環境の下、ウンター・デン・リンデンのベルリン州立図書館、フンボルト大学図書館等にも通いつつ、長年の課題であった博士論文の作成に没頭することが出来た。実は渡独以前に、博士論文は一旦書き上げており京都大学の佐野亘教授、浅野耕太教授には、博士論文の査読をしていただいていたので、指摘された修正点を直す作業がドイツでは中心であったが、一つ一つのご指摘が極めて深く、自分なりに納得出来る水準にまで修正するのに、まる1年間かかってしまった。特に、自分的には長年かけて書いた複数の研究論文を、統一の切り口の中である程度矛盾なく一つの研究に統合したいという思いが強く、その作業に苦労した。そして、完成したのが、京都大学に提出した本書の基となっている博士論文である。

　まさに、学会等での数多くの先生方や実務家の方々との素晴らしい出会いやご助言無くして、本研究はまとめられなかったと確信している。

謝意

　上記の通り、本研究は大勢の方々の助けなくしてかたちにすることが出来なかった。皆様に、深くお礼を申し上げたい。

　特に、お忙しい中で私の博士論文の査読および審査をし、極めて有意義な指摘をくださった佐野亘先生及び浅野耕太先生にはこの場を借りて、改めて深く謝意を伝えたい。また、いつも理解を持って私の研究活動を支えてくれている家族及び、バイトで私の研究を手伝ってくれた歴代の永田ゼミ生や院生達にも感謝の気持ちを伝えたい。更に、出版社をご紹介くださった大学院堀江研究会の大先輩の加藤秀治郎東洋大学名誉教授、また出版の機会を与えてくださった一藝社の菊池公男会長、小野道子社長、及び根気よく出版作業に付合い、叱咤激励してくださった一藝社編集担当の松澤隆氏にも感謝申し上げたい。

　そして、消防行政という研究テーマを与えてくださり2020年に亡くなられた故堀江湛先生（先生とはその後気さくに話せるようになり、公私共々重要な局面で随分色々な相談に乗っていただいた）と、「必ず消防行政の研究をかたちにしろ、そして更に防災行政、危機管理行政研究に広げて行け（この大きな宿題は、道途上であるが）」と言い残して、総合研究開発機構（NIRA）理事在任中の2000年に急逝した父、故永田尚久に、深い感謝と敬愛の気持ちと共に本書を捧げたい。

　　2023年3月

　　　　　　　　　　　　　　　　　　　　　　永田 尚三

《著者紹介》

永田 尚三（ながた・しょうぞう）

1996年　慶應義塾大学大学院法学研究科政治学専攻修士課程修了、修士（法学）
1996年　清和大学法学部 助手（～1998年）
1998年　武蔵野女子大学現代社会学部 専任講師
2005年　武蔵野大学（大学名称変更）現代社会学部 助教授
2007年　武蔵野大学現代社会学部 准教授
2008年　武蔵野大学政治経済学部（学部名称変更）准教授（～2011年）
2011年　関西大学社会安全学部 准教授
2017年　ドイツ ポツダム大学 訪問研究員 （～2018年）
2019年　関西大学社会安全学部 教授（～現在に至る）
2021年　博士（人間・環境学）、京都大学

専攻（専門）　消防・防災行政、危機管理行政

著書・論文
　『消防の広域再編の研究——広域行政と消防行政』（単著：武蔵野大学出版会、2009年）
　『政策ディベート入門』（共編著：創開出版、2008年）
　「市町村消防における地域間格差の是正策の検討——ポスト消防の広域再編について考える」
　　　（慶應義塾大学法学研究・大山耕輔先生退職記念号 96（2）、299-322、2023年）
　「わが国の消防行政における組織間関係及び補完体制についての一考察」（武蔵野大学政治経済
　　　研究所年報（22）、175-201、2023年）
　「欧州におけるオールハザード型危機管理体制の最新動向」（社会安全学研究 第12巻、3-20、
　　　2022年）
　「新型コロナウイルス感染症対応の課題と今後の危機管理のあり方について」（都市とガバナンス
　　　37、38-47、2022年）
　「わが国における市町村消防行政の現状分析」（武蔵野大学政治経済研究所年報 21、167-207、
　　　2022年）
　「国のCOVID-19対応」（検証COVID-19災害、85-100、2022年）
　「わが国の消防行政の組織間関係と補完体制に関する研究」（京都大学博士論文、1-257、2021年）
　その他多数

装丁——アトリエ・タビト

日本の消防行政の研究
―― 組織間関係と補完体制 ――

2023年5月10日　初版第1刷発行
2024年3月10日　初版第2刷発行

著者　永田 尚三

発行者　小野 道子

発行所　株式会社 一藝社
〒160-0014　東京都新宿区内藤町1-6
Tel. 03-5312-8890　Fax. 03-5312-8895
E-mail : info@ichigeisha.co.jp
HP : http://www.ichigeisha.co.jp
振替　東京 00180-5-350802

印刷・製本　モリモト印刷株式会社

乱丁・落丁本はお取り替えいたします

政治学・行政学の基礎知識 [改定第4版]

堀江 湛・加藤秀治郎◆編著

新しい時代に対応して、ますます密接な関係になりつつある政治学・行政学の両分野を1冊に収録。政治と行政、それぞれについて、新しい視点から現状を展望。第4版では全体的な見直しを行うとともに、平易な記述で基礎的事項を体系的に解説。特に難しいと思われる用語も「サブ・テーマ」「コラム」などで増補した。

A5判　並製　392頁　定価（本体2,600円＋税）　ISBN 978-4-86359-243-8

現代行政学の基礎知識

堀江湛・桑原英明◆編著

行政学で学ぶべき90数カ目を、全て見開き2ページずつ、簡潔に解説。母体となった『政治学・行政学の基礎知識』の基本方針である≪内容的に高度であるなしにかかわらず基礎的事項を平易に説明する≫ことを心がけた最適の入門書。多くの大学の行政学の授業で伝統的に含まれる「地方自治」についても3章をあて、わかりやすく概説。

A5判　並製　204頁　定価（本体2,500円＋税）　ISBN 978-4-86359-234-6

地方自治の基礎

藤井浩司・中村祐司◆編著

現代日本の地方自治に関する基礎的な事柄をひろく取り上げ、簡潔かつ明解に説明。全20章どこからでも関心のあるテーマから読むことが可能。ただし、第1章から読み進めば、地方自治の原理や理念、歴史、選挙と行政組織、財政や政策法務、さらに福祉や教育、まちづくりなどの具体的な政策について、順序立てて学ぶことができる。

A5判　並製　228頁　定価（本体2,400円＋税）　ISBN 978-4-86359-126-4

新版 行政学の基礎

風間規男◆編著

読み継がれてきた2007年版を大幅に改訂した、待望の新版。公務員試験を目指す学生はもちろん、日頃行政のあり方に疑問をもつ一般の人々にとっても役立つ一冊。

A5判　並製　224頁　定価（本体2,400円＋税）　ISBN 978-4-86359-177-6